조선의 섹슈얼리티

조선의 섹슈얼리티

초 판 1쇄 펴낸 날 1998. 10. 26
개정판 1쇄 펴낸 날 2009. 2. 6

지은이 정성희
발행인 홍정우
편집인 민현선
디자인 공 희
발행처 도서출판 가람기획
등록 제17-241(2007. 3. 17)
주소 (121-841)서울시 마포구 서교동 465-11 동진빌딩 3층
전화 (02)3275-2915~7
팩스 (02)3275-2918
이메일 garam815@chol.com

ISBN 978-89-8435-287-2 (03900)
ⓒ 정성희, 1998

조선의 섹슈얼리티

조선의 욕망을 말하다

　근래 세계 섹스 스캔들 뉴스 중 가장 큰 관심거리는 아마도 미 대통령 클린턴과 모니카 르윈스키 간의 섹스 스캔들인 것 같다. 초강대국인 미국의 대통령이라면, 아마도 지상 최고의 권력을 가진 존재임에 틀림없을 텐데, 그 권력기반이 한 여자와의 스캔들로 휘청거렸다. 미국 사회를 지배하고 있는 성 모럴이 최고의 권력을 지닌 대통령을 제약하고 있는 현실이 우리네 정서로는 이해하기 힘들다.

　그러나 그가 만약 조선시대에 태어났다면? 르윈스키와의 관계가 '적절한지' '부적절한지' 전혀 고민할 필요가 없었을 것이다. 클린턴이 왕이라면 르윈스키를 후궁으로 맞이하면 되고, 만약 왕이 아니라 해도 첩으로 들이면 된다. 상대방 여성이 유부녀가 아닌 이상, 조선시대 남성들에게서 그런 스캔들은 전혀 문제가 되지 않았다. 그만큼 성문화는 같은 문제라 하더라도 시대에 따라 그 적용범위가 다르다.

　클린턴이 처한 위기는 그가 스캔들에 대해 거짓말을 했다는 위증의 문제로 압축되었지만, 그보다 앞서 일부일처를 바탕으로 한 결혼 윤리를 위반한 성 모럴의 문제에서 비롯된 것이다. 클린턴의 스캔들은 한 사회의 성 모럴의 문제가 사회를 지배하는 권력 못지않게 인간의 삶을 지배하고 있음을 보여준다. 그리고 성이 인간의 삶을 지배하는 한, 결코 역사와 무관할 수 없다.

혹, 이 글을 읽는 독자 가운데에는 성이란 지극히 개인적인 문제이지 역사와 무슨 상관성이 있는가라고 반문하는 사람도 있을 법 싶다. 클린턴의 스캔들도 따지고 보면 개인의 윤리 도덕 문제이지, 역사와 무슨 상관성이 있어서 들먹거리느냐고 의아해할지도 모르겠다. 물론 '성'이란 것은 일반적으로 은밀한 성격을 지녔으므로 역사의 전면에 드러나지는 않는다. 그러나 전면에 등장하지 않는다고 해서 역사적 사건의 배경이 될 수 없는 것은 아니다.

스캔들로서의 '성문제'는 사건으로 다룰 수 있겠지만, 그것이 스캔들이 되는 성 모럴의 문제는 단순한 사건사로 다룰 수만은 없다. 성풍속사에서 '사건'이란 그 배경을 설명하는 하나의 기준일 뿐이다. 그렇게 본다면, 성 풍속사에서 일어나는 사건은 중요하지 않다고 여길지도 모르겠다. 그러나 그와 같은 사건에는 당시 사회를 지배하는 권력과 밀접한 관련성을 지니고 있다.

시각의 차이는 있을지 모르지만, 역사를 움직이는 원동력은 '권력과 섹스'라고도 한다. 그래서 그런지 권력과 섹스에는 공통점이 있다. 즉, 지배와 종속이라는 공통점이 그것이다. 예컨대 정치적 억압을 강화하는 권력일수록 대중의 순종과 길들이기에 집착하는 행태를 보이는데, 권력에서의 순종과 길들이기는 성의 역사에서도 그대로 적용된다. 인류 역사상 남성의 지배권이 강한 사회일수록 여성에 대한 성적 종속과 억압이 강했음을 우리는 흔히 보아왔다. 이렇듯 권력과 섹스라는 문제는 역사의 외피와 내

피를 이루면서 그 사회의 속성을 만들어내고 또 반대로 영향을 받는다.

　지금까지 역사에서 권력의 움직임은 이른바 정치사라는 이름으로 연구되어왔다. 그러나 섹스라는 성의 문제는 연구자들 사이에도 술자리의 가십거리 이상이 아니었다. 우리는 아직도 성의 역사가 과연 진정한 역사 연구의 한 분야가 될 수 있는가 반문하고 있지만, 에두아르트 푹스는 일찌감치 권력의 지하로 흐르고 있는 성의 역사를 훌륭하게 밝혀낸 바 있다. 그의 선구자적 연구로 인해 '성풍속의 역사'는 이제 역사의 이방인이 아니게 된 셈이다.

　그러면 우리에게 생소하게만 들리는 성풍속사란 것은 어떤 역사를 말하는가? 성풍속사가 푹스의 말을 인용해보자. 푹스는 문명의 발전단계에서 인간의 성행동은 인간의 역사 중에서 가장 중요한 요소의 하나라고 강조했다. 그가 말하는 인간 성행동의 역사라는 것은 바로 '성 모럴의 역사'다. 그리고 이러한 역사는 당시의 사회·경제·문화적 속성과 결부되어 일정한 형태로, 그리고 어떤 특색을 지니면서 형성되어왔다.

　따라서 성 모럴의 역사는 인간의 사회생활 중에서 가장 중요한 분야, 즉 합법적이거나 비합적인 인간사를 다룬다. 말하자면 결혼·정절·순결·간통·매춘의 역사를 통해 그 시대의 특성을 밝혀내는 작업인 것이다. 물론 좁게는 남녀 구애의 역사, 재미, 즐거움, 인간의 성욕, 이를 표현한 예술 등도 여기에 포함될 수 있을 것이다.

　예컨대 일부일처제라는 결혼제도만 봐도 그렇다. 일부일처제란 사랑과는 전혀 다른 문명의 결과물이라는 것이 풍속사가들의 주장이다. 역사상 일부일처제는 남녀간의 사랑보다도 경제적 조건 위에 세워진 가족형태임을 보여준다. 인류학자인 모간에 따르면, 일부일처제란 커져가는 부를 남자의 자식들에게 상속시키기 위한 욕구에서 비롯되었다고 한다. 다른 사람의 자식에게 재산을 넘겨주지 않으려는 적자상속의 욕구가 일부일처제의 토대였다는 것이다.

일부일처제의 탄생 배경이 이러하다 보니, 일부일처제는 결혼에 있어서 여자의 억압이라는 결과를 초래할 수밖에 없다. 따라서 남자는 일부다처가 통용되면서도 여자에게는 일부일처만이 강요되었다. 더욱이 역사상 간통이나 매춘이 사라지지도, 사라질 수도 없는 이유도 그것이 일부일처제의 유지를 위한 보호막이었기 때문이라고 한다. 이렇게 본다면 결혼뿐 아니라, 비합법적인 관계로 인정되는 간통이나 매춘도 어느 시대, 어느 사회에서도 없어지지 않는 사회구조적 특징으로서, 푹스가 지적한 대로 '사물의 자연스런 질서'인 셈이다.

이외에도 성풍속에 대한 인습 또한 각양각색이다. 미혼 여성의 처녀성을 최고로 여겼던 시대도 있었고, 반대로 처녀성 따위는 신부에게조차도 자랑할 만한 일이 되지 못했던 시대도 있었다. 게다가 지금처럼 연애결혼이 주류를 이루는 시대도 있고, 연애와 결혼은 전혀 별개의 것으로 간주되어 심하게는 여자야말로 '자식을 생산하는 암말' 이상의 가치를 지니지 않는 시대도 있었다. 뿐만 아니라 같은 성 모럴도 때로는 부도덕하다고 여겨질 때도 있었고, 그렇지 않은 경우도 있었다. 성풍속의 인습은 이렇듯 사회나 시대 속성에 따라 다른 기준으로 적용되고 변화되어왔다.

역사에서 변화란 우연이 아닌 필연적인 결과에서 비롯된다고 생각한다. 그리고 끊임없이 현상을 변화시키는 필연적인 변수를 밝혀내는 것이야말로 역사가의 임무가 아닐까? 이러한 변화의 변수를 밝혀내는 일은 성풍속사에서도 예외일 수 없다.

필자가 《조선의 섹슈얼리티》에서 다룬 주제는 조선시대의 합법적인 성 모럴과 비합법적인 성 모럴이었다. 합법과 비합법의 문제는 항상 인간 역사에서 동전의 양면과 같은 것이다. 간통이 문제되는 사회는 반드시 합법적인 결혼제도라는 성 모럴이 전제되어 있다. 다만 시대에 따라, 사회에 따라, 합법과 비합법에 해당하는 기준이 다를 뿐이다. 이 상이한 변수와 그 변수의 원인을 밝혀내는 것이 이 책의 궁극적인 목적이다.

조선시대 합법적인 성 모럴과 비합법적인 성 모럴의 기준은 지금과 매우 달랐다. 조선사회는 유교라는 이데올로기가 정치·사회·문화를 지배했던 시대였고, 또한 엄격한 신분사회였다. 유교 이데올로기를 바탕으로 한 신분제 사회라는 조선사회적 특성은 기존의 성 모럴에 엄청난 영향을 끼쳤다.

조선시대 유교적 성 모럴은 원천적으로 남존여비를 바탕으로 한 것이었다. 따라서 삼종지도라는, 남성에 대한 여성의 종속적 지위는 유교라는 이데올로기 안에서 가능할 수 있었다. 게다가 유교적 가족질서를 강조한 신분제 사회는 최고의 지배권을 부여받으면서, 성 모럴에 있어서 합법보다는 비합법적 성행위를 더욱 억압했다. 그에 대한 희생자는 바로 여성과 비천한 신분들이었다.

이러한 권력과 성의 문제는 한편으로 경제와 무관하지 않음을 보여주기도 한다. 비록 필자는 푹스처럼 사유재산과 같은 경제만으로 풍속사를 바라보려는 좌파 역사가는 아니지만, 조선시대 남성들은 어느 시대보다 여성에 비해 사유재산에 대한 월등한 지위를 획득하고 있었음을 부인할 수 없다.

조선시대 이전에는 남녀 모두 평등하게 부모로부터 재산을 물려받았다. 딸 아들 차별 없는 재산상속은 조선중기까지도 이어졌던 전통적인 재산상속법이었다. 따라서 이 시기의 여자들은 남자 못지않은 경제력이 있었다. 그러나 점차 결혼풍속이 변화하고 여자는 출가외인이라는 인식이 널리 퍼지면서, 재산상속에서 여성의 기득권은 훨씬 줄어들고 말았다. 이러한 경제적 몰락이야말로 조선시대 여성들이 결혼을 비롯한 모든 분야에서 남자들에게 기득권을 빼앗기게 되는 원인이 되었다. 게다가 가부장적인 유교적 가족질서는 더욱더 여성들의 지위를 몰락시켰다. 따라서 조선시대 여성들의 성적 종속은 어느 시대보다 심할 수밖에 없는 사회환경에서 이미 잉태된 것이었다.

이와 같이 성풍속의 역사는 사회 구조와 무관하지 않으며, 그리고 이 시대, 지금의 우리와도 결코 무관하지 않은 속성을 지니고 있다. 이 무관하지 않는 성풍속의 역사를 이 글을 읽는 독자들에게 조금이나마 알려주고 싶은 것이 필자의 소박한 바람이다.

사실, 우리 나라 역사 연구에서 성풍속사는 아직 미개척 분야의 하나다. 필자 또한 성풍속사와는 다른 분야를 연구한 사람이다. 허나 조선시대를 연구하는 연구자의 한 사람으로서, 그리고 누구보다 여성문제에 관심을 가진 연구자로서 남다른 관심을 가지고 조선시대 성풍속사를 되짚어보았다. 물론 많은 문제점도 있고, 편협한 관점도 있을 것이다. 독자들의 질정을 바랄 뿐이다.

마지막으로 이 책이 나오기까지 너무도 오랫동안 참아주신 가람기획 가족들, 또한 조언을 아끼지 않은 이영화 선배와 정해은씨, 자료를 모으는 데 도움을 준 박옥주 후배에게 이 자리를 빌어 고마운 마음을 전하고 싶다. 그리고 지금까지 역사 공부에 도움을 주신 이성무 교수님, 변화 없는 자식의 삶을 인내심과 격려로 지켜봐주시는 어머니에게 감사드린다.

필자 씀

- 차례

1장
결혼

남자는 일부다처, 여자는 일부일처

1. 결혼제도

국가의 우환! 노처녀, 노총각

요즘이야 혼기가 차도 '자유롭게 살고 싶다' 또는 '결혼이란 꼭 해야만 하는 것인가' 라는 이유로 독신을 고수하려는 남녀들이 늘어나고 있지만, 조선시대에는 나이가 차도록 결혼하지 않는 것은 생각할 수도 없었다. '불효 중에 후손이 없는 일이 가장 큰 불효' 라고 생각했기 때문이다. 자식을 낳아 대를 이어야 한다는 관념이 어느 시대보다 강했으므로, 아무리 가난해도 남자건 여자건 사람구실을 하기 위해서는 반드시 결혼을 해야만 했다.

《맹자》에 혼기가 찼는데도 장가가지 못한 총각을 '광부曠夫', 시집 못 간 처녀를 '원녀怨女' 라고 표현했다. 광부는 집에 들어가봐야 아무도 없으니 정말 공허한 남자라는 뜻이고, 원녀는 시집 못 간 여자야말로 그 원한이

하늘을 찌른다는 의미를 담고 있는 말이다. 지금의 관점에서 보면 재미있는 표현이지만, 조선시대 장가나 시집 못 간 노총각·노처녀들은 고아나 홀아비·과부 등과 함께 반드시 구제해주어야 할 대상이 될 정도로 불쌍한 사람들이었다.

결혼의 의미가 이렇듯 중요하다 보니 국가적 차원의 대책이 없을 리가 없다. 조선시대에는 양반사족의 딸로서 서른 살이 넘도록 가난하여 출가하지 못하면 국가에서 혼례비용을 보조해주었다. 또한 집안이 궁핍하지 않으면서도 서른 살이 넘도록 시집 보내지 않으면 그 집 가장을 중죄로 다스리도록 했다.

특히 정조는 '혼기를 넘긴 미혼자를 조사하여 2년마다 한 번씩 결혼시키도록 하라'고 하여 미혼 남녀들을 구제해주기도 했다. 이보다 앞서 성종 때에는 전국의 25살이 넘도록 시집 못 간 처녀들을 조사하여, 만약 집안이 가난하면 쌀이나 콩을 주어 혼수로 삼아 결혼할 수 있도록 했다.

조선시대 미혼 남녀가 혼기를 놓치는 원인은 대부분 부모가 모두 사망했거나, 집안이 가난하여 혼수 마련이 힘든 경우다. 옛말에 '딸 셋을 시집 보내려면 기둥뿌리가 흔들린다'고 했는데, 체면치레를 중시한 양반일수록 혼수가 여의치 못할 경우 결혼이 더욱 힘들었다. 게다가 흉년이라도 거듭되면 혼기를 놓치는 일반 양인 총각 처녀들이 속출했다.

가난하여 결혼을 못하는 늙은 총각과 처녀가 있을 경우, 해당 지역의 고을 수령은 왕에게 혼수 비용을 요청하기도 했다. 자신의 관할지에 노총각·노처녀가 늙도록 있으면 정부로부터 문책을 당할 수 있었기 때문이다. 《토정비결》을 지은 인물로 유명한 이지함(1517~1578)도 수령시절 자신이 다스리는 고을에 60세가 넘도록 장가들지 못한 불쌍한 노총각이 있다고 왕에게 선처를 호소하기도 했다.

조선시대 위정자들은 나이가 찬 총각·처녀가 결혼하지 못하고 있으면 음양의 화기가 상하여 국가적 재난을 초래한다고 믿었다. 따라서 가뭄과 같은 자연재해가 장기간 지속되면 국가는 이른바 원한에 사무친 총각 · 처녀들을 파악해서 정해진 기한 내에 강제로 결혼하도록 했다. 따라서 국가의 강제결혼 명령이 떨어지면 노총각 · 노처녀를 둔 집안에서는 그야말로 비상이 걸리게 되는데, 이때 배우자감을 찾느라 한바탕 소동이 벌어지기 일쑤였다.

이외에도 역모 등의 불충한 죄를 지은 양반사족 집안의 자손 또한 결혼하기 힘들어 혼기를 놓치는 경우가 있었다. 조선시대에는 엄격한 신분내혼이었기 때문에 가문에 결함이 있으면 같은 신분과의 결혼이 힘들었기 때문이다. 이에 대해 세종대에는 평민과도 결혼할 수 있도록 허락해주기도 했다. 이래저래 조선시대에는 결혼의 그물망을 벗어나는 남녀를 찾기란 매우 힘든 일이었다.

본처만을 인정한 일부일처제

성경에 나오는 아담과 이브는 인류의 조상일 뿐만 아니라, 일부일처를 행한 최초의 남녀로 알려져 있다. 성경대로라면 일부일처제는 인류의 출현과 함께 자연발생적으로 갑작스레 생겨난 결혼제도로 보인다. 그러나 일부일처제는 인류 문명이 발전하지 않고서는 탄생할 수 없는 결혼제도다.

결혼제도는 사회와 함께 발달하는 속성을 지니고 있다. 본능적인 남녀 관계가 점차 사회 문화의 발달과 함께 발전된 결혼형태로 변화하는 것이다. 배우자를 선택할 때 가까운 혈연관계를 피하고 멀리서 구하는 것도 인류 문화가 이루어낸 결혼의 발전된 형태다.

결혼의 진화과정이 이러하다면, 조선시대 결혼제도는 어떠했는지 궁금하지 않을 수 없다. 결혼제도야말로 남녀간의 상호 관계뿐 아니라, 그 시대의 사회적 · 문화적 속성이 잘 반영되어 있기 때문이다.

조선시대 결혼제도를 한마디로 규정한다면, 공식적으로는 일부일처제를 표방했으나 실상은 남자는 일부다처제, 여자는 일부일처제가 적용되었다. 여자와 남자가 서로 상반된 결혼제도가 적용되었다고 보는 이유는 남자들은 본처 외에도 첩을 둘 수 있었던 반면, 여자들은 평생 한 남자만을 모시고 살아야 하는 일부종사를 강요받았기 때문이다.

그렇다면 일부일처와 일부다처라는 상반된 결혼제도가 아무런 문제 없이 동시에 가능할 수 있었을까? 이러한 의문에 대한 해답을 우리는 유교적 성 모럴에서 찾을 수 있다.

조선시대 결혼제도는 이전 시대와 많이 달랐다. 조선시대를 지배한 유교가 기존의 결혼풍속을 완전히 뒤바꿔버렸기 때문이다.

달라진 결혼제도란, 남자들에게는 축첩제도가 인정되어 합법적으로 여러 명의 여자를 거느릴 수 있었던 반면, 이혼녀나 과부들에게는 개가마저도 허락되지 않은 불평등한 것이었다. 나아가 동성동본일 경우에도 결혼할 수 없도록 하여, 오늘날까지 금기된 결혼으로 이어지게 만들었다.

처가 될 수 없는 첩, 과부들의 개가 금지, 동성동본혼의 금지와 같은 결혼제도는 이전시대에는 찾아볼 수 없는 조선 특유의 결혼제도로서, 조선왕조가 멸망할 때까지 수많은 사람들의 가슴을 멍들게 했다.

정처가 되느냐? 첩이 되느냐?

고려의 결혼제도도 조선과 마찬가지로 일부일처제를 바탕으로 했다. 그러나 조선시대와 달리 남녀 모두에게 일부일처제가 적용되었으므로, 남녀구분 없이 결혼과 이혼 그리고 재혼이 자유로웠다. 그런데 고려말에 사회혼란이 거듭되고 여자 수가 남자 수를 능가하면서 일부일처제가 무너지

일부다처제에 관한 문헌 《고려도경》 잡속조. 고려 조정에는 잉첩(귀인의 시중을 드는 첩이 있고, 부잣집에서는 3, 4인의 처를 취했다고 적고 있다.

고, 처가 있는 남자가 또다시 다른 여자를 처로 맞아들이는 일부다처가 널리 퍼지기 시작했다.

고려말의 다처 풍속은 조선초에 유교적 이념을 바탕으로 한 정치·사회 개혁이 이루어지면서 비판의 도마 위에 오르게 되었다. 비판의 명분은 바로 가계 계승의 확립이었다. 조선시대에는 가계계승의 질서를 강조하는 이른바 '종법宗法'이 새로운 가족질서의 원리로 받아들여졌는데, 처가 있는데도 또다시 처를 얻는 것이야말로 가장 종법적 질서에 위반되는 문제였다. 적장자의 가계 계승을 위해서는 적처의 구분이 반드시 선행되어야 했기 때문이었다.

마침내 태종 13년(1413), 처가 있는데 또다시 처를 맞이하는 이른바 '유처취처有妻取妻'가 정식으로 금지되었다. 그러나 유처취처는 쉽게 근절되지 못했다. 다처행위야말로 워낙 상류층 남자들이 주도한데다가, 새 부인을 맞이해놓고서 본부인과 헤어진 것처럼 위장하는 편법을 사용해서라도 여러 명의 부인을 두는 것을 포기하려 하지 않았기 때문이다.

그렇다고 국가에서 이러한 문제를 마냥 두고볼 수만도 없는 노릇이었다. 마침내 정처 한 명을 정하여 반드시 신고하도록 했는데, 총각이야 지금부터 한 명의 처를 얻으면 그만이었지만, 가장 큰 문제는 이미 여러 명의 여자와 결혼한 기혼남자들이었다. 오랫동안 다처 풍습에 젖은 이들에게 한 명의 정처만을 정하기란 쉽지 않았다. 따라서 사헌부에서는 다음과 같은 처벌 조항을 마련하여 위반자들을 엄격히 처벌할 뜻을 비쳤다.

· 처가 있는데도 또 처를 맞이하면 장 90대에 처하고 후처와 이혼시킨다.

· 정처로써 첩을 삼으면 장 100대에 처한다.

· 처가 있는데 첩으로서 정처를 삼으면 장 90대에 처하고 본래대로 환원조치한다.

정부의 의지가 이렇듯 확고하다 보니 따르지 않을 수 없었는데, 가장 큰 문제는 어떠한 기준으로 정처와 첩을 구분하는가였다.

우선 국가에서는 유처취처한 자를 엄하게 징계하고 이혼시키는 한편, 만일 적처와 첩의 구분을 못하고 가장이 사망했을 경우엔 가장 먼저 얻은 부인을 적처로 삼도록 했다. 또한 결혼할 당시 정식절차를 밟았는가로 처첩을 구분하기도 했다. 이 때문에 자연히 결혼 예식이 중요시되었고, 결혼 의례에도 영향을 주게 되었다.

조선시대에 정처가 되느냐, 첩이 되느냐 하는 것은 현실적으로 너무나 중요한 문제였다. 정처와 첩은 사회적으로나 신분적으로나 하늘과 땅 차이였기 때문이다.

사대부의 처는 남편의 관직에 따라서 봉작을 받았는데, 첩이나 재가한 여자는 여기서 제외되었다. 개가하면 오히려 받은 봉작마저도 빼앗겼다. 더욱이 첩의 자식은 서자라 하여 벼슬길에도 나갈 수 없고, 재산도 물려받을 수 없었다. 조선초기 처첩 소생들 사이에서 적자 구분과 재산 분쟁이 빈발했던 것도 이러한 사회적 불이익 때문이었다.

이와 같이 조선초기 강력하게 시행되었던 유처취처의 금지는 한편으로 적처의 신분을 인정해주는 것처럼 보이지만, 여성의 지위 보장을 위한 일부일처제와는 사실상 거리가 멀었다. 단순히 가부장적 위계질서에 혼란이 오는 것을 막기 위한 부산물이었기 때문이다.

2. 축첩제도

국가가 공인한 축첩제도

유처취처를 엄격하게 금지하다 보니 국가 입장에서는 다처를 포기한 수 많은 남성들에게 이를 대신해줄 반대급부를 제시해주어야 했다. 그래서 탄생한 것이 축첩제도다. 축첩제도는 고려말의 다처 풍속을 변형된 형태로나마 그대로 지속시켜준 결혼제도로서, 조선사회가 남성 위주의 사회였음을 보여준다.

원인이야 어찌되었건 부인 외에 여러 명의 첩을 두는 것을 반대할 남자들이야 없었을 텐데, 당시 첩을 둔 명분이란 자손의 번성이었다. 그런데 자손에 집착하는 것은 유교적이고도 중국적인 인식이었다. 예컨대 중국에서 제후는 한 번 장가드는 데 아홉 여자를 얻을 수 있고, 경대부는 일처이첩, 선비는 일처일첩할 수 있었다. 여기에 첩을 얻으면 후손을 넓힐 수 있고 음란함을 막을 수 있다는 논리가 덧붙여졌다. 더욱이 여자의 수가 남자의 수보다 많으므로 두세 명의 첩은 두어도 괜찮다고 생각했다.

이러한 인식은 조선시대에 주자학과 함께 널리 퍼졌는데, '성인인 공자도 첩을 거느렸다'고 하여 도덕군자라던 선비들도 첩 두는 것을 부끄럽게 생각하지 않을 정도였다. 조선의 대학자들인 화담 서경덕, 회재 이언적, 율곡 이이 등등 명현들 치고 첩을 얻지 않은 이가 별로 없었고, 또한 비난받지도 않았다. 선비들이 이럴진대, 일반 남자들은 재물만 있으면 먼저 첩을 두고 즐기는 것이 인생 최고의 낙이라고 생각했다. 실제로도 8선녀를 두듯이 7~8명의 첩을 두는 것이 이상하게 여겨지지 않았다.

사실 우리 나라에서 첩이 처음 생긴 것은 조선시대 이전부터였다. 고구려가 소국인 옥저로부터 미녀들을 상납받아 이들을 비첩으로 삼았고, 신

상춘야흥 신윤복 그림. 벼슬아치들이 기녀들과 노는 광경. 기녀들은 과부, 여종, 가난한 양인 처녀들과 함께 첩실이 되기도 했다.

라의 진골들도 축첩을 했다고 전해진다. 고려시대 6품관 이상은 모두 첩을 두었고, 절의 중까지도 첩을 둘 수 있었다. 게다가 상류층에서는 처첩을 서로 훔치는 일까지 벌어지기도 했다.

그런데 조선시대 첩제도는 종래 있었던 첩의 존재와는 다른 면을 지니고 있다. 즉, 조선시대의 축첩제도는 첩이 적처가 될 수 없다는 엄격한 규정과 함께 첩의 존재를 공식화했다는 점에서 이전 시대와는 성격이 다르다. 간혹 첩에 대한 애정이 지나쳐 정처로 삼고자 하는 경우도 있었지만, 정처와 첩의 구분은 마치 하늘과 땅의 구분과 같은 것이어서 발각되면 곧바로 처벌받았다.

첩은 대체로 용모가 곱고 젊은 여성인 경우가 대부분이어서 남편의 사랑을 독차지하게 마련이었다. 투기하지 말라고 하지만, 인지상정상 첩에 대한 감정이 좋을 수가 없다. '씨앗 싸움엔 돌부처도 돌아앉는다' 라든가 '계집 둘 가진 놈의 창자는 호랑이도 안 먹는다' 는 속담은 이러한 갈등과 반목의 감정에서 탄생했다.

언제 식을지 모르는 남편의 애정에 매달려서 차별과 수모를 받아야 했던 것이 첩의 신세였다면, 부덕이라는 미명 아래 남편의 애정이 첩에게 쏠리는 현실을 감내해야 했던 처의 처지도 부부라는 대등한 관계와는 거리가 멀었다.

이와 같이 처첩제를 바탕으로 한 결혼제도는 남자들의 자유로운 성생활을 인정한 불평등한 결혼제도였다. 남자들은 첩을 얻어 자식을 얻을 수도 있고 애정행각을 벌일 수도 있었지만, 여자는 일부일처제와 배치되지 않는데도 재혼이 금지되고 수절이 강요되었다. 이러한 의미에서 조선시대 처첩제도는 일부일처제를 근본적으로 위협하는 면이 있었다. 처첩제가 다처제와 달리 처와 첩의 지위를 엄격히 구별함으로써 일부일처제라는 외형을 부인하는 것은 아니었지만, 첩이 항상적인 배우자 관계에 있다는 점에서 남녀의 수적 균형을 파괴하기도 했다.

최초의 축첩 반대 시위

축첩제도가 인륜상 어긋나는 일이라는 것은 누구나 인정했지만, 조선왕조 500여 년간 사라지지 않았다. 남자들은 축첩을 마다할 리 없었고, 여자들은 축첩을 반대하면 투기죄로 소박당하기 쉬웠기 때문이다.

그런데 부당한 축첩제도에 대한 여성들의 공식적인 반발이 조선왕조가 서서히 침몰해가던 1899년 3월에 있었다. 우리 나라 최초의 여성단체인 '찬양회' 와 동일 회원으로 조직된 친목단체 '여우회女友會' 가 축첩 반대 시위의 주인공들이었다.

당시 의기투합한 50여 명의 여우회 소속 회원들은 '일부이실 패륜지도 덕의지실 一夫二室 悖倫之道 德義之失'이라고 크게 내리쓴 한 폭의 깃발을 덕수궁 포덕문 앞 장대에 높이 매달았는데, 내용인즉, "한 지아비가 두 아내를 거느리는 것은 윤리를 거스르는 길이요, 덕의를 잃은 행위"라는 것이다.

이어서 이들은 고종황제에게 "상감께서는 먼저 후궁을 물리치시고 공경대부로부터 미관말직과 일반 서민에 이르기까지 기왕지사는 불문에 부치고라도 앞으로는 절대로 첩을 두지 말라는 칙령을 내려주옵소서"라는 상소문도 올렸다.

그녀들은 일제히 독립된 여성이라는 의미로 자기 성명을 쓴 어깨띠를 하고 있었는데, 자기 성명 석 자를 분명히 쓴 이도 있었지만, 남편의 성을 따서 이부인李夫人, 김실인金室人 등 이름 아닌 이름을 쓴 이들도 많았다. 선두에 앉아 지휘하는 여인만이 한문으로 '정형숙鄭亨淑'이라고 번듯하게 썼는데, 그녀가 바로 여우회 회장이었다.

북촌 회동에 살았던 정형숙은 날마다 회원 전원을 인솔하고 오전 10시경부터 오후 6시 초경이 울릴 때까지 온종일 대궐 문전에서 고종황제의 어명이 내리기를 기다리다가 헤어지는 시위를 1주일 이상 되풀이했다.

그러는 동안 여우회원의 시위 소식이 장안에 널리 퍼졌는데, 그만 소문이 와전되어 "덕수궁 앞에는 여우들이 여편네로 둔갑해 날마다 대궐문 앞에 진을 치고 앉아 있다"는 낭설이 퍼지게 되었다. 이후로 매일 오정 때만 가까우면 "오늘도 여우들이 나왔다!"며 남녀노소 할 것 없이 모여드는 통에 덕수궁 앞은 인산인해로 대혼잡을 이루었다.

그녀들의 그처럼 간곡하고 열성적이던 축첩 폐지의 바람은 성과 없이 흐지부지 끝나고 말았지만, 5백 년 가부장제에 반기를 든 한국 여권운동의 신호탄이었음은 부인할 수 없다.

결혼풍속의 변화
-처가살이에서 시집살이로

동성동본은 결혼할 수 없다!

지금까지 말도 많고 탈도 많은 동성동본혼의 금지는 조선시대 유교적 도덕관념과 이를 높이 숭상한 유학자들의 합작품이었다. 조선시대에는 "남녀가 다른 성끼리 결혼해도 그 자손이 번창하지 않는데, 하물며 친척끼리의 결혼이야 말해서 무엇하겠는가?"라며 자손의 번창을 위해서 근친혼은 물론이고 동성동본의 결혼마저도 엄격히 규제했다. 어느 정도로 이를 금지했냐면, 만약 이러한 금지된 결혼을 했을 경우, 동성동본혼은 장형 60대와 이혼이었고, 근친혼일 경우엔 사형이었다.

그런데 동성끼리 결혼하지 않는 것은 우리 나라 풍속이 아닌 중국 풍속이었다. 중국에서는 주나라 때부터 동성동본혼의 금지가 시작되었으니까 꽤나 역사가 오래 된 풍속이다. 우리 나라에서는 고려 충선왕이 즉위하면서 외종형제와의 결혼을 금지하는 한편, 종친 및 양반에 국한하여 동성 결혼을 금한 것이 시초였다.

동성혼의 금지는 조선왕조에 들어와 더욱 강화되기 시작했는데, 고려시대에는 문제되지 않았던 동관이성同貫異姓 (본관이 같은 각각의 성) 간이나 이관동성異貫同姓 (본관이 다른 동성) 간의 결혼도 금지되었다.

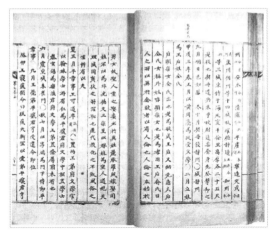

근친혼에 관한 문건 신라·고려 왕실의 근친혼에 대해 그 폐단을 지적하고 있다. 《동사강목》 권7에서.

여말선초에 금지되기 시작한 동성동본혼은 사실상 모든 사람들이 본관과 성을 가지게 되었기 때문에 가능한 것이었다. 우리 나라에서 성씨제도가 시작된 것은 일찍이 신라말부터였지만, 이 시기에는 지배층들만 성씨를 가졌고, 일반 서민들은 성이 없었다.

일반인들도 성을 가질 수 있게 된 것은 고려시대였다. 이때 비로소 거주지를 바탕으로 한 본관과 성씨가 파급되기 시작했는데, 거주지를 바탕으로 본관을 정하다 보니 같은 조상이 아니라도 같은 성을 가질 수 있었다. 이러한 이유로 성씨보다 본관을 더욱 중요시하고 친족으로 여겼다. 성씨가 같아도 본관이 다르면 동족으로 치지 않는 게 우리네 성씨관이었다.

이와 같은 우리 나라 성씨제도의 특성으로 조선중기까지는 동성이라도 본관이 다르면 서로 결혼할 수 있었다. 반대로 성이 다르더라도 본관이 같으면 결혼하지 않는 것이 더 일반적이었다. 가령 안동 김씨와 안동 권씨, 예천 권씨는 서로 결혼하지 않았다. 비록 성이 다르더라도 그 근원을 캐보면 동일한 조상에서 갈라져 나왔기 때문이다. 수로왕의 후손들인 김해 김씨와 양천 허씨, 고려 태조 때의 공신인 유차달柳車達의 후손들인 전주 차씨와 문화 유씨간의 금혼도 마찬가지 경우다.

그러나 이러한 관행도 미흡했는지 조선중기 이후로 본관이 다른 동성마저도 결혼이 금지되기에 이르렀으니, 동성동본혼의 금지야말로 유교문화가 심은 잘못된 풍속이라 하지 않을 수 없다.

금지된 결혼

조선시대 가족주의 가치관은 자손 번창에 집착하게 만들었다. 따라서 우생학적으로 문제가 있다고 생각한 동성혼의 금지 외에도, '월삼성越三姓'이라고 하여 모계 쪽의 성씨를 3대에 걸쳐 건너뛰어 결혼하기도 했다. 예컨대 조부가 김해 김씨 여자와 결혼했다면, 아버지와 아들 및 손자는 김해 김씨와의 결혼을 피하고, 다른 성씨와 결혼했다. 따라서 3세대는 각기 서로 다른 성씨의 여자와 결혼하고 그 다음의 증손대에 와서야 비로소 증조모의 성씨와 동일한 씨족과 결혼해도 무방했다.

금혼규정 조선시대 혼인규정. 신분에 따른 금혼령. 서얼 신분의 남자와 양반 여자 사이의 혼인을 금하고 있다. 《태종실록》 권 10.

이밖에도 조선시대는 신분제 사회였기 때문에 신분이 다르면 결혼할 수 없었다. 지방관과 해당 일반백성과의 결혼이 금지되었고, 양인과 천인간의 결혼도 제약이 따랐다. 특히 천인 남자와 양인 여자는 절대 결혼할 수 없었다. 반면 천인 여자가 양인 남자와 결합하는 것은 금지되지 않았다. 그외에도 적출자와 서자 및 사생자 상호간의 결혼도 금지되었고, 상중에도 결혼하지 않았다. 뿐만 아니라 소속 당파가

절구질하는 아낙네 왼쪽의 어린 소녀는 쪽진 머리로 보아 부인임이 분명하다. 조선의 서민농가에서는 노동력을 확보하기 위해 가난한 집 어린 딸을 민며느리로 맞아들이기도 했다.

다를 때와 궁합이 맞지 않을 때, 그리고 사제관계도 결혼을 하지 않는 것이 관례였다. 이 가운데에서도 궁합을 아주 중요시해서 궁합이 맞지 않으면 결혼하지 않았으며, 만일 어릴 때라도 궁합만 맞으면 급히 결혼시키는 일이 많았다.

금지된 결혼은 이것만이 아니다. 조선시대에는 여성의 재가가 크게 억제되었는데, 과부의 재가는 법으로 금한 것은 아니었지만, 재가한 여성의 자식이 벼슬할 수 있는 길을 막아버렸으니 금지한 것이나 별반 다르지 않았다. 이로 인하여 과부의 재가를 꺼리게 되었고, 점차 이것이 일반 여성들에게까지 미풍양속으로 자리잡았다.

2백 년도 안되는 시집살이의 역사

귀머거리 3년, 벙어리 3년이라는 세칭 여자들의 시집살이는 우리 나라 역사에서 2백 년도 채 안되는 결혼풍속도다. 그 이전엔 처가살이였지, 시집살이라는 것은 아예 없었기 때문이다.

지금도 결혼하는 것을 '장가간다' 또는 '시집간다' 라고도 표현하는데, 이 두 가지 표현은 우리 나라의 전통혼례 풍속도의 변화양상을 그대로 담아내고 있다 해도 과언이 아니다. 즉, '장가간다' 라는 말은 '장인·장모집에 간다' 는 말로서, 이른바 처가살이를 하는 결혼생활을 뜻하며, 반면, '시집간다' 는 말은 '시댁에 간다' 는 의미로, 이른바 시집살러 가겠다는 의미였다.

전통시대 결혼생활은 남자와 여자간의 일 대 일 결합이 아니라, 한 집안 대 한 여성 혹은 한 남성이라는 복수 결합이었다. 시집가는 것은 신부가 시집 식구 전체에 들어가는 것이고, 장가가는 것은 신랑이 신부집 전체에 들어가는 것이었다.

그런데 시집가는 혼인풍속은 우리 나라 고유의 풍속이 아니라 유교식 중국 혼례인 '친영親迎' 에서 비롯된 것이었다. 친영이란 '친히 맞이한다' 는 뜻으로, 신랑이 신부집에 가서 신부를 데리고 온 후, 신랑집에서 혼례를 치르는 것을 말한다. 신부가 시부모를 뵙는 폐백례와 혼례 이후 신부가 신랑집에 머물러 사는 것까지도 친영에 포함된다. 말하자면 남자집 중심의 결혼풍속이라고 할 수 있다.

이와 달리 우리 나라의 전통적인 결혼풍속은 '남귀여가男歸女家' 혼속이었다. 남귀여가의 혼속은 고구려의 데릴사위제와 같이 신랑이 일정기간 신부의 집에 가서 거주하는 형태의 결혼풍속을 말한다.

고구려에는 혼약이 맺어지면 신부집

서옥제에 관한 문헌 《삼국지》 위지 동이전 부여조. 옛 고구려에서는 신부집 뒤에 작은 집을 짓고 신랑이 가끔 찾아와 함께 동숙하고 가는데, 이를 서옥이라 했다.

에다 '서옥壻屋'이라는 작은 집을 따로 지어 신혼부부가 거처하도록 했다. 지금도 사위를 '서방'이라고 부르고, 결혼하는 것을 한편으로 '입장가入丈家'라고 하는데, 모두 전통적인 '남귀여가' 혼속에서 비롯된 말이다. 이러한 처가살이 형태의 결혼풍속은 고려 및 조선초기까지 계속 이어져 내려오다가 가부장적 질서를 세우려는 유학자들로부터 철퇴를 맞고 말았다. 기존의 남귀여가속을 비판하고 유학자들이 내세운 새로운 혼례풍속이 바로 친영제였다.

친영제는 신부가 신랑집에 죽을 때까지 살아야 하는 이른바 '시집살이'를 바탕으로 한 혼속이었다. 따라서 기존의 혼속과의 마찰은 불가피한 일이었는데, 가장 문제가 된 것이 혼수와 재산 상속 문제였다. 전통혼속에는 신부가 신랑집에 처음부터 살지 않아도 되었기 때문에 신부는 혼수나 상속재산을 혼례 이후에 천천히 준비해도 되었다. 그러나 친영제에서는 결혼식과 동시에 신부가 신랑집에 계속 살아야 하기 때문에 혼수나 재산 상

시집 보내는 어머니 마음 시집살이 잘하기를 타이르는 어머니. 그 말은 해도 해도 끝이 없는데 그래도 한마디 더. 찬찬히 듣고 있는 딸의 모습이 대견하다. 백리 길도 걸어서는 하루 걸리던 시절. 한번 멀리 보낸 딸은 예절상, 풍속상 이래저래 다시 보기 어려웠던 시절이다.

속을 급하게 준비해야 했다. 게다가 그 동안 남자집에서 부담했던 혼수를 반대로 여자집에서 부담해야 했고, 전통적으로 밀접했던 외가도 출가와 동시에 완전히 단절해야만 했다.

이러한 점으로 인하여 친영제는 오히려 양반층에서 더욱 지켜지지 않았다. 따라서 이 같은 불협화음을 해결하고자 남귀여가 혼속과 절충된 '반친영' 이란 것이 오랫동안 결혼풍속으로 자리잡게 되었다. 반친영이란 신부집에서 혼례를 치러온 오랜 관행은 인정하되, 다음날(또는 3일 후) 또는 길게는 1년 후에 신랑집으로 와서 신부가 시부모에게 인사를 올리도록 하는 방식이다.

지금은 의아하게 생각할지도 모르지만, 조선초기까지도 "며느리가 시부모 얼굴도 못 보는 형편이다"라고 한탄할 정도로 처가살이는 쉽게 청산되지 못했다. 긴 역사로 보면 시집살이는 너무도 짧은 결혼풍속인 셈이다.

혼례 없이 사는 것은 금수

1. 중매결혼과 선보기

연애결혼은 꿈도 꾸지 마라

유교국가임을 자처했던 조선시대인만큼 형식을 갖춘 의례는 무엇보다도 중요했다. 따라서 미혼 남녀가 부모라는 울타리를 떠나 가정을 이루기 위해서는 결혼식이라는 절차를 반드시 거쳐야만 했다. 지금도 남녀가 결혼식을 치르지 않고 동거하는 것을 백안시하는 경향이 있는데, 의례를 중히 여기는 유습 때문이다.

남녀가 혼례도 하지 않고 사는 것이야말로 예를 중요시한 선비들 눈에는 금수와도 다름없는 것이었다. 유교 윤리상 결혼이란 인륜지대사이므로 남녀간의 자유로운 결합은 동물과 다름없는 야합이었다. 육례六禮를 갖추어 혼례를 치르는 것이 남녀간의 예우라고 생각하던 시절이었다.

월하밀회 신윤복의 풍속화. 군복 차림의 무관이 기녀이거나 여종인 듯한 젊은 여인을 끌어안고 있고, 점잖은 양반집 부인이 담에 붙어 서서 이들을 엿보고 있다. 자유연애가 부정되던 시대, 오히려 하층민에게는 그것이 허용되었다.

   조선시대에는 자유연애가 일절 금지되고 가문과 신분에 따른 중매결혼이 이루어졌는데, 특히 신분이 높을수록 당사자의 의사는 무시되었다. 특히 양반가에서는 결혼 당사자가 아닌 주혼자가 결혼을 주관했으므로 신분이 아닌 사랑의 감정으로 결혼이 이루어지는 일은 결코 없었고, 해서도 안 되었다. 주혼자는 대체로 부모였으므로 따라서 지체가 다르거나 원수집안과는 결혼이 이뤄질래야 이뤄질 수도 없었다. 게다가 결혼은 당사자가 아닌 주혼자가 주관해야 하므로 만약 주혼자 없이 결혼이 이루어졌을 경우에는 결혼이 무효화됨은 물론이고, 심하게는 화간이라 하여 간통으로 처벌받기도 했다.

   주혼자를 통해서 쌍방 집안끼리의 의사 타진으로 결혼이 이루어지는 것이 조선시대 혼속이지만, 주혼자의 합의 없이도 결혼이 가능한 특수한 경우도 물론 있었다. 왕실혼이 그러한 경우인데, 왕가의 자손들은 적자·서자를 불문하고 사대부가와 결혼할 수 있었을 뿐만 아니라, 종친이 원할 경우에는 상대 집안의 의사와 상관 없이 결혼이 성립되었다.

아들 잘 놓는 신부감

조선시대에는 혼담이 오고가면 '간선'이라 하여 신부감을 선보는 풍속이 있었다. 중매를 통해 신부감과 신부집안의 내력은 알 수 있었지만, 신부감의 인품과 관상은 직접 보지 않고서는 알 수 없는 일이기 때문이다.

그렇다고 해서 아무나 신부의 얼굴을 볼 수 있었던 것은 아니었다. 남녀가 유별하다 보니 신부감이 될 처녀의 관상은 부인네들의 담당이었다. 이렇게 선을 보기 위해 파견되는 부인들은 시어머니가 될 부인이 직접 가거나, 친척 중 안노인이 가기도 했다. 그러나 다짜고짜로 찾아가 신부 얼굴을 볼 수 있었던 것은 아니고, 옷감장수나 방물장수, 지나가는 나그네로 위장하거나 다른 집을 잘못 찾아온 양하여 살짝 신부의 자태를 살펴보는 것으로 만족할 수밖에 없었다. 다행히 같은 마을에 친척이 있으면 그 집에 며칠 유숙하면서 신부감을 관찰할 기회를 노리기도 했다.

그런데 위장까지 하면서 신부의 얼굴을 보려고 애쓴 가장 큰 이유는 아들잘 놓을 관상을 가졌는지를 알아보려는 데 있었다. 물론 선을 볼 때에는 외모나 성품·교양 등도 중요했지만, 다산과 다남의 관상을 보는 것이 더 중요했다. 특히 영남지방에서는 처녀의 얼굴, 걸음걸이, 체격 등을 몰래 살펴보고 '자식 잘 낳을 처녀'로 판정이 난 후에 매파를 넣어 청혼할 정도였다.

어쨌든 어떠한 관상을 가져야 아들 잘 놓는 신부감으로 통과되었는지 궁금하지 않을 수 없는데, 당시 다산과 다남의 관상에는 13구라는 기준이 있었다.

눈매가 길고 눈 끝이 젖지 말아야 하며
눈썹이 길고 이마가 오똑해야 한다.
콧날이 서고 봉눈처럼 생겨야 하며
목소리가 고르고 기가 족해야 한다.
피부빛에 광택이 나고 향취가 나야 하며
살결이 부드럽고 습기가 촉촉해야 하는데
얼굴이 거위나 벼룩상일수록 좋다.
어깨가 모나지 않고 등이 두터워야 하고
손이 마치 봄에 솟아난 죽순 같으며
손바닥의 혈색이 붉어야 한다.
유두가 검고 굵어야 하고
배꼽이 깊고 배가 두툼해야 하며
엉덩이가 편편하고 배가 커야 한다.

한마디로 두리뭉실 복스럽게 생겨야 다남할 관상이란 말인듯 싶은데, 여기에다 얼굴 모양이 예쁘지 않아도, 입술빛이 붉고 복부가 두터우며, 배꼽이 깊거나 허리가 바르고, 체구가 탄탄한 느낌을 풍기면 귀한 자식을 낳을 상이라고 보았다.

이외에도 남이 싸우는 데 끼어들지 않는 여인, 어려움 속에도 원망하지 않는 여인, 음식 먹는 것을 절제하는 여인, 무슨 얘기를 듣든지 놀라지도, 기뻐하지도 않는 부덕을 갖추면 아들을 잘 낳을 수 있는 여인이라고 생각했다.

머리카락으로 신부감의 출산력을 가늠하는 풍속도 있었다. 염탐꾼이 신부감의 머리카락을 몰래 가져다가 그것으로써 상을 보는 것인데, 머리카락이 굵고 빛깔이 푸른 검정색이면 피가 남아 돌기 때문에 다산력이 왕성하다고 판단했다. 물론 이런 풍속은 배우자 선택의 여지가 상대적으로 적은 하류계층보다는 중류 이상 행세하는 가정에서 지켜졌던 결혼풍속이었다.

무자상은 절대 피하라

다남·다산형의 신부감을 찾기 위한 노력은 거꾸로 무자상의 여인을 가려내는 것으로 나타난다. 조선후기 농서인《증보 산림경제》에는 조선시대 무자상으로 규정된 관상이 나오는데, 전문을 옮기면 다음과 같다.

노랑머리나 붉은머리의 여인

눈의 흰창이 붉거나 노른기가 있는 여인

눈이 깊숙이 들어갔거나

눈썹이 없는 것처럼 성근 여인

콧대가 꺼진 납작코 여인

이마가 높고 얼굴이 꺼진 여인

이마에 주름살이 많은 여인

미간에 마디가 있는 여인

얼굴이 길고 입이 큰 여인

얼굴이 크고 입이 작은 여인

콧구멍에 콧수염이 많은 여인

귀가 뒤로 뒤집히고 굴곡이 많은 여인

입주둥이가 뾰족하게 생긴 여인

잇념(잇몸의 사투리)이 하얀 여인

목소리가 우레치듯 깨진 음성의 여인

어깨가 축 처진 여인

허리가 너무 가는 여인

엉덩이가 허약한 여인

유방이 오똑하고 유두에 하얀빛이 감도는 여인

입술에 검은 빛이 도는 여인

사타구니살이 메마른 여인

이러한 얼굴은 무자상으로서, 며느리감으로는 실격이었다.

또한 투정이 심한 여인은 월경이 고르지 못하기 때문이므로 자식 못 낳을 가능성이 크다고 판정받았다. 얼굴이 너무 예쁘면 미인박명이라 하여 복이 없다고 판단하기도 했으니, 복스럽게 생긴 여자들이 인기있던 시절이었다.

궁합과 원진살

얼굴을 보지 않고 가문이나 신분에 따른 결혼을 하다 보니 남녀의 운명을 점쳐보거나 궁합을 맞춰보는 풍속이 더욱 성행했다. 특히 궁합은 맞으면 백년해로하고, 맞지 않으면 생이별하거나 사별할까 두려워하여 파혼의 중요한 이슈로 등장했다.

'궁합宮合'에서 궁이란 명궁命宮으로, 남녀의 명궁이 서로 맞아 흉살이나 상충, 상극이 없어야 좋다는 것을 말한다. 그런데 궁합에서 일차적으로 중요시한 것이 바로 원진살元嗔煞이었다. '원진'은 부부간에 까닭 없이 미워하게 된다는 액운을 말한다. 이 원진살이 끼면 평생 불화하거나 생이별하게 된다고 믿었다. 원진살의 가장 기초적인 것이 남녀 생년의 간지에 따라 따지는 것인데, 상극인 띠와 그 이유는 다음과 같다.

쥐띠와 양띠 - 쥐는 양 머리의 뿔을 꺼린다.

소띠와 말띠 - 소는 말이 밭 갈지 않음을 노여워한다.

범띠와 닭띠 - 범은 닭의 부리가 짧음을 미워한다.

토끼와 원숭이띠 - 토끼는 원숭이 같지 않음을 미워한다.

용띠와 돼지띠 - 용은 돼지의 낯이 검음을 미워한다.

뱀띠와 개띠 - 뱀은 개 짖는 소리에 놀란다.

상극인 띠와 상극의 이유가 이렇게 알 수 없는 것들인데도 궁합을 맹신하다 보니 이로 인한 불행한 일이 없을 수가 없다. 《호산외기壺山外記》라는 책에는 궁합으로 불행해진 한 여자의 이야기가 전해지고 있다.

한말 만향재 엄한붕의 증손 엄재희를 남편으로 둔 박씨 부인이 있었는데, 남편이 일찍이 앓아 눕자 지극정성으로 간호를 했다. 하루는 시어머니가 점술가에게 명수를 점쳐보았더니, 며느리에게 악살이 있어 그 갚음이 남편에게 돌아왔다고 하면서 며느리가 죽어야 아들이 산다고 했다. 날이 갈수록 아들의 병이 위독해지고 며느리의 고생도 늘어가자 시부모는 마침내 며느리를 친정으로 보내어 쉬도록 했다.

친정에 간 박씨 부인은 슬퍼하는 기색도 없이 친정어머니와 즐겁게 웃으며 이야기하다가 한밤중에 일어나 뒷간으로 간다며 나가서는 자살을 했다. 이때 박씨 부인의 나이가 꽃다운 열 일곱이었으며, 때는 1812년(순조 12)이었다.

박씨 부인이 죽은 후 남편의 병은 깨끗이 나았지만, 시부모는 며느리의 안타까운 죽음을 가슴 아파했다.

그렇다면 과연 이 이야기대로 궁합이란 정말 부부간에 영향을 끼치는 것일까?

조선시대 중신이었던 권람은 그 유명한 남이 장군을 사위로 맞이했는데, 그 이유는 "명이 매우 짧고 자식은 없겠으나, 두 사람이 혼인하면 마땅히 복을 누릴 것이며 화도 입지 않을 것입니다"라는 궁합의 점괘 때문이었다. 그러나 남이는 28세 때 역모죄로 요절했고, 부인인 권람의 딸은 이보다 앞서서 세상을 떠났다.

2. 혼례 절차

혼례는 육례

조선시대 결혼식에 가보기 전에, 오늘날의 결혼식을 먼저 가보자. 턱시도를 멋지게 차려 입은 신랑이 먼저 식장에 입장하면 이어서 결혼행진곡에 맞추어 웨딩드레스를 입은 신부가 입장한다. 이어서 주례사가 끝나면 후다닥 사진을 찍고 폐백실로 직행하는데, 여기까지 보통 30분이 채 안 걸린다.

다음은 폐백실 광경. 여기서 만나는 신랑과 신부의 모습은 아까의 모습이 아니다. 어느새 전통 혼례복으로 바꿔 입고는 양쪽 친지를 뵙는 상견례를 한다. 전반부는 서양식 결혼식이고, 폐백실 정경은 조선시대 결혼식 모습이니, 급변한 현대사의 한 단면이 담겨 있는 것만 같아 씁쓸함을 감출 수가 없다.

그러면 왜 이러한 우스꽝스런 결혼식이 생기게 되었을까? 그리고 폐백이라는 절차는 아직도 사라지지 않고 있을까? 조선시대 혼례 절차를 살펴보면 우리는 이러한 문제의 해답을 간단히 해결할 수 있다.

조선시대에는 체면이니, 예절이니 하는 것을 목숨처럼 귀중하게 생각하던 시절이었다. 따라서 인생의 중요한 통과의례 중의 하나인 결혼을 인륜지대사라 하여 매우 중요시했다. 당연히 지금보다 엄숙했고, 시간도 많이 걸렸다.

조선시대의 혼례는 중국의 유교식 혼례 절차를 본따 '육례六禮'를 바탕으로 했다. 육례란 결혼하는 데 있어서 반드시 준행해야 할 여섯 가지 의식과 절차를 말한다. 여섯 가지란 납채納采 · 문명問名 · 납길納吉 · 납징納徵 · 청기請期 · 친영親迎이다.

조선시대 혼례 절차는 중국의 《주자가례朱子家禮》와 《사례편람四禮便覽》을 참고로 이루어졌다. 《주자가례》는 주자가 쓴 관혼상제에 관한 의례절차서며, 《사례편람》은 조선후기 유학자 이재李縡(1678~1746)가 우리 나라 실정에 맞게 쓴 관혼상제 의례서다. 그런데 우리 나라 민가에서 행한 혼례 절차는 중국 육례의 영향을 받았으나 왕실 외에는 육례가 다 지켜진 것은 아니고, 대체로 의혼 · 납채 · 납폐 · 친영을 중심으로 이루어졌다.

혼사를 합의하는 '의혼'

조선시대 미혼 남녀들의 결혼 적령기는 몇 살이었을까? 법적으로 대략 남자는 15세부터 30세, 여자는 14세부터 20세까지가 결혼 적령기였다. 이 나이에 해당하는 미혼자들은 1년 이상의 상喪이 없는 한 결혼할 수 있었다. 이 나이가 지나면 노총각 · 노처녀가 되어 사실상 결혼하기가 매우

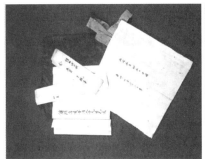

의혼절차 중매인을 통해 정혼하는 절차. 납채(왼쪽). 신랑측 혼주가 신부집에 사주단자를 보낸다. 연길(오른쪽). 사주단자를 받은 신부집에서는 신랑집에 택일단자를 보낸다. 온양민속박물관 소장.

힘들었으므로 자식 가진 부모들은 이 적령기가 지나기 전에 서둘러 결혼을 시켰다.

결혼하기 위해서는 먼저 결혼식이란 것을 치러야 했는데, 그 첫 단계가 '의혼議婚' 이다. 의혼은 혼례를 하기 이전에 반드시 중매인으로 하여금 양가를 왕래하면서 의견을 알아보고 합의하도록 하는 절차를 말한다. 자유로운 연애가 일절 금지되었기 때문에 의혼은 결혼이 성사되기 위한 전단계로서 매우 중요했다.

중매인을 통하여 의혼이 시작되면, 앞서 살펴본 바와 같이 다남의 여인상을 가려내기 위한 간선을 보았다. 어느 정도 양가의 의견이 모아지면 궁합을 보았는데, 연애가 불가능했던만큼 궁합을 매우 중요하게 생각했다. 궁합은 태어난 해의 간지로 보는 겉궁합과 생년월일시를 맞추어보는 속궁합이 있었는데, 지방에 따라 간선을 하기 이전에 궁합을 먼저 맞춰보기도 했다.

'납채' 와 '납폐'

의혼과 선보기가 끝나면 그 다음 단계로서 '납채納采' 를 한다. 납채란 약속한 혼인을 받아들이는 것으로, 신랑측에서 신부집에 결혼을 청하는 사주단자를 보내는 절차를 말한다. 일종의 정혼한다는 의사표시이며, 지금의 약혼식과 같다. 따라서 납채가 이루어지면 이미 결혼이 이루어진 것으로 보았다.

사주단자에는 신랑의 생년월일시를 써서 넣는데, 겉봉에다 '四柱' 라고 쓴다. 지방에 따라 사주만 보내는 곳도 있으며, 격식을 차려서 청혼서를 같이 보내거나 약간의 물품을 딸려 보내기도 한다. 예물로는 반지와 저고릿감 한 벌을 넣어 보내는 것이 일반적이다. 부잣집일 경우에는 더 많은 물품을 넣어 보내기도 했다.

사주를 받은 신부집에서는 신랑과 신부의 생년월일시에 따라 길일을 택해 결혼 날짜를 잡는다. 신부집에서 결혼 날짜를 택일하면 신랑집에서는 신랑의 의복 길이와 품을 신부집에 알리는데, 이 풍속은 오늘날 서로 옷을 맞춰주는 풍속으로 여전히 남아 있다.

납채가 끝나면 다음으로 '납폐納幣'를 하는데, 납폐란 요즘의 함 보내는 절차를 말한다. 함은 혼례 전날 저녁 때 신랑집에서 신부집으로 보낸다. 이때 보내는 혼서와 폐물은 정혼의 징표로서 결혼의 효력을 발생시키는 약속이다.

사실상의 혼례식 '초례'

납채와 납폐가 끝나면 '초례醮禮'를 치르는데, 사실상의 혼례식이라고 할 수 있다. 초례란 원래 혼례를 하러 가기 전에 아버지가 아들에게 술을 따라주며 가서 신부를 맞으라고 명하는 의식이었다. 그러나 점차 신랑이 신부집에 가서 신부와 처음으로 대면을 하고 서로 절을 하는 혼례식을 의미하게 되었다.

초례를 하러 신부집으로 떠나는 신랑의 행차는 맨 앞에 기러기를 안은 기럭아범이 서고 그 뒤에 청사초롱 2쌍, 그 다음 배행, 말 탄 신랑순으로 늘어서서 간다. 배행은 신랑과 동행하여 가는 상객으로, 대체로 신랑의 할아버지나 삼촌 또는 형이 그 역할을 담당했다.

기러기를 안고 가는 것은 이 새가 부부 금실을 상징하는 조류이기 때문이다. 기러기는 자웅이 사이가 좋아서 한쪽이 죽으면 다른 짝을 구하지 않는 새다. 또한 어김없이 때를 지키는 철새이므로 혼기를 놓치지 말라는 의미도 담겨 있다.

그런데 혼례에 기러기를 쓰는 풍속은 우리 나라가 아닌 중국 고대의 혼

혼례 민화 〈평생도〉 중 초행 모습. 온양민속박물관 소장.

례풍속이다. 중국 혼속에는 신랑이 신부를 맞으러 갈 때에 기러기를 안고 가서 예를 올렸는데, 기러기는 음양을 상징하는 새로서, 부인은 남편의 뜻을 좇아 살아야 한다고 하여 양에 해당하는 남자가 지참했다.

초례가 끝나고 나면 신랑은 신부집에 그대로 머무르면서 신방을 치른다. '남귀여가'의 전통 혼속에서는 여러 해 계속해서 머물렀지만, 중국식 친영제가 들어온 다음부터는 1년 또는 3일로 머무르는 시간이 현격히 줄어들었다.

한편, 첫날밤 풍속으로 '신방 엿보기'와 '동상례東床禮'가 있었다. 침으로 창호지를 뚫고 어린 신랑·신부의 거동을 엿보는 '신방 엿보기' 풍속은 조선시대 이전부터 조혼을 한 어린 신랑·신부 간의 불상사를 막기 위해 지켜봐준다는 것에서 유래되었는데, 차츰 호기심으로 엿보게 되었다.

동상례는 신부집에서 신랑의 친지나 친구들에게 음식을 차려주어 대접하는 것을 말한다. 신랑의 친구들이 '신랑 다루기'라 하여 신랑의 발을 묶

풍속화에 보이는 혼례 모습 ❶ 〈폐물 보내고〉, ❷ 〈장가가고〉, ❸ 〈신랑·신부 초례 모양〉, ❹ 〈시집가는 모양〉. 이상 〈기산풍속도첩〉에서. 독일 함부르크 민족학박물관 소장.

어서 거꾸로 매달아놓고는 발바닥을 때리면서 신랑을 괴롭히는 풍속도 동상례라고 한다. 그러나 이것은 원래부터 있었던 것은 아니고, 신부집으로부터 술과 음식을 더 받아내기 위해 추가로 덧붙여진 풍속이다.

동상례의 기원은 중국의 명필가 왕희지가 사위를 구하려고 각 서당을 돌아다니다가 동상에서 헐벗은 서생을 맞아 사위를 삼았기 때문에 이 이름이 생겼다는 설과, 조선시대 명장 권율이 동상에서 공부하는 이항복을 사위로 삼아 동료에게 한턱을 낸 것이 기원이 되었다고 전해진다.

'신행'과 '현구고례'

혼례식을 치르고 신부가 신랑을 따라 시집으로 들어가는 것을 '우귀于

신행 김홍도 그림. 신행길에 나선 신랑의 행장을 그린 그림으로, 맨 앞 청사초롱을 들고 동갑내기 양반 신랑을 뒤돌아보는 아이의 불만스런 자세가 재미있다.

歸' 또는 '신행'이라고 한다. 신행의 목적은 신부가 시집으로 들어가 아주 살기 위한 것이었다. 이른바 친영이 시작되는 것이다.

혼례식을 치르고 친정에 머무르는 기간은 사정에 따라 차이가 났지만, 아무튼 여자가 남자 집으로 들어가는 날이 바로 '시집가는 날'이다. 이날 여자 집에서는 딸을 보내느라 분주하고, 남자 집에서는 며느리를 맞이하는 잔칫날이다.

신부가 시집에 도착하면 신부는 시부모를 처음으로 뵙는 예, 즉 '현구고
례見舅姑禮'를 하게 된다. 조선시대 친영의 필요성을 강조한 것도 바로 이
예절 때문이다. 현구고례란 말하자면 시부모를 찾아뵙고 그대로 시집에
눌러앉아 사는 결혼 형태의 출발을 알리는 예식이었다.

신부가 신랑집에 도착하면 대청 폐백상 앞에 앉아 시부모 및 일가친지
를 뵙고 인사를 드린다. 며느리의 절을 받은 시부모는 "아들 몇 낳고 딸 몇
만 낳아라"는 덕담과 함께 대추와 밤을 신부의 치마 앞으로 던지는데, 조
율棗栗은 자손을 번성시킨다는 주술적인 의미가 담겨 있다.

3. 서민들의 결혼

'돼지 재례한 놈'

의례를 중시한 조선시대 양반들은 이른바 육례라는 까다로운 절차를 통
해 결혼에 이르렀다. 그러나 아무리 의례가 중요하다고 해도 가난한 서민
들이 양반과 똑같이 혼례를 치르기란 어려운 일이었다. 따라서 혼례를 치
르기 힘든 서민들 중에는 전혀 절차가 무시된 매매혼이나 봉사혼과 같은
원시적 결혼 풍습에 의존하여 백년가약을 맺었다.

일제 때의 조사 자료에 의하면, 압록강 연안 지방에서는 사고 파는 매매
혼 관념에서 비롯된 '시집산다' '시집판다'는 말이 있었다. 매매혼은 원시
사회의 보편적인 결혼형태였는데, 궁핍한 지역에서는 여전히 사라지지 않
고 지속되었다.

한국의 매매혼은 '결납'이라 하여, 보통 소 한 마리 값에 해당하는 돈을
혼례 전에 신부집에 보냄으로써 혼약이 이루어졌다. 소 한 마리 값의 재물

시집가는 날 하인이 종이양산을 들고 수행하고 있다.

이 없는 처지면 돼지 한 마리 값으로 신부를 데려올 수 있었다. 하지만 두 고두고 "돼지 재례한 놈"이란 불명예를 안고 살아갈 감수를 해야 했다. 따라서 이 말을 듣지 않기 위해서 소 한 마리 값을 벌어놓은 다음에야 장가를 들었다.

머슴서방 제도

매매혼 외에도 봉사혼이라는 것이 있었다. 봉사혼이란 신부로 데려올 조건으로 신부집에 가서 노동을 제공하는 것을 말한다. 이른바 재물 대신 노동으로 신부를 사는 '머슴서방' 제도다. 그러나 머슴살이식의 데릴사위는 처가로부터 천대를 받았으므로 '겉보리 서 되만 있으면 처가살이를 않는다' 라는 속담까지 생기게 만들었다.

봉사 기간은 통상 3년이었는데, 봉사 기간이 끝날 때면 그 사이에 태어난 아이가 이미 돌을 지나는 경우가 있어 서둘러 혼인하기도 하고, 반면 신부 쪽 집에서 봉사기간을 연장하는 폐해도 없지 않았다. 따라서 경제적 형편이 어려운 지역에서는 봉사혼의 이점을 원해서 딸 낳는 것을 은근히 좋아하기까지 했다.

4. 조혼의 폐단

조혼풍속

우리 나라 조혼풍속은 고구려의 데릴사위와 민며느리라는 결혼풍속에서부터 유래되었다. 조혼은 장래 사윗감이나 며느리감이 될 10세 미만의 어린 아이들을 일찌감치 데려다가 키우는 혼속으로, 조선시대에까지 사라지지 않고 이어졌다.

이와 같이 조혼하는 풍습은 일찌감치 있었지만, 더욱 부채질한 것은 고려 때 원나라에 공녀를 보내면서부터였다. 한 해에 바쳐야 하는 공녀 수가 5백에서 많게는 1천여 명에 이르렀다고 하니, 이 인원을 감당하기 위해 고려 정부는 부득불 전국의 과부와 처녀까지도 공출하기에 이르렀다. 고려인들은 원나라에 공녀로 보내지 않기 위해서 딸의 나이 8~9세가 되면 울며 겨자먹기로 짝지을 남아를 물색하여 서둘러 혼례를 시켜버렸다.

조선시대에 들어와서는 고려 때와 같은 공녀 선출은 없었지만, 왕비 간택으로 조혼의 풍습이 사라지지 않았다. 간택령과 동시에 민간에서는 금혼령이 내려지기 때문이다. 혼기를 놓치면 결혼하기 힘든 시절이었기 때문에 왕비 간택령은 딸 가진 부모들에겐 달갑지 않은 일이었다. 왕비 후보자의

혼인을 갓 하고 난 신랑 신부 조혼이 성행하던 시절이라 여남은 살밖에 안돼 어른스러운 티는 도무지 없다.

연령이 13~18세로 범위가 넓은데다가, 한 달 안에 간택이 끝나면 다행이지만 경우에 따라서는 몇 해가 걸리는 경우도 있었기 때문이다. 따라서 일반인들은 간택령이 내려지겠다 싶으면 서둘러서 결혼을 시켜버렸다.

조혼풍습은 공녀나 왕비 간택이 없어진 최근세까지도 영향을 끼쳤다. 점차 모든 부모가 며느리 손에 밥상 받는 것을 최후의 안락과 보람으로 생각했고, 자녀들의 결혼을 다 치르고 죽는 것이 부모의 도리라고 생각했다.

때에 따라서는 권세나 문벌을 높이기 위한 수단으로서 자녀 결혼을 서두르는 일도 있었다. 그러다 보니 강보에 싸인 애기들을 정약하거나 심지어는 지복혼指腹婚까지도 서슴지 않았다. 지복혼이란 아직 태어나지도 않은 뱃속의 자식을 두고 부모가 결혼을 약속하는 것이다. 자식을 볼모로 한 지복혼은 동성이면 계약이 자연 파기되지만, 남아가 어려서 사망하면 여아는 과부 낙인이 찍히는 불행한 일을 겪는 경우도 있었다.

세계 최고의 조혼율

십대 미만의 조혼이 성행했지만, 사실상 조선시대 결혼할 수 있는 법정연령은 남자 나이 15세, 여자 나이 14세였다. 그러나 부모가 늙거나 병들었을 경우엔 12세 이상이면 관에 신고하여 결혼할 수 있었다.

당시 전 세계의 법정 결혼연령의 평균치는 대략 남자 18세, 여자 15세였다. 이러한 기준과 비교하면, 우리 나라의 법정연령 또한 상당히 빨랐음을 알 수 있다. 남녀가 늦게 결혼하면 성적 불상사가 일어난다고 하여 법정 결혼연령을 낮추었기 때문인데, 그럼에도 불구하고 법정연령도 채 미치기도 전에 결혼시키는 것이 더 일반적이었다.

조혼은 개화기 이후에도 꾸준히 지속되어 1921년부터 1930년에 이르는 10년간 당시 법정연령인 남자 17세, 여자 15세에 이르지 않는 수가 남자는 7.1%, 여자는 6.2%나 되었다. 그리고 15세 이상 20세 미만에 한 결혼이 전체 결혼에서 차지하는 비율이 2/3나 되었다.

세밀히 따지면 더욱 놀라운 사실이 발견된다. 1911년의 국세조사에서 결혼한 사람 1천 명을 대상으로 조사한 결과, 5세 미만에 결혼한 사람이 남자 10명, 여자 18명이었다. 그리고 5세~10세에 결혼한 사람은 남자 48명, 여자 132명, 10세에서 15세까지는 남자 159명, 여자 488명이었다. 말하자면 1천 명당 남자는 217명, 여자는 638명이 15세 미만의 어린 나이에 이미 결혼한 유부녀·유부남이었다.

너무 일찍 결혼하다 보니 부모 되는 도리를 알지 못하고 자식을 두었을 뿐만 아니라, 피차 어떤 성품의 소유자이건 간에 운명이려니 하며 참고 살아야 하는 것이 조혼이 낳은 폐습이었다. 따라서 정부에서는 가급적 법정 나이에 맞추어 결혼하도록 유도했지만 잘 지켜지지 않았다.

비록 조혼 때문은 아니었지만, 얼굴도 보지 못하고, 사랑 없는 결혼생활에 따른 부작용이 없을 수가 없다. 조선시대 살해 중 가장 큰 부분을 차지하는 것이 부부살해였다는 사실은 이를 증명하고도 남음이 있다.

1930년 우리 나라 각 형무소에 갇혀 있었던 100명의 살인범 중 여자 살인범 수는 거의 절반꼴인 47명이나 되었는데, 그들 중 66%가 남편 살해범이었다. 조혼의 풍습에다가, 여자가 한번 시집을 가면 죽어도 그 집 귀신이라는 굴레가 이들을 악독하고 흉악한 살인범으로 몰아가게 한 것이다.

남녀칠세부동석의 시대

1. 남녀구별과 내외법

"아니 계시다고 여쭈어라"

이리 오너라!

이생원 계시냐고 여쭈어라.

아니 계시다고 여쭈어라.

어디 가셨냐고 여쭈어라.

안골 김주사댁 가셨다고 여쭈어라.

그런데 어디서 오셨느냐고 여쭈어라.

가운데 여종을 두고서 찾아온 손님과 주인 아낙간에 벌어지는 이 짧은 대화는 조선시대에는 흔히 볼 수 있었던 남녀유별의 한 모습이었다. 그리

마님의 나들이 딸네 집으로 가는 나들이일까? 옛날 마님의 나들이는 딸네 집이나 절간을 찾는 것이 고작이었다.

고 이러한 광경은 유일하게 조선시대에만 볼 수 있었다.

《규곤의측》이라는 조선시대 양반집 가훈서에는 "남자종을 중문 안에 함부로 들여놓지 말 것이며, 벙거지 없이는 더욱이 들여놓지 말라"고 적혀 있다. 조선시대 양반들은 "안의 일 밖에서 모르게 하고, 밖의 일 안에서 모르는 것이 제대로 된 집안"이라고 생각했다.

이와 같은 남녀유별이 생겨난 이유는 조선시대 유교적 윤리관의 일종인 '내외사상'이 남녀의 직접적인 만남을 금지했기 때문이다. 그러나 모든 사람들에게 적용한 것은 아니고 대문 앞 광경의 여종처럼, 춘향과 이도령을 이어주던 방자나 향단이처럼, 천인들은 남녀유별에서 비껴난 존재였다.

그런데 유교적 성 모럴의 산물인 '내외구별'은 본래 남녀 관계에 관한 예절법이었다. 본래 의미에서 내외란 남녀간에 지키는 예의이며, 상호 역할을 분담하고 그것에 따라 공간을 분리하는 예의 기준이었다. 흔히 '남녀칠세부동석'이라는 말도 "일곱 살이 되면 남녀는 자리를 함께 하지 않고, 음식을 같이 먹지 않는다"는 《예기禮記》(유교 5경의 하나로, 예의 이론과 실제를

장옷을 입고 나들이에 나선 아낙네(왼쪽) 얼굴을 가리기 위해 장옷을 입는데, 지체 있는 사람이 쓰고 다니는 것을 비꼬아 '장옷짜리'라는 말이 있었다. 어린이와 함께(오른쪽) 청춘이 지난 아낙네도 장옷을 입어야 외출했다.

기록한 책)의 구절에서 비롯된 남녀간의 성 모럴이었다.

그러나 문제는 단순한 예절상의 남녀구분인 내외사상이 조선시대에 들어와 '내외법'이라는 이름으로 법률화되고 강제화되었다는 점이다. 게다가 조선초기에 빈번하게 발생했던 간통 및 근친상간을 규제하기 위해서 만들어졌다는 것이 더 문제였다.

내외법은 풍속의 순화라는 거창한 명분에서 시행되었지만, 출발이 그렇다 보니 법적용에 있어서 남녀간의 형평이 무시되었다. 간통과 근친상간은 남녀 모두에 의해 저질러지는 것임에도 불구하고 그러한 일을 예방하기 위해서는 여성만 단속하면 된다고 생각했기 때문이다. 남성과 여성에 대한 유교적 구별의식은 이제 내외법이라는 이름으로 여성에 대한 규제법으로 둔갑했다.

여성들의 실생활을 규제한 내외법은 대략 이러한 것들이었다. 먼저 불교가 번성한 이후로 절에 올라가는 것은 여자들의 중요한 일과 중의 하나였는데, 이것을 일절 금지시켰다. 과부가 죽은 남편의 명복을 기원하는 불사를 열기 위해서 승려와 접촉하다가 간통으로 발전하는 사례가 많았기 때문이었다. 유교 이데올로기로 무장한 지배층들은 여성들을 절로부터 멀어지게 함으로써 불교에 타격을 입히는 동시에 풍속을 순화시킨다는 두 마리의 토끼를 잡고자 했다. 그렇지만 조선 전 시기를 통하여 여성들의 절 출입을 막기란 매우 힘들었다.

한편, 내외법이 어느 정도 여성들을 규제했냐 하면, 훤한 대낮이라도 뜰에서 놀면 안되고, 이유없이 대문 밖 출입을 하지 말아야 했다. 특히 양반 여성들은 외출할 때 걸어서 다닐 수 없고, 반드시 가마를 이용하거나 얼굴을 가려야 했다.

양반 부녀자들은 외출 제한뿐만 아니라 만나는 사람도 제한받았다. 부모를 비롯한 가까운 친척 외에는 만나는 것이 자유롭지 못했다. 사촌 이상은 만나기 힘든 감옥 같은 생활이 시작된 것이다. 여자가 결혼을 하면 '시집간 출가외인' 취급을 받아 친정에 가는 것조차도 눈치를 보지 않을 수 없었고, 아예 가지 않는 것이 부녀자의 도리를 잘 지키는 여성으로 칭찬받았다.

내외벽과 내외담

"예는 부부간에 서로 삼가는 데서 시작된다. 집을 지을 때에 내외를 구분하여 남자는 바깥에 거처하고 여자는 안쪽에 거처하며, 문단속을 철저히 한다. 남자는 함부로 내당에 들지 않고, 여자는 밖에 나가지 아니한다."(《예기禮記》)

토호의 집 사랑채 오른쪽에 안으로 통하는 조그만 문이 있다. 전형적인 한국의 기와집이다.

《예기》의 구절처럼 남녀구별의 첫 단추는 공간의 분리에서부터 시작되었다. 따라서 내외법은 부부가 기거하는 가옥에까지 영향을 주었다. 조선시대에는 부부일지라도 각기 다른 공간에서 생활해야만 했는데, 여자는 안채, 남자는 사랑채에서 각각 따로 기거하는 것이 예의였다. 부부일지라도 내외가 함께 있는 경우를 집안의 다른 사람들이 보아서는 안되었다.

조선시대 가옥들은 내외법에 따라 대체로 안채와 사랑채로 구분되어 있다. 안채는 여자 식구들이 거처하는 곳이며, 사랑채는 남자 식구들이 거처하는 곳이다. 안채와 사랑채 사이에는 중문이 있어 그 사이를 가로막고, 중문 밖에 대문이 있는 구조를 하고 있다. 남녀가 유별한지라 필요할 때 외에는 중문을 서로 넘나들지 못하는 것이 불문율이었다.

비록 집안 형편이 가난하여 초가삼간에 산다 할지라도 한 칸은 부엌으로, 나머지 두 칸은 내실과 사랑으로 분리시켜놓았을 정도였다. 어릴 적부터 여자는 사랑채에 접근하지 않도록, 그리고 남자는 중문 안의 안채에 드

차면담 안채와 사랑채가 한 건물로 붙어 있는 집에서는 가운데에 담을 쌓아 서로 마주 보이지 않게 했다.

나드는 것이 점잖지 못한 일로 훈련을 받았다. 한 가정 내에서도 남편과 아내는 서로 격리된 장소 속에서 살았으며, 여자는 안채에서 집안일을, 남자는 사랑채에서 바깥일을 했다.

그런데 부부가 이처럼 각기 생활을 하는 경우 가장 문제가 되는 것이 성생활일 것이다. 특히 아들을 낳지 못하면 칠거지악으로 쫓겨나는 시절이었으므로 주거생활에서 오는 모순점을 해결해야만 했다.

옛 선조들은 이 문제를 해결하기 위하여 사랑채에서 안채로 드나드는 은밀한 비밀 통로를 만들었다. 비록 안채문이 잠겼어도 남편은 이 통로를 통해 부인 방으로 몰래 들어갈 수가 있었다. 당시 어떤 집에서나 남편 출입을 위한 쪽문을 며느리 방 한쪽에 붙여주었다.

이와 같은 비밀 통로를 통해 남편은 깊은 밤중에 아내 방에 들어갔다가 이른 새벽에 밤이슬을 맞으며 자기 방으로 되돌아가는 생활을 반복해야만 했다. 따라서 안채 건넌방과 젊은 여주인의 작은 사랑방은 최단거리에 위치해 있도록 배려했다.

부부간의 생활이 이럴진대, 외간 남자의 접근이 철저하게 봉쇄되었던 것은 두말할 필요도 없다. 주인의 허락 없이 안마당에 들어선 사람이 있으면 법에 의존하지 않고 죽일 수도 있었다. 게다가 외부 사람의 시선이 안채에 이르는 것조차도 막으려고 내외벽이나 내외담을 치기까지 했다. 내외벽은 중문이 열렸을 경우 마당에서 안채의 내부가 들여다보이는 것을 막으려고 중문간의 안채 쪽에 세운 벽이다.

내외벽과 내외담을 치는 주거문화는 점차 하류층 주거에도 영향을 주어 이를 흉내낸 차면벽 또는 널벽이라는 것도 생기게 되었다. 널벽은 대체로 시아버지와 며느리 사이에 거리를 두기 위한 시설인데, 상류층의 내외 관습을 따른다는 것을 보이는 흉내에 지나지 않았다. 남녀유별에 대한 관념이 모든 계층에까지 퍼졌음을 알려주는 상징물인 셈이다.

2장
임신과 기자습속

홀수날은 아들, 짝수날은 딸

1. 성교육

씨내리기 좋은 날

조선시대 미혼 남녀들도 지금과 같은 성교육이라는 것을 받았다. 그러나 임신하지 않는 법을 배우는 것이 아니라 임신하는 법을 배웠다는 점에서 오늘날의 성교육과는 조금 다르다. 조선시대 정상적인 남녀라면 결혼을 통해서 자손을 얻어야 했는데, 좋은 자손을 얻는 방편으로서 성교육이 이루어졌다.

당시 가장 일반적인 성교육이란 "어떤 날에 남녀가 합방을 하면 임신할 가능성이 가장 큰가?" 하는 것이었다. 그 '어떤 날'이 바로 한국 전통사회에서 속신으로 전해지는 '씨내리기 날', 즉 귀숙일貴宿日이었다. 이날에 합방을 하면 1년 중 귀하게 될 남아를 임신할 가능성이 가장 크다고 믿었다.

귀숙일은 어떻게 그리고 어떤 기준에서 정해진 것인지 알 수는 없다. 대체로 법도 있는 가정에서 1년 중의 씨내리기 날을 적은 달력을 친정어머니가 시집간 딸에게 보내는 것이 일반적이었다. 여염집 부녀자들은 대개 귀숙일자를 외우고 있거나, 겹주머니 틈에 귀숙일자를 적은 종이를 은밀히 넣어두기도 했다.

여염집 부녀자들이 시처럼 외운 귀숙일자에는 다음과 같은 두 종류가 있었다.

춘 갑을 春甲乙
하 병정 夏丙丁
추 경신 秋庚申
동 임계 冬壬癸

또는,

춘 갑인 春甲寅 춘 을묘 春乙卯
하 병오 夏丙午 하 정사 夏丁巳
추 경신 秋庚申 추 신유 秋辛酉
동 임자 冬壬子 동 계축 冬癸丑

예컨대 '춘 갑을'이라고 하면 봄에 갑이나 을이 들어가는 날에 씨를 내리면 귀한 남아가 태어난다는 의미이다. 즉, '갑을일'이나 '을묘일'이 귀숙일이 되는 것이다. 또 여름에는 '병일과 정일', 즉 병오나 정사일이 귀숙일이고, 가을에는 '경일이나 신일'로, 말하자면 경신일이나 신유일이 귀숙일이 된다.

胎教新記章句大全

人生之性本於天氣質成於父母氣質偏勝馴至于

猶可備內則之遺闕世故名之曰胎教新記

爲一編以示諸女非敢擅自著述奪耀人目然

今考之諸書其浴莫有詳焉自意求

女範曰上古賢明之女有娠胎教之方必愼

晉州柳氏婦峴山李氏撰

子男 徵釋音義

之藍或可知矣以所嘗試於蠻四娠育者

女

《태교신기》사주당師朱堂 이씨(1739~1821)가 한문으로 짓고, 아들 유희가 언해를 붙여 1801년(순조1)에 이루어진 책. 성균관대학교 도서관 소장.

임신하기 위한 공부는 귀숙일의 암기로 끝나는 것이 아니었다. 여자들은 월경이 끝날 무렵, 깨끗한 무명 조각을 음구에 꽂았다가 떼어보아 그 색깔이 옅으면 잉태의 적기가 지난 것이고, 샛붉으면 아직 적기에 이르지 않았으며, 금빛이면 적기로, 나흘 안에 홀수날에 씨를 내리면 아들이고 짝수날은 딸이 된다고 배웠다.

'씨내리는 날'인 귀숙일은 여성들만이 아니라 남성들도 알고 있는 상식이었다. 조선시대에는 가부장이 평소엔 성혼한 여러 아들들과 사랑채에서 함께 기거하다가 임신에 좋은 일자를 택하여 아들을 안채에 있는 며느리 방에 들여 보내기도 했다. 조선시대 부부간의 성생활은 단순한 욕정의 분출을 넘어 자손을 잇는 행위였기 때문이다. 따라서 아들 내외의 합방도 전적으로 가부장의 소관이었다.

건강하고 똑똑한 아들을 낳아 가문의 명예를 드높이는 것이 부부의 임무였던 만큼 부부의 심신과 신체적 건강, 그리고 임신 후의 태교가 매우 강조되기도 했다.

"남방에서 임신하면 아기 입이 크다. 남쪽 사람들은 너그러워 어진 것을 좋아하기 때문이다. 북방에서 임신하면 코가 높은데, 북쪽 사람들은 굳세어 의기를 좋아하기 때문이다. 이는 기질의 덕으로 10개월을 기르는 데 감동하여 이루어진 것이다." (《태교신기胎教新記》)

이와 같이 어느 방향에서 임신을 했는가에 따라서도 아기의 성격에 영향을 준다고 생각할 정도였으니, 부모의 인품에 대한 강조는 두말할 필요도 없다. 즉, 태교란 부모의 역할 수행이며, 출산 전에 행하는 부모의 도리였다. 태교는 부성태교이든 모성태교이든 임신이 되어야 비로소 배워 준수되었던 것이 아니었다. 임신 이전에는 말할 것도 없고, 성장 과정에서 적절한 시기에 성교육의 일환으로 학습을 받았다.

서당에서도 성교육을 했다?

조선시대 남자들은 서당에서 천자문만 배운 것이 아니라 성교육도 배웠다. 조선시대 교육기관이었던 서당에서는 논어 공부를 끝낸 학생들에게 '보정保精'이라는 생리철학을 가르쳐주었다. 보정이란 곧 성생활에 대한 지식으로, 절도 있는 몸가짐을 가지고 지혜 있는 성생활을 하도록 하는 성교육이었다.

이외에도 남자가 결혼할 연령에 이르면 성년식인 관례를 치르는데, 성년식을 치르는 집안의 어른들은 '상투탈막이'라는 글귀를 강제로 암기시켰다. 그런데 그 내용이 곧 성교육이자 부성태교로서, 남성이라면 반드시 알고 있어야 할 성지식이었다.

洞裏桃花何處尋(동리도화하처심)
都來一寸二分深(도래일촌이분심)
골짜기 속 복숭화 꽃을 어디에서 찾을까
그 깊이가 1촌 2푼이라는데….

성생활에 대한 지식을 담은 이 상징적인 글귀는 민간에 구전되어온 성

서당 작자 미상. 조선시대 남자들은 서당에서 《논어》를 뗀 뒤 '보정(保精)'이라는 성교육을 받았다.
국립중앙박물관 소장.

교육 자료인 셈인데, 암기하기 쉽게 7언시로 되어 있다. 최소한 성년식을 치른 성인이라면 이 같은 성지식을 알고 있어야 한다는 생각에서 암기하도록 했다.

그러나 아무래도 부모 입장에서 자식에게 성교육을 시킨다는 것은 좀 어색한 일임은 예나 지금이나 마찬가지였다. 따라서 집안 친척이 이 껄끄러운 임무를 맡았는데, 속칭 '삼촌집 사랑들이'라는 풍속으로 전해졌다. 친부가 결혼할 아들에게 성교육을 시킬 수 없기 때문에 형이나 동생에게 미리 부탁을 해놓고 아들을 보내어 교육받게 하는 방법이었다. 이렇게 심부름을 위장하고 찾아온 조카에게 삼촌은 신방에서 필요한 지식을 가르쳤다.

또한 남성들도 보정일진을 알아야 했는데, 보정일진은 주로 할머니가 결혼하기 전의 손자에게 가르쳤다. 손자에게 보정일진을 가르치는 일을 맡은 할머니는 손자가 완전히 외우도록 하기 위해서 시험까지 보았다.

2. 성생활

성생활은 건강의 비결

조선시대 성교육은 태교뿐만 아니라 건강과 장수의 비결로서도 보급되었다. 사람의 욕망 중에 색욕보다 더 간절한 게 없다. 그러나 정욕대로 내버려두면 몸을 망치게 되므로 절도가 필요하다고 생각했다.

《포박자》*에는

"모든 것을 억지로 할 때 삶을 망치고 수명을 해치게 된다. 취했을 때 억

● 《포박자》 : 중국의 도가서로서, 동진의 갈홍이 지었다. 불로장생의 선술仙術과 구체적인 이론을 다루고 있다.

지로 술을 마시고, 배부를 때 억지로 먹는 것도 당연히 그 몸을 해치는데,
더구나 정욕이겠는가?"

라고 하여 무분별한 정욕을 경계하기도 했다.

따라서 건강을 위한 남성들의 방중절도일이 다음과 같이 권장되었다.

20대는 3일~4일에 한 번
30대는 8일~10일에 한 번
40대는 16일~한 달에 한 번
50대는 한 달~석 달에 한 번
60대는 7달에 한 번 또는 배설하지 않는다.

최소한 한 달에 두 번 방사하는 절도 있는 생활이 백 세를 사는 비결로
서 권장되었다. 또한 자식을 둔 이후나 60세 이후에는 한 방울의 정액도
배설하지 않는 것이 건강을 지키는 비결이라고 강조되었다.

이와 같이 "1천 첩의 보약을 먹는 것이 독신 생활을 하는 것만 못하다"
라고 하여 절제된 생활이 곧 건강한 삶을 사는 방법이라고 강조되기는 했
지만 현실적으로 지켜지기 힘든 것이었다.

때와 장소를 가려라!

조선시대 남아선호 사상은 부부간의 성생활까지 영향을 주었다. '씨
내리기 좋은 날'이 있는가 하면, 태어날 태아를 위해서 그리고 자신의 건
강을 위해서 합방해서는 안되는 날도 있었다.

자신이 태어난 해의 간지와 같은 날, 즉 갑자생이면 갑자일, 그리고 매
달 음력 초하루와 보름, 그믐, 정월 초하루, 삼월 삼칠, 칠월 칠석 등 날과

달이 겹치는 날에 남녀가 합방하면 수명이 손상되고 임신에 좋지 않다고 생각하여 기피했다. 또한 동지를 전후하여 각 5일 사이에는 동침하지 않는 것이 좋다고 믿었다.

조선시대 건강지침서인 《수양총서》에는 성교를 함에 있어서 금기하는 때와 그에 따른 부작용을 다음과 같이 이야기하고 있다.

- 배불리 먹고 방사하면 혈기가 대장으로 새어들어가 치질에 걸린다.
- 만취하고 방사하면 정액이 쇠약해지고 음경이 위축되어 발기가 되지 않는다.
- 두려울 때 방사를 하면 음양이 허해져서 식은땀이 생긴다.
- 크게 기쁘거나 슬플 때는 남녀가 결합하면 안된다.
- 유행병이 회복되기 전에 방사를 하면 혀가 두 치쯤 빠져나온 채 죽는다.
- 눈병을 앓을 때 방사를 하면 (백)내장이 될 염려가 있다.
- 종기가 아물기 전에 성교를 하면 혈기가 동요되어 종기가 터진다.
- 소변을 참으며 방사를 하면 임질을 얻게 되며, 혹은 배가 뒤틀려 죽는다.
- 월경이 끝나기 전에 성교를 하면 흰 얼룩이 생기며, 몸과 얼굴이 야위어 누렇게 되고 자식을 갖지 못한다.
- 땀이 났을 때 방사를 하면 중풍을 얻게 된다.
- 촛불을 밝혀놓고 방사를 하는 것은 종신토록 금해야 하며, 또한 낮에 하는 것도 피해야 한다.
- 용뇌나 사향을 먹고 방사를 하면 관절의 구멍이 열려서 진기가 빠져나간다.
- 음경이 위축되었는데 억지로 보양제를 먹고 양기를 돕게 되면 신수가 고갈되고 오장이 건조되어 당뇨병이 오며, 얼굴이 검어지고 귀가 먹는다.

대체로 몸과 환경 상태가 안 좋으면 가급적 성교를 하지 않는 것이 바람직하다는 뜻인데, 이러한 의미에서 최근에 유행하는 비아그라와 같은 보양제는 절대 복용해서는 안될 약물이다.

그리고 나이 많은 사람, 고질병이 있거나, 입술은 얇으면서 코는 크거나, 이가 엉성하고 머리털이 노랗거나, 음모가 너무 억세거나, 목소리가 웅장하거나, 살갗이 거칠고 기름기가 없거나, 성정이 온화하지 못거나, 성품이 사납고 투기하는 사람과는 성관계를 갖지 않는 것이 좋다고 여겼다.

이외에 기피해야 할 장소도 있다.

해와 달·별빛 아래, 큰 화롯불 곁이나 신을 모신 사당, 절간, 부뚜막이나 뒷간, 묘지나 시체 곁은 성관계를 가져서는 안될 장소다. 이런 상황에서 성교를 하면 신체건강뿐 아니라 정신건강에도 좋지 않다고 믿었다.

만약 이런 기피사항을 범했을 때는 남자는 백 배나 손상하고 여자는 병을 얻게 되며, 자식을 낳았다 해도 반드시 우둔하거나 정신이상자·귀머거리·수족불구자·애꾸눈·언청이·장님·기형아를 출산할 가능성이 많으며, 불효자나 어질지 못한 자식이 태어난다고 한다.

그런데 이러한 기피사항은 아무래도 부부간의 성생활에서 능동적인 남자 쪽에서 지켜야 할 사항이었다. 따라서 이러한 주의점은 부성태교와도 결부된다. 조선시대 사람들은 부성태교는 장차 태어날 아기의 인간됨은 물론이거니와 그 가정의 화복을 좌우하는 결과를 가져온다고 믿었다. 남성들의 성생활에 대한 주의점이 많은 것도 이러한 이유에서 비롯된 점이 많다.

대를 이을 자식을 낳아라

1.임신과 가계계승

임신의 조건

조선시대 명의 허준(1546~1615)은 《동의보감》에서 "사람 사는 길이 자식을 낳는 데서 비롯한다"라며 후손의 중요성을 강조했다. 그런데 이러한 인식은 비단 허준뿐 아니라 조선시대 사람들이 가진 보편적인 사고였다. 그러다 보니 어떻게 하면 임신할 수 있을까가 가장 중요한 관심사로 등장했다.

어떻게 임신할 수 있을까 하는 문제는 최적의 임신 조건을 만드는 일에 달려 있을 것이다. 《동의보감》에는 임신의 조건에서 가장 중요한 것이 부인의 월경이라고 강조한다. 순조로운 월경을 위해서는 심성이 가장 중요하다는데, 정욕이 많이 나는 여자나 바탕과 행실이 투기하는 여자는 월경이 고르지 못하고, 반면 바탕과 행실이 좋으면 월경이 순조로워서 임신이

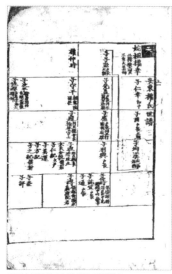
족보 남자만으로 세계를 기록했다.

쉽다고 한다.

이와 함께 남자는 정력이 충족하고 욕심이 적으며 마음이 맑아야 자손을 많이 얻을 수 있다고 한다. 부부관계에 있어서도 난잡하게 교합하지 않고, 기를 쌓고 정력을 모아서 때를 기다려 움직여야 자식을 얻을 수 있다고 하는데, 정욕이 적으면 정력이 완전해져서 자식을 많이 생산할 수 있기 때문이다.

뿐만 아니라 성교시의 아버지의 심리 상태도 무시 못할 임신의 조건이었다. "특히 잉태시 부친의 청결한 마음가짐은 모친의 10개월 못지않게 중요하다"고 하여 모성태교 못지않게 부성태교도 강조했다.

지금도 음란이나 과욕, 담배 등 심리적 건강과 성병 등은 여전히 불임의 원인이 되는 동시에 기형아 출산의 원인도 되고 있다. 이러한 점에서 볼 때, 수태 이전의 심신과 부모됨의 조건을 먼저 강조한 조선시대 임신의 조건은 지금의 의학에 비추어봐도 결코 비과학적인 도덕율만은 아니다.

아들을 낳지 않으면 안되는 이유

조선시대에 자식을 얻는 가장 보편적이고도 정당한 수단은 결혼이었다. 대체로 결혼을 통해서 남녀가 결합하여 가문의 대를 이었는데, 가문의 대는 딸이 아닌 아들을 통해서만 이루어졌다. 따라서 조선시대에는 남자든 여자든 결혼한 후, 가장 우선시된 사명이 바로 아들을 낳아 가계를 계승하는 일이었다.

아들을 낳아 가계를 계승하는 일은 그 이전시대에는 찾아볼 수 없을 정도로 중요한 일이었다. 그러나 그 중요성만큼이나 여자들에게는 올가미였다. 시집가서 아들을 낳지 못한 여인은 며느리로서, 또한 부인으로서 자신의 소임을 다하지 못한 이른바 칠거지악을 범한 사람으로 이혼의 사유가 되었다.

그러면 이혼을 당할 정도로 아들이 중요했던 이유는 무엇이었을까? 그것은 조선시대를 지배했던 유교가 가계계승과 가부장 중심의 가족생활을 강조했으므로 남아선호가 불가피했기 때문이다.

유교와 달리 윤회를 강조한 불교에서는 자식의 의미란 윤회의 사슬 그 이상이 아니었다. 불교를 숭상했던 고려인들은 윤회관을 바탕으로 한 인생관을 가졌기 때문에 가계계승에 대한 집착이 적었다. 따라서 아들에 대한 집착은 비교적 미약했으며, 아들이든 딸이든 상관이 없었다.

그러나 종통과 명분의식이 유난히 강조된 조선사회에서 아들은 조상의 대를 잇는 희망의 존재였다. 가부장권의 계승이 남자에게만 이루어졌기 때문에 아들은 가문을 일으키는 기둥이요 대들보였다. 따라서 아들이 없는 집은 대가 끊어져 죽어서도 조상을 볼 면목이 없다고 생각되었다. 더욱이 부모의 입장에서 바라보면 아들은 노후의 의존과 제사의 책임자가 되기 때문에 더욱더 필요한 존재였다.

조상을 섬길 수 있는 존재가 바로 아들이었다면, 딸은 시집을 가면 그만인 존재였다. 더구나 친영제라는 결혼제도가 정착되면서 시집간 여자는 출가외인의 대접을 받았고, 따라서 딸은 '고명'의 의미 이상이 아니었다. 그러다 보니 점차 아들에 대한 갈망은 인간의 본능을 뛰어넘는 욕구가 되었다.

아들에 대한 중요성과 그에 대한 집착이 커지면서 사회적인 대우도 점차 달라졌다. 집안의 대표자로 부모의 노후를 책임지는 아들은 재산상속에서 가장 우선권이 있었고, 부모의 유고시에 장자는 부모와 같은 역할을

백동문자도 아들을 많이 낳기를 바라는 뜻이 담겨 있다. 호암미술관 소장.

담당했다. 아들에 대한 선호와 아들이 가진 가치가 바로 재산상속으로 이어지게 된 것이다. 딸·아들 차별 없이 평등하게 재산을 물려주었던 고려시대와 달리 조선시대에는 점차 제사권이 장자에게 주어지면서 이와 함께 장자가 많은 재산을 물려받게 되었다.

전통시대에 제사와 재산은 불가분의 관계였다. 불교를 믿었던 고려시대에는 대체로 제사를 절에서 지냈고, 여자들이 이를 주관했다. 또한 자식들이 돌아가면서 제사를 지내기도

기자 신앙(위) 경북 봉화군. 바위 옆에 실타래를 놓고 아들 낳기를 빈 흔적이 보인다.
아들바위(아래) 전남 곡성군 삼기면 근촌리. 이 아들바위에 돌을 던져 얹히면 아들을 낳게 된다고 한다.

했다. 그러므로 재산상속에 있어서 장남이건 차남이건, 여자건 남자건 차별이 없었다. 이러한 현상은 조선중기까지도 이어졌다. 그러나 점차 제사가 장자의 고유권한으로 넘어가면서 재산상속도 제사를 지내는 장자 위주의 불균등 상속으로 변하게 되었다. 가부장적 제도를 바탕으로 하는 아들에 대한 선호는 이렇듯 사회풍속까지 뒤바꾸어놓았다.

그러나 아들을 선호했다고 해서 딸을 천시한 것은 아니었다. 대를 잇는다는 사실 때문에 아들을 선호했지만, 그에 못지않게 딸도 중시했다. 딸은 금지옥엽같이 길러내어 좋은 혼처로 시집보내는 것이 부모들의 한결같은 바람이었다. 더구나 굶어죽을 지경이 아니고서야 자식을 버리지 않는다는 부모 도리도 유교 윤리의 하나로 강조되던 시대였다.

아들을 낳아 가문을 빛내는 것이 중요했던만큼 건강하고 똑똑한 아들을 낳는 것 또한 우생학적으로 관심의 대상이었다. 어느 정도 과학성이 있었는지는 접어두더라도 '동성동본 불혼'과 '백리 내 불혼' 및 '월삼성越三姓'의 결혼풍속은 유교윤리상의 이유뿐 아니라 우생학적 이유에서 더욱 강조되었다. 신분제 사회였던만큼 신분내혼제 속에 이러한 것이 지켜졌음은 물론이다.

원칙상 신분내혼이었으므로 양반의 피를 이어받았다 하더라도 어머니 쪽이 천인이면 그 아들은 정당한 가계계승자가 되지 못했다. '서얼'이라고 불리는 이들 반쪽 양반들은 조선시대 가부장적 종통질서의 가장 큰 피해자들이었다. 서얼들에 대한 이 같은 신분적·사회적 차별은 동서고금을 막론하고 조선시대에만 있었다.

적자가 없고 서자만 있더라도 서자에게는 가계계승권이 없었다. 신분과 종법질서를 엄격히 강조했기 때문에 친자식인 서자가 있더라도 양자를 입양시켜 가계계승권을 물려주었다.

혈통보다 종통이나 명분상의 대를 잇는 것이 중요해지다보니 결혼을 통하여 아들을 얻지 못할 때는 편법을 동원할 수밖에 없었다. 이 편법에는 다시 처를 맞이하거나, 아니면 다른 집에서 양자를 얻어오거나, 이도 저도 안되면 씨받이로 자식을 낳게 하기도 했다.

2.가계계승의 편법들

양자 들이기

아들이 없는 경우 가장 보편적인 가계계승자를 얻는 방법은 양자를 들이는 것이었다. 가계계승을 위해 양자를 들이는 것은 조선시대에만 볼 수 있는 풍속도이지만, 이 풍속도 유교적 가계계승이 뿌리를 내리기 시작하는 조선중기 이후에 와서야 거부감 없이 이루어졌다.

아들이 없는 집안에서 양자를 들일 때는 형제간이나 가까운 촌수의 동항렬 친척 중에서 얻는 것이 상례였다. 특히 큰형이 아들이 없으면 동생의 장자를 양자로 삼았는데, 형은 마땅히 이를 요구할 권리가 있었다.

동생 역시 자신의 장자를 형에게 양자로 바치는 것을 영광으로 여겼는데, 자식이 형의 장자가 되면 결혼이나 기타 사회적 대우가 상승되는 면이 많았기 때문이다. 형의 양자로 들어가면 상혼上婚(속칭 턱걸이혼이라 하며, 보다 나은 혼처를 구할 수 있었다)을 할 수 있고, 큰집 주인이 되어 문중사회에서 보다 우대를 받을 수도 있었다.

형에게 아들이 없을 때 동생은 비록 외아들만 있다 해도 형에게 양자로 바치고 자신은 다른 집에서 양자를 찾아야 했다. 바로 조선시대 장자를 우대하는 풍속 때문이다. 반면 동생이 아들이 없을 경우에는 형의 차자들 중에서 양자를 구걸하여 얻었다.

그런데 불행히 가까운 형제들에게도 자식이 없으면 먼 촌수에까지 찾아가서 '원촌양자 빌기'를 해야 했다. 원촌양자 빌기란 약간의 재물을 주고 그 집의 문전에 거적을 깔고 앉아 며칠씩 빌어서 양자를 얻는 풍속을 말한다.

양자 빌기에 의존할 수밖에 없는 가난한 집은 문중이나 친족회의에 의뢰하여 양자를 알선받기도 했다. 양자로 입적하게 되면 일단 예조에 등록하는 것이 원칙이었으나, 친족회의에서 공포하여 문중의 승인만 얻으면 친아들과 동등한 권리와 의무를 부여받았다.

양자를 데려오는 나이는 대개 젖을 뗀 후다. 어려서부터 "손때 묻혀 키워야 정이 든다"는 생각 때문에 어린 나이에 데려오려고 하는 편이었다.

그러나 양자를 구하는 나이에 이른 양부모는 가계계승자를 낳으려고 온갖 노력을 기울인 다음에 최후의 방법으로 입양을 원하기 때문에 나이가 든 중년일 경우가 많다. 그래서 어린 양자를 구하면 '소나무 심어 정자 짓기'가 될 수밖에 없으므로 장성한 양자를 택하는 경우도 있었다.

그런데 재미있는 사실은 서자를 얻는 것보다 양자를 택하려는 쪽은 양모이며, 양부는 대체로 양자보다는 '내 핏줄'인 서자를 원했다. 특히 타성 양자는 키워놓고 죽으면 제삿날 생부모 귀신이 와서 양부모 귀신을 쫓아내며 '이 아들은 내 아들이다' 할지도 모른다고 생각했기 때문에 서자일지라도 친아들이 낫다고 생각하기도 했다.

맏며느리의 권한이 컸던 조선초기에는 양자에게 집안의 권한을 뺏길 것을 우려하여 양자 들이는 것을 여자 쪽에서 꺼려하기도 했다. 그러나 조선중기 이후 점차 아들 낳지 못하는 것이 죄악시되면서 양자를 들이는 문제는 여자들이 더 적극적일 수밖에 없었다. 비록 친아들은 아니라도 양자라도 있어야 자신의 위치를 그대로 유지할 수 있었던 것이 현실이었기 때문이다. 조선중기 제사권이 맏며느리에서 장자로 넘어가게 되면서 양자 입양이 더욱 늘어난 것도 그 때문이다.

씨받이

아들을 얻는 방법으로서 씨받이는 흔하게 이용된 편법은 아니었다. 정실부인이 아이를 갖지 못할 경우에 씨받이를 사용하는데, 이 편법은 반드시 정실부인의 양해나 합의를 구해야 했다. 부인의 동의를 얻고 나면 정실부인을 대신하여 은밀히 자식을 낳아줄 여인을 구하는데, 자식을 낳은 후에는 약속한 대가를 지불하고 타인에게는 정실부인이 생남한 것으로 위장하는 것이 원칙이었다.

씨받이 여인을 선정할 때에는 당연히 아들을 잘 생산할 수 있는 선천적 조건이 제일 중요했다. 씨받이로 나서는 여인은 대개 천한 신분이거나 가난한 과부로서, 아들을 낳을 수 있는 미신적인 관상이나 신체를 갖추었거나, 또 다남의 경력이 있는 여자들이었다.

씨받이 여인의 얼굴은 눈초리가 갸름하되 그 눈 끝이 젖어 있지 않고, 거위나 벼룩상으로 면상이 오똑해야 하며, 손바닥의 핏기가 남달리 붉어야 하는 등 선천적인 다남상을 지녀야 했다. 또한 성교시에 피부가 보랏빛을 띠고, 입술이 진홍에서 자주색으로 변하면서 입술이 굳어지는 여성은 보수를 곱절로 받았다.

이런 여인을 찾아내어 약속이 이루어지면 씨받는 날을 택일했는데, 즉 월경에 알맞은 날과 합방길일의 오행이 잘 맞는 날을 택하는 것이다. 월경이 그치는 날로부터 28~29시(12간지시로서 지금의 56~58시간에 해당)가 지난 날이 잉태의 적기였다. 이 외에도 흰 면포로 월경피를 받아 그 색이 금빛일 때가 잉태의 적기인데, 반면 선홍빛일 경우는 '미정未淨', 청담빛일 때는 '태과太過'라 하여 기피했다.

택일이 이루어지면 씨받이로 정해진 여인은 소복재계하고 삼신에게 빈 다음에 신방에 든다. 이때 본부인의 정성이 뒷받침되어야 한다고 하여 정실부인이 합방의 장지문 밖에 지켜 앉아 기도를 드리거나 무당이 경을 읽기도 했다. 이 순간 정실부인은 자식을 잉태하지 못하는 고통을 뼈저리게 느꼈을 것이나 어쩔 수 없는 일이었다.

합방이 끝나고 나면 깨죽을 들여주어 씨받이 여인의 양기를 보충해주었다. 그후 태기가 있으면 단자單子를 보내고, 단자를 보내면 가마로 모시러 온다. 임신한 씨받이 여인은 출산할 때까지 골방에 갇혀서 문 밖을 나가지 못한다. 아기를 배고 나돌아다니면 비밀이 누설되기 때문에 연금생활을 하는 것이다.

만약 딸을 낳았을 경우에는 대개 논밭 서너 마지기 또는 몇 섬 곡식을 주어 씨받이 어머니에게 양육을 맡겼다. 씨받이 직업도 무당처럼 모계상속을 하여 그 딸이 자라면 씨받이 새색시가 되는 경우가 많았다.

그런데 씨받이를 통해 아들을 낳는 일은 그나마 본처를 대우하는 편에 속하는 일이었다. 심한 경우는 처가 있는데도 다시 제2부인을 맞아들여 적자를 얻는 방법을 택하기도 했기 때문이다. 아들을 출산하지 못한 본부인은 문중의 압력과 칠거지악이 되는 죄를 범한 죄책감에서 남편의 결혼을 허락하지 않을 수 없었다.

그러나 제2부인을 맞이하는 일이 쉬운 것은 아니었다. 양갓집에서는 이런 혼처에 딸을 출가시키기를 꺼릴 뿐 아니라, 제2부인이 가계 계승자를 낳는다 해도 통념상 서자보다는 우대했지만 제1부인의 자손보다는 격하되었기 때문이다. 때문에 사회적 차별이 없는 양자의 입양을 제일 선호할 수밖에 없었다.

3. 기자습속

조선시대 여성들의 인생 목표가 아들을 낳아 잘 키우는 일이었던만큼 아들 낳기 위한 갖가지 비방은 상식으로 알고 있어야 했다.

전통시대 기자祈子를 위한 의례에는 치성 기자의례, 주술 기자의례, 물품 소지 기자의례, 복용 기자의례, 선행 기자의례, 출산력을 얻는 비방의례 등 여러 가지 형태의 습속들이 있었다. 이러한 기자 풍속들은 조선시대 이전부터 민간신앙의 형태로 이어져 내려온 것들이다. 조선시대에 들어와 성리학은 미신적인 기자 풍속에 곱지 않은 시선을 보냈지만, 남아선호에 대한 갈망이 워낙 크다 보니 사라지기는커녕 오히려 더욱 성행했다.

달힘 마시기

'딸'의 어원이 밤하늘에 걸려 있는 '달'에서 유래되었듯이 전통적으로 달은 음인 여성을 상징하며 양인 태양, 즉 남자와 대비된다고 생각했다. 달은 오래 전부터 여성들에게 출산력을 주는 효험이 있다고 믿어진 대상이었다. 전통시대 부녀자들은 달이 뜰 때나, 하늘 중천에 이르렀을 때, 그리고 달이 질 때, 달의 힘을 마시면 출산력이 되는 음의 기운이 보강된다고 믿었다.

시집갈 날을 받아놓은 여자들일 경우엔 더욱 달의 음기가 필요했다. 특히 예비신부들은 결혼 전날 밤에 유경험자로부터 '달힘 마시기' 레슨을 받았는데, 당시 상류층 가정에서는 달힘을 먹여 결혼시키기 위해 결혼 날짜를 달이 부푸는 보름 전후로 정할 정도였다.

달힘 마시기 풍속은 달이 갓 돋아오를 때 달을 향해 숨을 멎고는 '한 숨통, 두 숨통…' 여러 숨통을 헤아릴 때까지 숨을 계속 들이마셨다가 크게 내뱉는 것을 반복하는 것이다. 결혼 전날부터 신부는 아들을 소원하면서 달의 정기를 들이마신다.

그러면 이 달힘 마시기를 제일 많이 한 여성은 누구였을까? 달힘 마시기는 3, 7, 9 홀수번으로 하는데 27기통까지 마신 궁녀가 있었다고 전해진다. 아마도 궁중의 왕비나 후궁, 특히 성은을 입는 번차례가 된 궁녀들은 밤새워 달힘을 마시면서 왕자 얻기를 소원했을 것이다.

알터바위에 빌기

우리 나라에서 제일 흔한 바위 이름이 알터바위라고 한다. 알터바위란 바위에 알 모양의 둥근 홈이 패어 있어서 붙여진 이름인데, 이 둥근 홈은

기자 신앙 인왕산 선바위에서의 치성. 여러 기자석 중 효험있는 것으로 전해진다.

자연적으로 생긴 것이 아니라 불임여성들이 출산력을 얻고자 돌을 쥐고 바위에 문지르면서 생겨난 홈이다. 이런 이유로 알 모양의 둥근 홈이 패어지게 되면 출산력이 있는 바위로 알려지게 된다.

《신증동국여지승람》에는 '차일암遮日岩'이라는 이름의 바위가 많이 나오는데, 차일암이란 '둥글게 홈이 팬 바위'를 말하는 것으로, 알터바위의 일종이다. 우리 나라 지명 가운데에는 알卵자가 들어 있는 지명이 상당히 많은데, 이는 곧 알터마을로서, 알터마을에는 십중팔구 알터바위가 있다.

우리 나라에서 가장 큰 알터바위는 제주도 삼성혈에 있는 바위다. 전남 보성강 유역의 고인돌에도 알터가 패어진 알터바위가 발견되고 있다. 삼각산 도선사의 어귀에도 이른바 부침바위라는 알터바위가 있는데, 작은 돌멩이를 쥔 여인들이 소원을 염송하면서 지극정성으로 이 바위에 문지르다가 어느 순간 딱 달라붙으면 소원이 성취된다고 전해진다.

인간이라면 누구나 부부가 화합하여 많은 아들을 생산하고 풍요롭게 사는 것을 가장 큰 소망으로 여길 것이다. 음양 조화의 상징이나 성적 상징물과 관련된 사물에 대한 주술행위는 이러한 소망에서 비롯되었다. 때문에 한국의 전통사회에서는 기자 속신이 나름대로의 가치관과 신앙체계를 가지면서 다양하게 발생했다.

전국 도처에 널려 있는 기자석의 존재도 그러한 주술의 하나로서, 인간보다 힘이 있다고 생각되는 초인간적인 능력의 소유자에게 아들을 기원하는 습속에

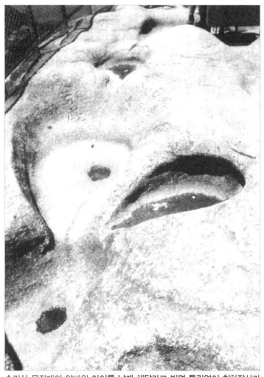

속리산 문장대의 알바위 아이를 낳게 해달라고 빌면 틀림없이 천하장사가 잉태된다는 얘기가 전해진다.

서 나온 것이다. 이와 함께 전국에서 찾아볼 수 있는 남근석과 여근석 같은 성석 또한 자손의 번영이라는 주술적 의미가 서려 있는 자연물들이다.

기자 도끼와 개짐

조선시대 여성들은 어떤 물건이나 상징물을 몸에 지니면 아들을 얻을 수 있다고 믿기도 했는데, 그 대표적인 것이 작은 도끼를 만들어 속옷 끈에 차고 다니는 방법이었다. 상류계층 부인들은 은도끼나 쇠도끼를 만들어 찼고, 서민들은 나무도끼를 만들어 몸에 지녔다. 보통 여러 개의 기자祈子도끼를 지녔는데, '한 탯줄에 아들이 3형제'라 하여 3개의 도끼를 한 줄에 꼬아서

기자 도끼

만든 것을 속살에 닿도록 차고 다녔다.

여성들이 기자 도끼를 노리개에 달았던 이유는 음양 교접의 상징형인 도끼가 지닌 주술적인 힘을 빌어 아들을 낳을 수 있게 되리라는 믿음 때문이었다. 도끼를 기자의 상징형으로 처음 등장시킨 인물은 요석공주를 얻기 위해 다음과 같은 노래를 부른 원효대사였다.

자루 없는 도끼를 받아줄 그 누가 없을까
하늘을 떠받드는 기둥을 내가 찍어주련만…

또한 석불이나 망부석, 마애불이나 돌미륵의 코도 남근의 상징으로 알려져 이를 문질러 먹으면 아들을 낳을 수 있다고 믿었다. 이외에도 아들 낳은 집의 금줄을 일주일간 허리에 차고 다니거나, 고추 있는 금줄을 훔쳐다 보관하기도 했고, 아들 있는 집의 수저나 옷가지를 훔쳐 몸에 지니기도 하는 등, 여인네들의 아들을 낳으려는 노력은 눈물겨울 지경이었다.

이러한 물품을 몸에 지니는 것은 물품을 사용한 사람의 혼이나 복이 묻어 있다고 믿었기 때문이다. 이중에서도 기자용으로 몸에 지녔던 물품 중 가장 효력이 있다고 믿어진 것은 다남한 출산모의 개짐(피 묻은 속옷)이었다. 아주 가까운 혈연관계이거나 몹시 가난한 경우가 아니면 빌려주거나 팔지 않는 것이 이 개짐이었다. 그러다 보니 어쩔 수 없이 주로 훔치는 방법이 동원되었는데, 이 옷에는 다남 출산의 주력이 묻어 있어 직접 입는 이에게 효험을 발생시킨다고 전해진다.

상가집에서 초상 때 사용하는 상여의 만장을 상주 몰래 찢어서 속곳을 해 입거나 속옷에 붙이는 것도 기자습속으로 널리 알려져 있었다. 사람은 누구나 삼신의 점지를 받고 태어나므로 죽음은 곧 그 삼신을 돌려주는 것이라고 생각했기 때문이다. 특히 죽은 사람이 남성이면 남아의 삼신을 받을 수 있다고 믿어 더욱 선호했다.

이 밖에도 아들 낳은 산모의 방에 가서 개짐을 빌려 입고 아기 낳는 시늉을 하며 하루 자고 돌아오는 방법도 있었다. 그리고 기자석을 다듬거나 구하여 부부가 합방할 때 바라보기도 했다.

뒷간의 똥물이라도 마실 정성이 있어야…

아들을 낳고자 하는 욕망은 심지어 특정의 음식을 먹으면 아들을 낳을 수 있다는 속설까지 만들어냈다. 안동지방에 전해지는 '공구 뜬 물 마시기'와 '거꾸로 달린 고추 먹기'라는 기자 습속은 당시 여성들의 절실한 마음이 스며 있는 풍속 중의 하나다.

'공구 뜬 물 마시기'란 우물이나 냇물에 세로로 떠 있는 작은 나무토막이나 마디가 있는 짚토막을 물과 함께 떠서 마시면 남아를 출산한다고 믿는 습속이다. 즉, 세로로 떠 있는 나무토막은 그 생김새가 남근을 상징하며, 물이란 여성의 생리로 풍요와 관련 있다는 주술성 때문이다. 이른바 "뒷간의 똥물이라도 마실 정성이 있어야 아들을 보는" 것이다.

뿐만 아니라 하늘을 향해 치솟아 열리는 고추, 거꾸로 달린 과일이나 호박·오이를 따 먹으면 남아 출산의 주력을 갖는다고 믿었다. 이외에도 밤·대추·호도 등은 아들을 낳게 해주는 효험이 있다고 믿었던 대표적인 과일들이다. 밤이나 호도·대추가 혼례나 제사에 빠지지 않는 것도 바로 이 과일들이 자손의 번창을 가져다 준다고 생각했기 때문이다.

폐백 이때 시어머니가 신부의 치마폭에 대추나 밤 등을 던지는 것은 이 과일들이 아들을 낳게 해준다는 주술성 때문이다.

폐백을 드린 후 시어머니가 밤이나 대추를 집어서 신부의 치마폭에 던져주며 많은 아들을 낳으라고 축언하는 행위도 이 과일들이 지니고 있는 주술성에서 비롯된 것이다. 또한 옛부터 남성을 상징한 대추나무를 사랑채 마당에 심은 것도 다산의 주술성 때문이었다. 동물도 아들을 원하는 여자들의 기자 주술에서 예외는 아니었다. 수탉의 생식기, 달걀, 황소의 성기 등이 아들 생산을 기원하는 동물로서 각광을 받았다.

아들 낳는 효험이 있다고 믿은 것이 이것만이 전부가 아니다. 우물물, 샘물, 못물, 폭포물, 소금물, 삼신상의 물, 아기방석 태워 탄 잿물, 주걱이나 행주 삶은 물 등이 소위 기자수로 이용되었다. 힘찬 폭포는 은공이로 방아 찧는 시늉이므로 그 물을 마시면 아들을 점지받는다고 했고, 첫새벽에 남보다 먼저 깊은 우물이나 냇물을 길어 마셔도 영험이 있다고 믿었다. 물은 여성에게 생산력을 주는 것으로 풍요와 직접 관련되기 때문이다.

상원날 개밥 줄 계집

여성의 출산력을 도와주는 것을 아는 것도 물론 중요하지만, 출산력을 방해한다고 하여 금기시했던 풍속이나 물건을 아는 것은 더욱 중요했다.

전통적으로 '상원上元날의 개'는 다산력의 주술과 밀접한 관련이 있다고 생각했다. 지방에 따라 다르지만, '상원날 개밥 안 주기'라는 풍속이 있는데, 이것은 일년 중 달이 가장 밝은 정월 대보름날 개에게 밥을 안 주는 행위이다.

개를 굶기는 것은, 달과 개는 상극이어서 개는 여자의 에너지원인 달의 정기를 먹는다고 여겼기 때문이다. 월식 현상을 가리켜 "개가 달을 베어먹었다"고 한 것도 바로 이 때문이다. 그러므로 상원날 개에게 밥을 주면 개의 힘이 더욱 강해져서 결국 그 집 안주인이 마시게 될 달의 힘을 개에게 뺏기게 된다는 것이다.

어리석고 눈치 없는 여자를 '상원날 개밥 줄 계집'에 빗대기도 하고, 몹시 풀 죽어서 초라해진 사람을 '상원날 개꼴'에 견주기도 하는 것은 모두 이러한 풍속에서 비롯된 속담들이다.

'4월에 닭고기 안 먹기'도 출산연령의 여성이 지킬 금기였다. 4월의 닭고기는 아들을 못 낳게 하는 것으로 알려졌는데, 그래서 아예 음력 4월엔 닭도 잡지 않고 먹지도 않았다.

출산력을 감퇴시킨다고 하여 금기시한 것은 이것만이 아니다. 고사리나 토끼고기·오리고기는 정력을 감퇴시키는 음식물로 널리 알려져 있고, 능소화 나무를 집안에 심으면 불임하며, 부인이 오른쪽으로 누우면 딸이 잉태된다고 생각했다. 따라서 간혹 첩이나 기녀에게 빠진 남편의 양기를 죽이기 위해 부인이 수은을 남편의 이부자리 밑에 넣어두거나, 토끼고기를 몰래 남편에게 먹이는 일까지도 있었다.

3장
이혼과 수절

이혼을 하려면 왕의 허락을 받아라

1. 양반의 이혼

조선시대에도 이혼이 가능했을까?

최근 이혼율에 대한 조사에 따르면, 연애결혼한 부부가 중매결혼한 부부보다 헤어지는 경우가 더 많다고 한다. 아마도 부부간의 애정이 식어질 경우 연애결혼한 부부가 사랑 없는 결혼생활에 더욱 회의를 가지기 때문일 것이다. 그렇게 본다면, 반대로 중매결혼은 애정과 무관하게 결혼생활 자체를 지속적으로 유지시키는 속성을 지니고 있다고 볼 수 있겠다.

아무튼 지금이야 부부간에 마음이 안 맞으면 이혼하면 그뿐이지만, 조선시대 사람들은 그러한 경우 어떠한 방식으로 처리했을까? 그 시대에도 과연 지금과 같은 이혼제도가 있었는지 한번 거슬러 올라가보자.

조선시대에는 부부가 헤어지는 일에 대해서 매우 부정적이어서, 한번 결혼하면 검은 머리가 파뿌리가 되도록 백년해로하는 것을 미덕으로 여겼다. 특히 여자들은 어릴 적부터 '죽어도 그 집 귀신이 돼라'는 부덕교육을 귀에 못이 박이도록 들었기 때문에 이혼이라는 것을 생각할 수도 없었다.

그렇다고 해서 이혼이 전혀 없었던 것은 아니다. 다만 개인의 의사가 무시된 결혼만큼이나 이혼 또한 개인의 의사와는 무관했고, 이혼에 대한 합법적인 법률조항이 존재하지 않았다는 점이 지금과 다를 뿐이다.

지금은 이혼이라는 용어로 통일되게 사용하지만, 조선시대에는 이이離異 · 출처出妻 · 휴기休棄 · 종부가매從夫嫁賣 등 이혼의 방식에 따라 다양한 용어가 사용되었다. 이이가 개인의 의지와 무관하게 국가적 차원에서 강제성을 띤 이혼의 형태라면, 출처나 휴기는 칠거 등의 이유로 남편이 아내를 내친 경우를 말한다.

조선시대 이혼이라는 말을 '처를 내쫓는다'라는 의미의 출처라고 표현하거나, 버린다는 의미의 휴기라고 표현한 것은 남자 쪽에서 일방적으로 여자를 내쫓는 경우가 많았음을 보여준다. 반면, 남자가 이혼당할 수 있는 경우는 처를 팔았을 때, 그리고 장인 · 장모를 구타하거나, 장모와 간통했을 경우 등에만 한정되어 부인한테 쫓겨나는 남편은 거의 없었다.

그외 이혼은 아니지만, 소박이라 하여 집안에서 별거 상태로 지내는 경우가 있었다. 소박에는 남편이 부인을 내쫓는 외소박과, 반대로 처가 남편을 내쫓는 내소박이 있는데, 여성의 지위가 낮았던 시대에는 주로 남편에 의해 여자가 소박받는 경우가 대부분이었다.

소박은 행실이 나빠서 남편으로부터 미움을 받는 경우도 있겠지만, 대체로 부인이 추녀일 경우가 많다. 얼굴도 보지 않고 결혼한 풍습이 빚어낸 불행인데, 이럴 경우 남편은 부인을 소박놓고 애첩에 빠져 지내는 경우가 많았다.

소박은 생이별이나 사별과 다름이 없어 소박맞은 아내들은 평생 뒷방차지 신세가 되어 남편 사랑을 받지 못한 채 늙어가야 했다. 간혹 소박당한 여자들 중에는 소박이 부부간의 궁합에 원진살이 낀 탓이라 생각하여 무당이나 점쟁이를 찾아다니며 살풀이를 하는 등 갖은 치성을 다하여 소박에서 벗어나고자 몸부림쳤다.

칠거지악과 삼불거

부인에게 내쫓길 이유가 별로 없었던 남편들과는 달리 여자들은 '칠거지악七去之惡'이라는 일곱 가지 죄목에 해당할 경우 일방적으로 이혼을 당할 수 있었다. 조선시대 칠거지악에 해당하는 여자란,

시부모에게 순종치 않는 여자
아들을 못 낳은 여자
음란하고 투기하는 여자
나쁜 질병이 있는 여자
말이 많은 여자
도벽이 있는 여자

를 말한다. 아들을 못 낳고 투기하며 말이 많은 여자는 내쫓겠다는 칠거의 논리는 조선시대 여성의 역할을 상징적으로 보여준다. 코에 걸면 코걸이식의 칠거지악 규정은 말하자면 이혼을 위한 구실이었다. 부인이 마음에 안 들면 칠거지악으로 트집을 잡아 얼마든지 내쫓을 수 있었다. 반면 부인에게는 남편을 내쫓을 자유와 권리는 없었다.

칠거지악에 대한 규정이 너무도 가혹하다 보니 한말 고종 때에는 자식이 없다든가 말썽이 많다고 해서 기처하는 것은 도리에 어긋난다 하여 오

전형적인 양반가. 젊은 내외와 두 딸이 보인다. 칠거지악 중 아들 생산을 못하는 것도 한 '죄목'인만큼 이 부인도 전도를 장담하기 힘들지도 모르겠다.

거를 이혼 기준으로 삼았고, 자녀가 있는 사람은 여하간 이혼을 못한다 하여 삼불거를 사불거로 하기도 했으나 원칙이 사라진 것은 아니었다.

칠거지악이야말로 악법 중의 악법이었지만, 이 악법에도 구제망은 있었다. 칠거의 사유로 남편은 아내를 소박할 수는 있었지만, 이혼이라는 것을 쉽게 할 수 있었던 것은 아니었다. 특히 남녀 쌍방의 애정이 아닌 가문과 가문간의 결혼은 더욱 이혼이 어려웠다. 더욱이 다음과 같은 '삼불거三不去'에 해당하는 여자라면 비록 칠거에 드는 여자라 해도 이혼해서는 안된다는 것이 유교윤리의 정서였다.

조강지처는 버릴 수 없다.
부모의 3년상을 같이 치른 아내는 버릴 수 없다.

합동혼례를 치른 세 쌍의 신랑 신부들. 이들 세 신부에게도 칠거지악, 삼불거의 굴레가 씌워져 있다.

늙고 의탁할 데 없는 여자는 버릴 수 없다.

부부간의 애정보다도 도의를 중시한 삼불거는 《대명률》에 명시되어 있을 정도로 철저히 이행되었다. 칠거지악은 사실 우리 나라의 이혼풍속이 아닌 중국의 풍속이었다. 때문에 무조건 이를 기준으로 아내를 버리는 것이 우리 실정에 맞지 않는 면도 있었다. 따라서 칠거지악 못지않게 삼불거도 중요시하여 절충하고자 했다.

이혼이 쉽지 않은 것은 또한 국가의 입장이 보수적이었기 때문이기도 했다. 양반들의 이혼을 금기시하여 아예 국법에 이혼 조문이라는 것이 없었고, 따라서 간통과 같은 잘못을 저지르지만 않는다면 이혼을 허락하지 않는 것이 국가의 입장이었다. 특히 양반들은 아내와 이혼하려면 먼저 왕의 허락을 받아내야 했기 때문에 이혼이라는 것이 쉽지 않았다. 칠거지악의 사유가 있다 하더라도 이혼의 증가를 염려하여 되도록이면 이혼을 허

락하지 않는 것이 일반적인 분위기였다. 반면 서민들은 자율적인 합의이
혼이 가능했다.

이혼을 가능한 한 억제하고자 하는 노력은 이미 조선초기부터 있었다.
태종 때 장진이라는 사람은 부인 김씨가 악질에 걸렸다고 하여 다른 여자
에게 새장가를 들었다가 처벌받았다. 세종은 아들도 못 낳는다며 처를 내
쫓은 대신 이맹균을 파직시켜 귀양보내기도 했다. 더구나 태종 때 김봉종
은 5촌 시숙과 간통한 부인을 내쫓았는데 도리어 장 80대를 맞았다.

그러나 조선중기 이후 여성의 정절이 강조되기 시작하면서부터 간통은
당연히 이혼감이었다. 게다가 남자 쪽에서 일방적으로 부인이 칠거의 죄
를 저질렀다고 따지고 들면 왕의 허락이라는 것은 형식적인 절차에 그치
는 경우도 많았다.

이처럼 이혼이 왕의 허락을 통해 가능한 것은 사실이었으나, 일반적으
로는 한 집에 살면서 서로 보지 않는 별거가 많았다. 이혼으로 가문의 명
예가 더럽혀지는 것보다는 애정 없는 부부생활을 하는 편이 더 나았기 때
문이다.

'환향녀'에 대한 이혼 청구소송

정조 없이 여러 남자들을 상대하는 여자를 속칭 '화냥년'이라고 부른다.
그런데 이 화냥년이란 말은 조선시대 임진왜란과 병자호란 이후 실절하고
고향으로 돌아온 여성, 즉 '환향녀還鄕女'에서 유래한 말이었다. 조선시대
환향녀들은 정조를 잃었다는 이유로 남편들로부터 공개적으로 이혼 청구
를 받은 여성들이었다.

임진왜란 당시 왜군들은 때와 장소를 가리지 않고 여자를 붙잡기만 하
면 남이 옆에 있는 것도 아랑곳없이 욕을 보이고, 집단 강간도 서슴지 않

았다. 그런데 전국의 남편들은 정절을 잃고 돌아온 부인들에 대해 불쌍하게 생각하기는커녕, 이혼하고 새장가를 가고자 했다. 그러나 그러기 위해서는 먼저 왕의 이혼 허락이 있어야 했다.

마침내 전국의 실절녀 남편들이 모여서 선조에게 무더기로 이혼청구를 올렸다. 그런데 선조는 "이혼을 요청한 상황은 충분히 이해하지만, 실절한 것으로 볼 수는 없으므로 허락할 수 없다"며 묵살해버렸다. 선조의 이 같은 방침으로 실절한 부녀자들은 간신히 이혼을 면했으나 남편들은 모두 첩을 얻어 부인을 멀리했다.

이와 같은 일은 1627년(인조 5년) 정묘호란과 1636년 병자호란에도 마찬가지였다. 병자호란 때는 피해가 더욱 심했는데, 주로 북쪽 지방에 사는 여인들이 많이 끌려갔다. 특히 의주에서 평양까지는 미인이 많아 벼슬아치, 양반의 처 할 것 없이 무차별로 끌려갔다.

포로로 끌려간 여인들은 전쟁이 끝나자 청이 요구하는 몸값을 치르고 돌아갈 수 있었다. 그러나 사대부 집안의 여성들에 대해서는 수백, 수천 냥을 요구하여 제대로 돌아오지 못하고 그곳에서 절식하여 생명을 끊거나, 지불할 능력이 없어 돌아오지 못한 경우가 비일비재했다.

돈을 지불하고 꿈에도 그리던 고향으로 돌아온 여자들의 처지도 돌아오지 못한 여자들보다 나을 게 별로 없었다. 이때 돌아온 여성은 실절하고도 고향에 돌아왔다 하여 '환향녀'라고 불리면서 치욕을 감수해야 했다.

병자호란 후에 돌아온 부녀자들의 남편들도 이혼을 요구했는데, 선조와 마찬가지로 인조도 이혼을 허락하지 않았다. 그 대신 첩을 얻도록 절충안을 제시하자 양반 남편들 모두 첩을 얻는 해프닝이 벌어지기도 했다.

그러나 끝까지 이혼청구를 요구하여 허락받은 경우도 있었다. 영의정 장유의 며느리가 강화도에서 청군에게 붙잡혔다가 속환되어 왔지만, 실절했다 하여 시부모로부터 이혼 청구를 당했다.

이 이혼청구는 처음엔 인조의 허락을 받지 못했는데, 장유가 죽은 후 그의 아내 김씨가 '환향녀'라는 이유로는 며느리를 내쫓기 힘들다는 것을 알고 시부모에게 불손하다는 칠거의 이유를 덧붙여 간신히 허락을 받아냈다. 이것이 선례가 될 수 없다는 사실이 매우 강조된 끝에 이루어진 이혼이었지만, 한편으로 시부모에게 불손한 며느리는 이혼당할 수 있다는 사례가 될 수 있는 판결이었다. 이 사건이 악용될 소지가 있다는 반론이 있었으나, 이미 결정된 판결을 뒤집을 수는 없었다.

2. 강제이혼과 합의이혼

의절이혼과 역가이혼

조선시대에는 지금과는 전혀 다른 성격의 강제이혼이라는 것이 있었다. 의절이혼과 역가이혼이라고 불리는, 본인의 의사와 무관한 타율적인 강제이혼이 그것이다.

의절이혼이란 의절義絶의 사유가 발생했을 때 행해지는 강제이혼이다. 역가逆家이혼은 부부 중 어느 한쪽이 역모와 관련되었을 때에 하는 강제이혼을 말한다. 강제적이었던만큼 하기도 쉬웠던 이혼이었다.

의절이혼의 사유는 남편이 부인의 조부모 · 부모 등을 구타 및 살해하는 경우, 그리고 장모와 간통했을 경우다. 이런 경우 부인은 남편과 의절이혼을 할 수 있었다. 반면, 부인은 남편의 조부모 · 부모를 살해 및 구타하는 경우는 말할 필요도 없고, 욕설하는 경우에도 이혼을 당할 수 있었다. 그리고 남편의 친족 누구와도 간통하면 이혼이었다. 또한 처가 남편을 살해하려고 음모를 꾸몄을 경우도 물론 모두 의절이혼의 사유가 될 수 있었다.

의절이혼이라는 강제이혼에서도 여성은 남성에 비해 훨씬 불평등한 법 적용을 받았다. 특히 남편과 달리 처가 간음을 했을 경우는 범간율에 의해 서 벌을 받는 동시에 의절이혼의 사유가 되어 무조건 이혼이었다. 그러나 간통죄보다도 더 무거운 처벌을 받은 것은 남편의 조부모나 부모를 구타 하거나 욕을 했을 경우였다. 이는 정절보다 며느리의 도리가 우선시되었 기 때문이다.

그런데 의절이혼 가운데에서 가장 남녀차별이 심한 것이 부부간의 구타 였다. 말하자면 남편은 아내를 때려도 되지만, 아내가 남편을 때리면 이혼 이었다. 조선시대에는 남편의 폭력으로 인한 법적 이혼은 성립하지 않았 던 반면, 아내가 남편을 구타하면 장 1백 대를 맞고, 남편이 이혼하겠다고 하면 이혼당할 수 있었다.

실제로 숙종 때 유정기란 사람이 부인에게 맞았다고 하여 이혼한 일이 있었다. 《숙종실록》에 의하면, 유정기의 부인인 태영이라는 여자는 '남편 을 때리는 기가 센 여자'였다고 한다. 이 사례로만 보면 아내들이 남편에 게 억압당하며 산 것만은 아닌 듯싶지만, 사실상 반대로 부인을 죽을 지경 으로 때렸다고 해서 이혼당한 남편은 없었다. 우리 나라 남편 폭력의 성격 이 가부장적 폭력을 띠는 것도 모두 이 때문이다.

이러한 불평등한 이혼 조건 속에서 여자 쪽에서만 할 수 있는 의절이혼 이 있었다. 바로 남편이 아내를 꾀어 다른 사람과 간통시키는 경우다. 이 런 일은 양반과 천민 사이에 있었는데, 상전의 압력을 못 이긴 종이 자기 아내에게 상전의 말을 듣도록 강요하는 경우가 간혹 있었다. 이럴 경우 부 인은 남편에게 의절을 요구할 수 있었다. 실제로 얼마나 의절했는지는 모 르겠으나, 엄연히 국법상 이혼의 사유가 되었다. 이와 같이 의절이혼은 인 간으로서는 저지르면 안되는 치졸한 일인 경우가 많기 때문에 양반가에서 는 별로 없었지만 천민들 사이엔 자주 있었다.

한편 처의 집안이 반역죄를 범했을 때, 남편이 자기와 자기 집안에 화가 미칠까 염려하여 처와 이혼하는 경우가 있었다. 이것을 역가이혼이라 하며, 이 이혼은 매우 쉽게 이루어졌다. 반역죄는 친가·처가·외가 등 구족이 멸문당하는 화를 입기 때문이다.

조선시대 피비린내 나는 사화를 비롯하여 반역죄로 파직당하거나 죽음을 당한 사람이 수없이 많았는데, 그런 집안의 딸은 이혼을 당해서 친정으로 되돌아오는 수가 많았다. 비록 아내를 사랑할지라도 기처(이혼)를 하지 않으면 오히려 화를 입고 죄를 받았기 때문에 남편 입장에서도 어쩔 수가 없었다. 세월이 흐른 뒤 누명이 벗겨질 것을 기약하지만, 대개는 그대로 헤어지고 마는 슬픔을 겪는다.

선조 때 상신 김응남과 홍가신은 이호의 딸을 며느리로 삼았는데, 이호가 정여립의 역모에 연좌되자 이혼을 청구했고, 환서 권반의 손자 권제는 원종경의 딸에게 장가들었는데, 이괄의 반란사건으로 원종경이 처형당하자 부인과 이혼하여 충신으로 칭찬받았다고 하니, 인지상정보다 소중한 것이 명분이었던 세상이었기에 가능한 일이었다.

역가이혼에는 왕도 예외가 아니어서 중종의 비 단경왕후가 친정아버지 신수근의 실각으로 말미암아 왕비의 자리에서 쫓겨나 왕과 강제로 이혼당하는 경우도 있었다. 단경왕후는 연산군의 폐출로 남편인 진성대군이 왕위에 오르자 왕비 자리에 올랐으나, 아버지의 연좌로 인해 일주일 만에 폐비가 되었다.

할급휴서와 사정파의

양반들이 이혼하기 위해서는 왕의 허락을 받아야 했지만, 서민들까지 왕의 허락이 필요했던 것은 아니다. 서민들은 양반과 같은 정치적인 연좌도 없었고, 재혼도 비교적 어렵지 않았으므로 순전히 부부간의 합의에 따른 파경이 많았다.

양반 부녀자들은 재혼이 힘들고, 더구나 결혼은 가문간의 약속이기 때문에 애정에 문제가 있어도 결혼생활을 유지해야 했지만, 서민층 부녀자들은 이 같은 제약이 덜했으므로 상대적으로 이혼율이 높았다. 유교적 교화로 재혼을 기피하는 현상이 서민층 부녀자들에게까지 보급되었다고는 하나, 그들은 설혹 이혼녀가 되었다 하더라도 '보쌈'과 같은 탈출방법이 있었고, 양반 부녀자들에 비해 제약도 없었으므로 재혼이 비교적 쉬운 편이었다.

서민층에서도 이혼 사유는 대개 칠거지악이었는데, 절차상 '사정파의事情罷議'라는 부부간의 합의이혼을 거쳐 헤어졌다. 이때 남편이 부인에게 이혼 증서로서 '할급휴서割給休書'라는 것을 주기도 했는데, 말하자면 재혼허가증이었다.

사정파의는 이혼하지 않으면 안될 처지에 놓였을 때, 부부가 서로 얼굴을 맞대고 이혼할 수밖에 없는 사정을 얘기하고 서로 승낙하는 합의이혼을 말한다. 파의란 우리말에 '일이 글러서 마지막' 임을 의미한다. 사정파의는 표면적으로는 합의이혼을 뜻했다고는 하지만, 사정파의를 종용해오는 남편의 요구를 거절하면 자동적으로 버림을 받았다. 결과적으로는 남자들이 일방적으로 처를 버리는 기처행위와 마찬가지인 셈이다.

'할급휴서'는 이혼할 때 받는 깃저고리 조각이다. 이 조각을 '휴서 또는 수세'라고 하며, 할급휴서를 속칭 '수세 준다'고도 한다. 수세란 고어로 '이혼증서'란 뜻이다. 대개는 남자가 여자에게 주는데, 서로가 헤어지기는 싫으나 남의 이목이 무서워 헤어지지 않을 수 없는 딱한 형편일 경우에 여자의 장래를 위해 주는 경우가 많다.

이 휴서는 탈출구가 없는 소박맞은 여자들에게 있어서 그야말로 숨쉴 구멍이었다. 이 물증을 가진 여인들은 개가가 묵인되었기 때문이다. 따라서 휴서를 주지 않으려는 남편과 받으려는 부인 사이에 실랑이가 종종 벌어지기도 했다. 그나마 다행히 휴서를 받은 소박녀들은 이 세모꼴의 옷섶을 들고 이른 새벽에 성황당 앞에서 자신을 책임질 운명의 남자를 만나기 위해 서성거렸다. 이 세모꼴 옷섶을 '나비'라고 하며, 소박녀는 이것을 지니고 등에는 이불보를 진 채 성황당에서 서성거리는 것인데, 이 소박녀를 최초로 만난 남자는 지위고하를 가림 없이 데리고 살아야 하는 관습적인 의무를 져야만 했다. 소박녀가 최초로 만난 남정네에게 '나비'를 내보이면 남자는 여자가 등에 진 이불보로 보쌈하여 집으로 데려가는 것이다.

남녀가 이혼할 때 주는 이혼증서는 중국에서는 '이연장離緣狀'이라 하여 성문화되었으나, 우리 나라는 단지 이러한 물증만이 있었다.

이혼당한 세종의 며느리들

빈번하지는 않았다 하더라도 조선시대에 이혼은 왕을 비롯하여 일반서민까지도 문제가 생기면 언제든지 할 수 있는 일이었다. 게다가 남편이 가만있다고 하더라도 시부모 입장에서 며느리를 얼마든지 쫓아낼 수 있었다.

그런데 조선 역대 왕들 중 며느리를 두 번이나 쫓아낸 왕이 있었다. 그 주인공은 누구보다도 많은 업적을 남긴 왕으로 유명한 세종대왕이다. 그러나 그는 명성과 걸맞지 않게 개인적으로 그다지 행복한 삶을 살지는 못했다. 부모인 태종과 원경왕후 민씨간의 불화, 그리고 많은 아들을 두었지만 수양대군의 찬탈과 함께 죽임을 당해야 했고, 며느리 복도 없는 편이었다. 문종이 세자 시절일 때 이미 두 명의 부인과 이혼을 했기 때문이다.

세종의 뒤를 이은 문종은 아주 어려서 세자로 책봉되었기 때문에 일찍 혼인했다. 그러나 학문을 좋아하고 정사에 시간을 보내는 일이 많아서인지 남편의 사랑을 받지 못하여 생과부 신세를 한탄하다 폐위당한 부인이

둘이나 되었다.

문종이 세자 시절, 그의 첫째부인은 김씨였는데, 문종이 도무지 관심을 보이지 않자 압승壓勝이라는 술법을 사용하다 들켜 폐위되고 말았다. 압승은 소위 남자에게 사랑을 받는 술법이라고 하는데, 남자가 좋아하는 부인의 신발을 베어다가 불에 태워서 가루를 만들어가지고 술에 타서 남자에게 마시게 하면 자신이 사랑을 받게 되고, 상대방 여자는 멀어져서 배척을 받는다는 것이다. 게다가 김씨는 두 뱀이 교접할 때 흘린 정기를 수건으로 닦아서 차고 있으면, 반드시 남자의 사랑을 받는다는 말을 듣고 그대로 하다가 발각되었다.

문종은 뒤이어 봉씨를 세자빈으로 맞이했는데, 그때 세자의 나이 14세였다. 그런데 세자와 봉씨는 금실이 좋지 못했고, 그래서인지 자식이 없었다. 후사가 없어 걱정을 한 세종이 마침내 3명의 후궁을 더 맞이하도록 했다. 후궁에 대한 질투와 세자의 사랑을 받지 못한 봉씨는 마침내 궁궐의 여종 소쌍을 사랑하게 되었다. 마침내 궁궐은 세자빈과 소쌍이 같이 동침한다는 소문으로 발칵 뒤집히고 말았다.

세종은 이미 세자빈을 한 번 내쫓은지라 웬만하면 봉씨를 눈감아주려고 했다. 그러나 소쌍을 신문한 결과 세자빈과 같이 옷을 벗고 남녀의 성행위를 그대로 따라한 사실이 드러나고 말았다. 세종은 눈물을 머금고 봉씨마저 폐위하고 말았다.

그런데 궁녀간의 동성애 행위는 조선초기에 꽤 많이 벌어진 일이기도 했다. 세종은 봉씨 사건이 있기 전에 궁녀들의 동성애가 만연한 사실을 알고 발각시에는 장 60대 이상의 벌을 내리도록 했다. 하지만, 이 벌칙을 내리는 순간까지도 자신의 며느리가 동성애로 쫓겨날 줄은 상상하지도 못했다. 세종은 봉씨의 동성애 사실은 숨기고, 질투하는 성질에 아들이 없고, 또 노래를 부른 네댓 가지 죄목으로 며느리를 내쫓았다.

죽어도 청상은 되지 마라

1. 재가의 금지

굶어죽더라도 수절은 해야 한다

중국 송나라 때 어떤 사람이 이천伊川(북송의 사상가, 1033~1107) 선생에게 과부에 대해 물었다.

"과부를 아내로 삼는 것이 도리에 어긋날 것 같은데 어떠합니까?"

"아내를 맞는 것은 몸을 짝하기 위함인데, 만약 실절한 여자에게 장가든다면 자기도 실절한 것과 마찬가지이다."

"혹시 외로운 과부가 가난하고 곤궁하여 의탁할 곳조차 없을 경우에는 재가해도 됩니까?"

"단지 춥고 배고파서 죽을까 봐 이런 말이 있게 된 것인데, 굶어죽는 것은 극히 작은 일이요, 절개를 잃는 일은 극히 큰 것이다."

물레질하는 어린 아낙 조선시대의 서민여성들은 어려서부터 노령에 이르기까지 베짜기, 농사일, 집안일 등등, 힘겨운 노동의 굴레에서 벗어날 수 없었다. 게다가 청춘에 과부가 되어도 재가할 수 없다는 굴레가 또 씌워졌다.

조선시대에 과부들의 재가 금지 배경에는 이와 같은 이천 선생의 부정적인 인식이 한몫을 했다. 조선시대 유교윤리는 여성들의 일거수 일투족을 규제했지만, 그중에서 가장 잔인하고 혹독한 것이 정절 숭상에 따른 재가 금지였다. 과부에게 개가란 정조를 잃는 실절과도 같아서, 만약 개가를 하면 지탄을 받는 것은 물론 자식에게도 불이익이 주어졌다.

우리 나라에서 과부들의 재가가 금지된 것은 조선시대에 들어와서였다. 그 이전엔 남녀의 교제나 재혼에 큰 제약이 있지는 않았다. 고구려 풍속에는 '형사취수' 라 하여 형이 죽으면 동생이 형수를 부인으로 맞을 정도였으니, 자의적인 과부는 있을지 몰라도 타의적인 과부란 있을 수 없었다. 고려시대에도 물론 개가하지 않은 열녀들이 있었지만, 가문이나 사회적 제약보다는 개인의 사랑과 도의에서 비롯된 열녀들이었다. 수절은 지극히 개인적인 선택의 문제일 뿐이었다.

고려시대까지도 일반적으로 부녀자들의 생활은 무척 자유스러운 편이었다. 남녀가 쉽게 결합하고 쉽게 헤어지는 편이라 재가는 전혀 문제되지 않았을 뿐더러, 오히려 신분을 막론하고 근친혼이 행해질 정도였고, 고려 말에는 상류층의 음풍이 서민들에게도 크게 번져 여성의 재혼은 조금도 이상하지 않았다. 만일 수절한 여성이 있다면 너무나 고결하고 기특한 일이었다.

수절이 강조되기 시작한 것은 유교가 통치 이념으로 서서히 정착되기 시작한 고려말부터다. 공양왕 원년(1389)에 "6품 이상의 처첩은 남편 사후 3년간 재가할 수 없으며, 수절하는 경우에는 그 정절을 포상한다"는 것이 재가 문제에 대한 최초의 규제였다. 그러나 이와 같은 규정은 한편으로 과부 수절자가 매우 희귀하다는 실정을 반영한 것이기도 했다. 재가를 비롯한 음풍에 대한 단속과 금지는 일부 주자학을 신봉하는 지배층들의 움직임이지 실제 풍조와는 거리가 멀었다.

조선 건국 후, 사회개혁의 일환으로 태조는 "예속을 바로잡는 것이 치국의 근본"이라 하여 양반 부녀자들이 가까운 친척 외의 남자와 왕래하는 것을 금하고, 양반의 이혼은 왕의 승인을 얻도록 했다. 또한 정종은 고관부인들의 음행에 대해서 대대적으로 경고하기도 했다.

특히 태종은 양반의 정처로서 세 지아비를 섬긴 여자, 즉 삼가三嫁한 여자들을 〈자녀안恣女案〉*에 기록하도록 했다. 〈자녀안〉이란 고려시대부터 있었던 실행녀들의 명부인데, 유부녀가 음행하면 〈자녀안〉에 기록하고, 침공針工, 즉 종으로 신분을 격하했던 제도였다. 고려시대 〈자녀안〉에 등록되는 경우는 간통을 했을 경우에만 해당했다. 그러나 여필종일女必從一을

● 〈자녀안〉 : 양반집 여자로 품행이 부정하거나 3번 이상 개가한 사람의 소행을 적어두는 대장. 이 안에 올려지면 그 가문의 불명예는 물론, 과거 · 임관에도 큰 영향을 받았다.

내세운 조선은 여자의 삼가 또한 음행으로 보아 〈자녀안〉에 기록케 했다.

이와 같이 조선초기까지 여자의 삼가는 규제를 받았지만, 재가는 크게 문제되지 않았다. 실제 태조나 태종도 결혼의 경험이 있는 여자를 후궁으로 맞이하기도 했다. 태조는 아들까지 있는 유씨라는 여자를 후궁으로 삼기도 했는데, 비록 잠저 때 이미 첩으로 삼았던 여자이기는 했으나, 다른 남자와 결혼하여 아들까지 있게 된 여자를 다시 후궁으로 맞이한다는 것은 조선중기 이후에는 상상할 수도 없는 일이다.

재가하면 자식의 앞길이 막힌다

삼가가 아닌 재가까지도 금지되기 시작한 것은 성종대에 이르러서다. 성종 8년(1477)에 조씨라는 과부의 재가가 문제화되면서 과부들의 재가가 법적 규제로까지 이어졌다. 《성종실록》에는 이 사건의 경위가 상세하게 나온다.

당시 과부인 조씨가 김주라는 양반에게 재가했는데, 조씨의 재산을 탐낸 그녀의 동생이 김주를 강간으로 고발함으로써 과부 재가 문제의 뇌관을 건드리게 되었다.

이 사건은 김주와 조씨의 결혼 무효로 결론이 났는데, 이후 이것이 계기가 되어 재가금지법 제정 여부에 대한 중신회의가 열리게 되었다. 그런데 이 법률안 가결에 참여한 중신 46명 중 42명이 재가는 원칙상 반대하나 의지할 곳 없는 과부들의 생계문제가 있으므로 재가금지법의 제정을 반대했고, 나머지 4명만이 찬성을 했다.

다수결의 원칙은 없었는지 성종은 오히려 극소수 의견을 받아들여 "재가녀 자손은 벼슬할 수 없다"는 가혹한 규제를 만들어버렸다. 나아가 성종 16년(1485)에는 조선의 헌법격인 《경국대전》에 "재가녀 자손은 과거에도

성황당 서낭당의 원말로 서낭신, 즉 마을의 수호신을 모신 곳이다. 마을의 공동 제사는 대개 정월 보름에 지내나, 각 가정에서도 언제나 어려운 일이 있을 때는 서낭당을 찾아가 신에게 두 손 모아 빌곤 했다.

응시할 수 없다"는 규정을 명문화했다.

이렇듯 재가 금지에 대한 부정적인 견해가 많았음에도 불구하고 여성의 개가가 금지된 것은 이른바 가계계승의 질서가 문란해진다는 가부장적 발상 때문이었다.

가계계승의 질서가 문란해지는 이유란 것은 바로 이런 것들이었다. 예컨대 자녀가 있는 과부가 재가를 할 경우, 그 자녀를 데리고 재가를 할 것인가, 아니면 전남편의 집에 두고 재가를 할 것인가가 일차적으로 중요한 문제로 떠오르게 된다. 가부장적인 사회에서는 대개 전남편 집에 두고 가는 것이 일반적이겠지만, 고려나 조선초기까지 재가하는 여성이 자녀를 데리고 가는 사례가 적지 않았다. 따라서 재가는 자식이 어느 아버지의 성씨를 따를 것인가 또는 어떠한 상복을 입을 것인가에 이르기까지 남자 위주의 가계계승에 적지 않은 혼란을 가져다주었다. 이렇듯 여성들의 재가 금지는 가계계승에 있어서 순수 혈통을 보장받고 싶어하는 남성들의 욕망에서 비롯된 것이었고, 여성의 정절은 단지 구실일 뿐이었다.

과부들의 재가를 억지로 금지하다 보니 사회적 병폐가 없을 리 없었다.

과부들의 재가 금지는 본인에 대한 제약일 뿐 아니라, 그 자손에 대해서도 벌을 주는 연좌법이었기 때문이다. 더구나 딸을 재가시킨 친정 부모까지도 벼슬길이 영영 막히는 등 사회적 불이익을 면하기 힘들었다.

재가가 금지되다 보니 경제적으로 먹고 살 길이 막막한 과부들은 생존에 위협을 받을 정도였다. 가뭄으로 흉년이라도 들면 굶어죽을 위기에 처하는 여자들도 적지 않았다. 따라서 "부녀 나이 30세 이하로 자식이 없는 과부는 개가를 허락하여 생계를 잇도록 하자"는 절충안이 나오기도 했으나, "굶어죽는 과부는 적지만 정절을 잃는 과부는 많게 된다"는 명분 앞에서 굴복하고 말았다.

재가금지법은 이후 4백 여 년간 금과옥조와 같이 준수되어 서민들까지도 과부의 수절을 찬양하고 실천하도록 만들다가 대한제국기에 들어와서 갑오개혁으로 폐지되었다. 이로써 개가는 더이상 법적인 불이익을 받지 않게 되었지만, 몇백 년간 내려오던 인습과 부정적 인식은 쉽게 사라지지 않았다.

여성들의 개가는 이렇듯 힘들었지만, 남성들의 재혼에는 아무런 제약이 없었다. 다만, "사대부로서 처를 잃은 사람은 3년 후라야 재혼할 수 있다"는 약간의 제약만이 있었을 뿐이었다. 그러나 부모의 명이 있거나, 나이 마흔 살이 넘어도 아들이 없는 사람은 이 규제에서 면제되었다. 예외적으로 부마의 경우는 배우자인 왕녀가 죽은 뒤에 다시는 정처를 맞아들일 수 없었는데, 홀아비로 평생을 살아야 된다는 것이 아니라, 후실을 얻되 정처로 삼을 수 없다는 명분상의 제약이었다.

서민들의 과부 탈출

과부들이 양산되다 보니 한편에서는 '보쌈'이라는 과부 업어가기 풍속이 성행했다. 과부 업어가기 풍속이란, 과부된 여자가 스스로 개가하는 것이 아니라 남자로부터 약탈되어가는 형식의 혼속을 말한다. 한자말로는 '박과縛寡' '겁과劫寡'라고도 하며, 우리말로는 '과부 메어간다'(평안도), '과부 등진다'(함남·경북), '과부 퉁퉁이한다'(경북), '과부 통태 끼운다'(경남 동래·부산), '과부 포대 쌈한다'(전남) 등으로 표현했다.

보쌈은 주로 중류 이하, 특히 하류사회에서 성행한 풍속이었다. 가난한 홀아비에게 있어서 이 이상 간단하고 돈 안 드는 결혼방법이 없었기 때문이다. 결혼에 드는 일체의 비용이 필요없고, 약간의 술값과 여자의 의복 한 벌 값만 있으면 아내를 얻을 수 있었다.

가난한 홀아비가 있으면 과부를 물색해서 몇 사람이 짜고 과부를 밤중에 업어다가 두 사람을 결합시켜주었다. 미리 쌍방간에 합의하여 과부를 보쌈해가기도 했는데, 과부를 업은 홀아비는 대개 자기 집으로 바로 가지 않고 물방앗간이나 헛간 같은 데서 과부의 육체를 우선 범해버렸다.

과부 업어가는 것이 이미 약속이 되어 있는 경우라 하더라도 체면상 과부집에서는 그냥 뺏기고 있을 수도 없는 노릇이었다. 부형들이 몽둥이를 들고 업고 달려가는 범인을 뒤쫓아가는 시늉이라도 해야 했다. 그러나 일단 집 밖을 나서면 치외법권이어서 당사자는 억지로라도 정을 통해 살아야 하는 것이 불문율이었다. 그러나 과부들이 모두 팔자를 고쳤던 것만은 아니고, 간혹 자결을 하는 경우도 있었다.

합의되지 않은 일방적인 약탈의 경우에는 송사로까지 번지기도 하는데, 관에서는 모른 척하는 것이 일반적이었다. 대체로 약탈자로부터 돈이나 재물을 얻어내려는 경우가 많았기 때문이다.

최소한의 명분을 세워주는 재가 허용의 한 방법이었던 과부 업어가기 풍속은 일제시대까지도 일부 농촌에 남아 있었다. 일제시대까지 잔존한 것은 재혼 기피의 양반풍속이 서민 사이에까지 전파되어 있었음을 보여준다.

늦은 감이 없지 않지만, 과부 재가 금지가 본격적으로 풀릴 기미를 보인 것은 1888년 박영효의 개화상소에서부터였다. 그리고 1894년 동학군 폐정 개혁안건 12조 중에 "청춘과부에게는 개가를 허용해야 한다"라는 조목이 들어감으로써 본격적인 과부 재가 문제가 거론되었다. 특히 동학교조인 수운 최제우는 개가한 어머니를 두었고, 2대 교주 해월 최시형은 과부와 결혼하여 조선시대 금기윤리에 정면으로 도전하기도 했다. 과부의 개가 문제는 1894년 갑오개혁에 와서야 "부녀의 재가는 귀천을 막론하고 그 자유에 맡긴다"라는 결정이 내려짐으로써 오랜 사슬의 고리가 끊어졌다.

2. 과부에 얽힌 이야기

과부와 양성인 '사방지'

다음은 세조 28년, 여성들의 재가나 간통이 아직 크게 문제되지 않았던 시절의 얘기다.

김귀석의 아내 이씨는 세종 때 천문학 연구로 유명한 재상 이순지李純之의 딸로, 일찍이 과부가 되었다. 그 일가 연창위 안맹담의 집에 사방지라는 종이 있었는데, 턱수염이 없어 모양이 여자와 같은데다가, 재봉을 잘하여 여자 옷을 입고는 한 여자 중과 통간하기도 했다.

마침 여자 중과 과부 이씨는 이웃했는데, 이것이 인연이 되어 사방지가 이씨의 집에 들어갈 수 있게 되었다. 마침내 10년 동안 두 사람은 서로 붙어다니면서 먹는 것뿐만 아니라 잠자리도 같이하기에 이르렀다.

과부가 여장 남자와 어울린다는 소문이 장안에 퍼지자 마침내 사헌부에까지 알려져 조사를 받게 되었다. 그런데 두 사람의 간통현장을 목격한 사람도 없는데다가, 이씨가 재상 이순지의 딸이므로 곧바로 석방하려 했다. 그런데 권람이 사방지야말로 요물이라며 사형을 강력히 주장했다.

세조는 이순지가 부왕의 총신이라는 이유를 들어 사방지를 일단 풀어주고 알아서 처리하도록 했다. 그러나 이순지가 사방지의 처리를 가볍게 하자 사람들은 사방지를 '서방적'이라고 부르면서 이순지가 그를 사위로 대우했다고 손가락질했다.

그런데 이순지가 죽자, 이씨가 다시 사방지를 불러서 같이 지내는 바람에 또다시 이 문제가 불거지게 되었다. 게다가 다시 잡혀온 사방지의 몸을 조사해보니 생식기의 모양이 평범하지 않았다.

고민에 빠진 세조는 서거정을 불러 이 처리를 어떻게 해야 할지 자문을 구했다.

"경의 생각은 어떠하오?"

"하늘에 달려 있는 도리는 음陰과 양陽이라 하고, 사람에게 달려 있는 도리는 남자와 여자라고 합니다. 이 사람은 남자도 아니고 여자도 아니니, 죽여서 용서할 게 없습니다.

신이 어려서《강호기문》이란 책을 열람했는데, 강호 사이에 한 비구니로 수를 잘 놓는 자가 있어 양가에서 딸을 보내어 배우게 하였더니, 돌연 임신함을 알고 부모가 이를 나무라니, 딸이 '비구니와 더불어 날마다 서로 잠자리를 같이하자 성의 감각이 있는 것 같더니 드디어 이에 이르렀습니다' 하므로 지방관에 고발하여 비구니를 자세히 진찰하니 음양의 두 생식기가 모두 없었습니다.

지방관이 석방하려 하였더니 한 늙은 과부가 말하기를 '알아내는 방법은 소금물을 양경 뿌리 위에다 적시고 개로 하여금 이를 핥게 하면 양경이 튀어나옵니다' 하므로 지방관이 시험하니 과연 그러하였습니다.

지방관이 판결하여 말하기를 '천도에 있어서는 양과 음이요, 인도에 있어서는 남자와 여자이다. 이제 이 비구니는 남자도 아니며 여자도 아니니 인도의 바른 것을 어지럽히는 자이다' 하고는 죽이니 강호 사람들이 모두 통쾌하게 여겼다고 한 말이 있었습니다. 대개 천하의 사리가 무궁함이 이와 같사옵니다."

이 말을 들은 세조는 웃으며 다음의 말로 화답했다.

"경은 허투루 아는 척하지 말라."

그리고는 사방지를 죽이지 않고 외방 고을의 노비로 지내게 했다.

사방지 외에도 명종 때 임성구지란 자도 남녀 생식기를 모두 타고난 양성인이었다. 당시 임성구지는 시집도 가고 장가도 갔다. 모든 사람들이 요물이므로 죽여야 한다고 주장했으나 명종은 임성구지를 격리시키는 것으로 사건을 종결했다.

"이 돈에 윤곽이 있느냐?"

양성인 사방지와 애정을 쌓은 이씨처럼 대범한 과부들도 있었지만, 평생 정조를 지키며 살아온 과부들도 많았다. 그러다 보니 이들의 애달픈 사연이 사담류나 내간문학에 담겨 지금까지 전해지고 있다. 다음은 조선시대 과부들의 외로운 삶을 잘 표현한 연암 박지원(1737~1805)의 〈열녀 함양박씨전〉이라는 소설의 한 대목이다.

옛날 어떤 과부에게 두 아들이 있었는데, 모략으로 출세길이 막혔다. 이를 들은 박씨가 아들들을 불러 물었다.

"어찌하여 너희들의 앞길을 막는다더냐?"

"그 길 앞에 과부가 있다고 세상사람들의 말이 매우 시끄럽습니다."

"과부가 안방에만 있는데 어떻게 안다더냐?"

"풍문으로입니다."

그러자 박씨가 탄식하며 말을 이었다.

"바람이란 소리는 있으되 꼴이 없어 눈으로 보고자 하여도 볼 수 없고, 손으로 잡으려 하여도 붙들 수 없으며, 빈 곳으로부터 일어나되 만물을 움직이는데, 어찌 형상 없는 일로써 사람을 논하여 마음을 부동시킨단 말인고? 다 과부의 아들인 때문이로다. 과부의 자식이니 과부를 잘 알 수 있으리라. 거기 앉거라, 내 너에게 보일 것이 있다."

말을 마친 후 박씨는 품속에서 동전 한 닢을 꺼내 두 아들 앞에 내놓았다. 그 동전은 닳고 닳아서 윤곽도 글씨도 보이지 않았다.

"이 돈에 윤곽이 있느냐?"

"없습니다."

"글씨가 있느냐?"

"보이지 않습니다."

이에 박씨는 눈물을 흘리며 그 돈의 내력을 이야기하기 시작했다.

"이것은 네 에미의 죽음을 참은 인사부忍死符니라. 내 이것을 10년 동안이나 가지고 만지고 해서 이제는 모서리도, 글씨도 다 닳아버렸다. 사람의 혈기는 음양에 뿌리를 두며, 욕정은 혈기로 모이며, 생각은 고독에서 나고, 슬픔은 생각에서 말미암은 법이란다. 과부란 고독하여 슬픔이 말할 수 없는데, 혈기가 있어 때로 왕성하면 어찌 과부라도 욕정인들 없겠느냐?"

그녀는 이어서 외로웠던 지난날의 체험담을 실토하기 시작했다.

"외로운 호롱불이 그림자를 비추면 홀로 지새는 밤이라 잘 새지도 않는데 혹시 비라도 처마에 쓸쓸히 내리거나 창에 달빛이 희거나, 뜰가에 나뭇잎이 바람에 불리거나, 짝지은 기러기가 하늘을 날아가거나, 먼 데 마을에 닭 우는 소리 없고 어린 종년이 코를 고는데, 마음 둘 바 없어 잠을 이루지 못하였으니 누구를 원망하겠느냐? 내 그럴 때면 이 돈을 꺼내서 방바닥에 굴리고 다시 찾아 굴리고 했느니라. 그러고 나면 어느덧 창가가 훤히 밝아오더라."

마침내 세 모자는 서로 붙들고 울었다. 훗날 군자가 이 이야기를 전해 듣고서,

"이야말로 열녀로다. 슬프다! 그 괴로운 절개를 그토록 맑게 닦았으되 당세에 나타나지 못하고 사라져 전하지 않으니 이를 어찌하랴? 과부의 수절이 이토록 온 나라를 통하여 상도가 되니 남달리 나타난 절개, 한번 죽으매 무無로구나!"

라며 탄식했다.

이렇듯 위정자에 의해 목석처럼 취급되어온 과부들의 내면적 고민을 박지원은 감동적이며 사실적 명문으로 〈열녀 함양박씨전〉을 썼다. 그러나 당시 부녀자들은 대체로 글을 몰라서 자신들의 처절했던 삶을 다룬 이 책을 볼 수 없었다.

아침에 진리를 들으면 저녁에 죽어도 좋다

그렇다고 해서 과부가 전혀 재가하지 않았던 것은 아니다. 한담집 《필원잡기》●에 실려 있는 다음의 이야기는 늙은 홀아비와 젊은 과부들 사이의 재가 풍속을 엿보게 해준다.

양반 사족 신씨의 딸이 과부가 되었는데, 조씨 성을 가진 70살 넘은 훈신이 청혼을 했다. 나이 많은 늙은이라 신씨가 망설이자 사람을 보내 다음과 같이 달랬다.

"옛 사람이 이르기를, 아침에 진리를 들으면 저녁에 죽어도 좋다고 했다. 아침에 재상의 아내가 되면 저녁에 과부가 된다 해도 또한 좋은 이름이 있을 것이 아니겠는가?"

그런데 시집가는 날 등창난다던가? 마침내 결혼을 허락하는 날 저녁, 조씨가 갑자

● 《필원잡기》: 조선조 성종·세종 때의 학자 서거정이 일화 또는 한담을 가려 모아 지은 수필집.

정문旌門 빼어난 열녀에게는 나라에서 정문을 내려 기렸다. 흔히 홍살문이라고도 한다.

기 임질에 걸려 수없이 화장실에 다니고, 게다가 천식까지 겹쳐버렸다. 신씨가 우연히 창 틈으로 이 광경을 보고는 당장 파혼해버렸다.

다음날, 신씨는 조씨를 사헌부에 고소해버리고, 이 사건으로 대사헌은 조씨를 탄핵했다.

"조씨가 공훈 있는 고관임에도 불구하고 강제로 사족의 여인에게 장가들려고 하여 조정의 체통을 잃게 했다."

"신씨가 처음에 '아침에 진리를 들으면 저녁에 죽어도 좋다'는 말을 듣고 스스로 허락한 것이지 강제로 장가든 것이 아닙니다."

조씨의 강한 항변이 있자 이번에는 사헌부가 신씨를 탄핵했다. 그러자 신씨가 다음과 같이 거세게 항의했다.

"내가 처음에 듣고서 생각하기를 '부인이 절개를 지키고 개가하지 않는' 뜻으로 알았지, 어찌 대성인의 말로써 절개를 빼앗으려고 할 줄 알았겠습니까?"

결국엔 신씨의 말이 옳다는 판결이 내려져 조씨는 벼슬을 잃고 말았다.

그런데 나중에 신씨가 한 늙은 재추에게 시집가자, 모두 그녀의 말에 속았음을 알았다고 한다. 《필원잡기》를 지은 서거정(1420~1488)은 이 사실을 두고 다음과 같은 일화를 들어 신씨를 비꼬았다.

고려 인종 때의 평장사 최관이라는 인물이 있었는데, 어느 날 "내가 80평생을 사주대로 살았지만, 사주에 늦게 귀한 아들을 낳는다고 했는데 이는 이루지 못했구나" 하며 한탄했다.

이웃에 고관의 딸이 결혼을 하려다가 남자가 갑자기 죽는 바람에 결혼을 하지 못하는 일이 생겼다. 최관이 소식을 듣고 이 여자에게 청혼을 했는데, 그녀의 부모가 쉽게 결정을 내리지 못하고 있었다. 하루는 여자의 부모가 딸에게 조용히 말했다.

"문벌가의 딸로서 미관 말직에게 시집가 늙는 것보다는 차라리 하루라도 재상의 아내가 되는 것이 낫지 않느냐?"

"좋습니다."

드디어 결혼하고 임신했는데, 임신 7개월 만에 최관이 죽었다. 그후 부인은 아들을 낳아 잘 길러서 재상까지 이르게 했으며, 평생 절개를 지키며 복을 누리고 살았다.

서거정은 이를 두고 "신씨 같은 이는 최부인의 죄인이다"라고 했다.

4장
성범죄

남녀와 신분에 따라 처벌이 다른 간통죄

1. 간통죄의 개념과 처벌

남녀가 밥상에 마주 앉는 것도 간통

성윤리가 강조되었던 조선시대에도 간통이라는 것이 있었을까? 물론 있었을 뿐만 아니라, 지금보다 더 많았을지도 모른다. '내가 하면 로맨스요, 남이 하면 스캔들'이라는 말처럼, 조선시대에는 '남녀가 밥상에서 마주 앉는 일'마저도 간통으로 생각할 정도였기 때문에 간통에 걸려드는 경우가 지금보다 더 많았다.

그렇다면 시대에 따라 간통에 대한 개념이 다르다는 말인데, 오늘날 우리가 일반적으로 내리는 간통에 대한 정의를 먼저 내려보자. 간통이라고 하면 흔히들 결혼한 기혼 남녀가 배우자 이외의 다른 사람과 자기의 의사에 따라 불법적인 성관계를 가지는 것을 말한다. 말하자면 부부간의 정조가 문제되는 것이지, 미혼 남녀간의 성관계까지 간통에 해당하는 것은 아니다.

그런데 조선시대 간통의 개념은 지금과는 달랐다. 조선시대에는 남녀 모두 기혼 유무를 막론하고 혼외 성관계를 가지는 것을 모두 간통으로 취급했다. 미혼 남녀간의 성관계도 문제가 되었다는 말인데, 미혼 남녀의 경우는 기혼 남녀의 간통에 비해 가볍게 처벌받기는 했지만, 엄연한 간통으로 인정되었다.

최근까지 간통죄가 성립하려면 결혼의 파기를 전제로 하기 때문에 배우자의 고소가 필수적이었다. 그러나 조선시대에는 이러한 요건이 전혀 필요하지 않았다. 간통죄는 부부 상호간의 고소 여부에 상관 없이 적발 즉시 처벌 대상이었다. 조선시대에는 간통과 같은 지극히 개인적인 문제까지 국가가 개입하여 처벌할 정도로 성적 문란함을 엄격히 단속하고자 했다.

조선시대에도 오늘날과 마찬가지로 간통죄가 성립하기 위해서는 일단 소문이 아닌 현장에서 눈으로 확인된 것이어야만 했다. 원칙적으로 현장에서 발각된 범행이 아니면 간통죄로 인정하지 않았다. 풍문만으로도 처벌된 무고한 사건이 많아 신중한 법적용을 하려 했기 때문이다. 그러나 간통행위는 대개 은밀한 곳에서 이루어지게 마련이므로 현장을 급습하는 일은 실상 대단히 어려웠다. 타인의 접근이 어려운 폐쇄적인 생활양태나 가옥구조일 경우에는 간통 현장을 포착한다는 것이 더더욱 불가능한 일이었다.

따라서 비록 간통 장소에서 발각된 간통이 아니더라도 간통이 명백하면 처벌하는 것을 오히려 상례로 삼기도 했다. 간통은 현장급습 외에도 주위 사람들의 증언이나 정황 또는 당사자의 자백을 통해서 이루어질 수밖에 없는 경우도 많기 때문이다. 그러나 간통 당사자 중 한 명이라도 승복하지 않을 경우에는 극형에 해당하는 경우라도 자제하는 면이 강했다.

조선시대 성 모럴에서는 현장에서 간통하는 남녀를 처벌하지 않은 배우자 또한 비난의 대상이었다. 물론 여기서 배우자란 남편의 경우에만 해당되지만, 아무튼 간통현장에서 부인과 간부를 죽였더라도 비난의 대상이 아니었고 죄가 탕감되었다. 오히려 묵인했다 하여 벌을 받을 정도였다.

부녀자들의 간통은 장형杖刑과 같이 매를 맞는 일시적인 형벌만으로 그치지 않았다. 여성들의 성적 분방함을 절대 용납하지 않았기 때문이다. 특히 양반사족 부녀자들은 서민 여자들보다 더욱 도덕성이 요구되어 같은 간통을 저질렀다 하더라도 극형에 처해지는 일이 있었다.

또한 남자들에 비해 여자들은 간통한 것으로 의심만 받아도 그에 따른 불이익이 주어졌다. 간통 이후에도 음행녀 명부인 〈자녀안〉이나 〈유녀적〉에 이름이 기재되어 평생 간음녀로 낙인찍히거나 관비가 되는 경우도 종종 있었다. 게다가 여자들의 간통은 결혼 이전에는 파혼의 사유가 되었고, 결혼 이후에는 이혼의 사유가 되었다. 반면 남자들은 장모와 간통했을 경우에만 이혼 대상이 되었다.

화간 · 조간 · 강간

지금은 거의 볼 수 없는 풍경이지만, 10년 전만 하더라도 간통죄로 고소되어 쇠고랑을 찬 남녀의 이야기는 가끔 신문 사회면에서 볼 수 있던 기삿거리였다. 간통으로 구속되는 것은 조선시대 간통죄의 처벌에서 비롯된 유습인데, 간통죄를 처벌했다는 면은 조선시대와 동일하지만, 성격엔 약간 차이가 있다.

오늘날의 간통죄는 남편의 외도를 막고 아내를 보호한다는 의미가 크다. 따라서 간통죄 폐지 문제는 무엇보다 여성단체가 가장 반대했다고 한다. 그러나 조선시대 간통 처벌은 여성의 보호 차원이 아니라 여성의 간통을 전혀 용납하지 않겠다는 의지의 표현이었다. 물론 남성의 간통을 용납

했다는 것은 아니지만, 첩제도가 어느 정도 완화시켜주었다.

간통에 대한 엄벌 의지는 간통죄의 세분화와 그 적용 범위를 통해서도 충분히 알 수 있다. 조선시대 간통의 종류에는 그 성격에 따라 화간·조간·강간의 세 가지로 구분했는데, 그에 따라 각각 처벌이 달랐다.

화간이란 가장 포괄적인 의미의 간통으로서, 두 남녀가 서로 합의하에 성관계를 가지는 것을 말한다. 조간刁姦은 상대방을 유혹하여 집으로 유인해 공공연한 성관계를 가지는 것을 말한다.

조간은 상대방을 유혹한 것이므로 화간보다 죄질이 무겁지만, 화간과 조간을 구분하기란 쉽지 않았다. 그래서 조간과 화간의 차이를 간통의 공공연성 여부에 두었다. 화간이 은밀한 간통행위라면, 조간은 간통한 여자를 다른 장소로 데려갈 만큼 드러내놓고 행한 간통행위인 것이다. 이는 노골적인 간통행위이기 때문에 화간에 비해 처벌도 무거웠다.

조간과 화간의 구분이 힘든만큼, 현재 남아 있는 기록에 조간으로 처벌받은 사례도 드물다. 조간이 내용상 화간과 큰 차이가 없을 뿐더러, 사회윤리상 공공연히 간통을 행하지도 못했기 때문이다. 마지막으로 강간도 넓은 의미에서는 간통에 해당하나, 상대방의 의사가 무시된 강제적인 간통이기 때문에 가장 처벌이 무거웠다.

간통죄의 처벌은 어떠했을까?

간통을 저질렀을 때의 처벌은 가장 보편적이었던 화간이었을 경우, 장형 80대의 형벌을 받았다. 그런데 간통녀가 유부녀라면 10대가 더 추가되었다. 반면 남자는 처가 있는가의 여부가 전혀 문제되지 않았다. 이로 볼 때 간통죄가 형식적으로는 쌍벌주의를 표방했으나 형량에 있어서는 결코 평등하지 않았음을 알 수 있다.

한편, 조간일 경우에는 장형 100대로, 화간에 비해 20대가 더 많았다. 그리고 12세 이하의 어린 소녀를 간통하면, 비록 화간이라도 강간으로 취급했다.

조선시대 간통죄에서 또 하나 특이한 점은 서로 다른 신분간의 간통을 엄격히 규제했다는 점이다. 동일한 신분이나 지위를 가진 남녀보다 다른 신분이나 지위의 남녀일 경우에 더욱 무거운 처벌을 받았다. 신분상의 질서가 어지럽혀지는 것을 전혀 용납하지 않았기 때문이다. 이외에도 근친관계나 주종관계처럼 특별한 의리관계를 가진 남녀 사이의 간통 또한 일반 간통보다 무거운 처벌을 받았다.

그러나 억압적인 성적 규제는 조선중기 이후의 일이고, 조선초기까지는 비교적 성적으로 자유로운 분위기가 지배적이었다. 이러한 성적 자유분방은 고려말의 정치적인 혼란 속에서 만연된 지배층 내의 도덕적 타락의 연장이기도 했지만, 우리 나라 전통사회의 성문화가 비교적 자유스러웠던 점도 있었다.

조선초기 발생했던 간통사건과 그에 대한 경미한 처벌은 이 시기 여성들이 성적으로 무척 자유로웠음을 보여준다. 정종 원년(1399), 중추 조화의 처 김씨를 비롯한 양반사족녀들이 시끌벅적한 간통사건을 일으켰는데, 당시 이들이 관계한 간통 상대자에는 일반 사족만이 아니라 승려, 심지어 인척까지 포함되어 있을 정도로 다양했다. 그런데 놀랍게도 이들이 받은 처벌은 장형 90대, 또는 단순 유배형이었다. 근친상간까지 벌였음에도 불구하고 처벌이 미약했던 것은 조선초기까지도 여성들의 간통에 대해 규정된 형 이상을 처벌하지 않으려는 분위기가 강했기 때문이다.

그런데 조선초기 빈번했던 양반사족녀들의 간통사건은 점차 간통죄에 대한 처벌을 무겁게 만들어버린 결과를 초래하고 말았다. 국가 입장에선 통치상 자유로운 성풍속의 분위기를 쇄신할 필요가 있었고, 게다가 유교적 성 모럴의 보수성도 무시할 수 없었다.

이러한 분위기는 조선초기부터 일기 시작했다. 태종 때 사대부 여자가 승려와 간통하자 이례적으로 참형에 처해지는 일이 있었다. 당시 태종은 이 일을 두고,

"능히 할 수 없는 일을 했다면, 받아서는 안될 형벌을 받는 게 마땅하다는 옛 사람의 말이 바로 이것을 말하는 것이다."

라며 일벌백계적인 처벌을 내렸다. 그럼에도 불구하고 양반사족층 내에서의 간통행위는 쉽게 근절시키기 어려웠다.

2. 근친상간과 신분간의 간통

근친상간

엄격한 성윤리를 강조하다 보니 간통에 대한 처벌도 따라서 무거워졌지만, 그렇다고 해서 사형까지 처해지는 일은 드물었다. 그러나 결코 사형을 면할 수 없었던 간통도 있었다. 바로 근친간의 간통이다.

인류역사상 문명화된 사회일수록 근친간의 간통은 가장 금기시되는 문제로 등장했다. 더욱이 인륜과 가족관계를 무엇보다 중시한 유교 윤리 아래에서 근친간의 간통은 피할 수 없는 처벌대상이었다. 특히 조선시대에는 근친에 해당하는 친족의 범위 또한 어느 시대, 어느 나라보다 광범위해서 근친상간에 걸릴 가능성이 높았다.

지금도 마찬가지지만, 조선시대 인륜에 가장 위배되는 간통은 부녀간, 모자간, 할아버지와 손녀와 같은 직계친족간의 간통이었다. 조선시대에는 이렇듯 직계 친족간의 간통은 물론이고, 피가 섞이지 않은 계모나 양모와

사대부집 마님의 나들이 조선시대는 엄격한 신분제 사회였던만큼 다른 신분간의 간통은 더욱 무거운 처벌을 받았다.

의 간통도 예외없이 참형시켰다.

이외에도 남매 사이의 간통이 많았으리라 짐작되지만, 실제로 처벌받은 사례가 거의 없다. 동일 가족 내의 간통은 그만큼 외부에 노출되기가 쉽지 않고, 간통에 연루된 여성이 미혼일 경우에는 가족 내에서조차 은폐되기 쉬웠기 때문이다.

조선시대 근친간의 간통 사례 중 특이한 것은 장모와 사위간의 간통이 상당히 많았다는 점이다. 장모와 사위간의 간통이 발생하는 이유는 전통적인 결혼풍속 탓이 크다.

앞에서도 살펴보았지만, '시집살이'를 하는 중국식 결혼풍속이 정착되기 이전에는 남자들이 처가에 들어가 사는 것이 전통적인 결혼풍속이었다. 그러다 보니 사위와 장모간의 간통이 발생할 가능성이 높았다. 마찬가지로 형부와 처제, 제부와 처형 사이 그리고 이종사촌간의 간통도 발생할 가능성이 높았다.

전통적인 결혼풍속으로 발생하는 처가 친속과의 간통에 대한 처벌의지도 단호하기는 마찬가지였다. 그런데 간통죄를 다스렸던 《대명률》은 중국 법규여서 처가 친속과의 간통에 대한 처벌규정이 없었다. 중국은 남자들이 처가에 가는 일이 거의 없었으므로 이와 같은 간통이 별로 발생하지 않았기 때문이다. 따라서 조선의 결혼풍속으로 인해 발생한 처가 친속과의 간통에 대한 처벌은 율외로 다루어질 수밖에 없었는데, 근친상간과 마찬가지로 가혹하게 처벌했다.

한편, 사형에 해당하는 간통은 아니지만 중과 과부간의 간통도 상당히 많았다. 승려들은 전통사회의 폐쇄적인 조건 속에 있는 여자들과 종교를 이유로 쉽게 접할 수 있어 간통이 일어날 소지가 많았기 때문이다. 따라서 중이 과부집에 출입하는 것을 일절 금지하기도 했고, 부녀자가 절에 올라가는 것조차도 금지했다.

승려들은 일반 부녀자 외에 절의 여종들과도 심심찮게 간통을 했다. 승려와 절 여종과의 간통은 불교 탄압과 맞물려 절의 노비를 혁파하게 하는 구실이 되기도 했다.

양인과 천인 사이의 간통

조선시대에는 근친상간뿐 아니라 양인과 천인 사이의 간통도 해서는 안될 간통이었다. 신분간의 뒤섞임을 막기 위해 다른 신분간의 결혼을 엄격히 금지했고, 만일 이를 어기고 결혼하면 위반한 남녀를 처벌할 뿐만 아니라 결혼도 무효화했을 정도였으니, 신분이 다른 남녀가 간통하는 일은 그야말로 사회적 금기에 대한 도전이었다.

신분간의 간통을 금기시한만큼 그 처벌에 대해서도 무거웠으리라 짐작되는데, 이중에서도 천민 남자와 양인 여자와의 간통이 가장 무거운 처벌을 받았다. 이와 같은 경우는 같은 신분간의 간통행위보다 한 등급 위의

노비 가족 아이 어른 할 것 없이 고단한 그들의 삶 자국이 묻어 있다.

처벌을 받았다.

　그러나 같은 양인과 천인간의 간통이라도 양인 남자가 여종과 간통했을 때는 일반 화간율보다 오히려 가벼운 처벌을 받았다. 뿐만 아니라 양인 남자가 자기 집의 여종과 간통했을 경우에는 전혀 문제가 되지 않았다. 이 같은 경우는 아무래도 양반이 관련된 경우가 대부분인데, 양반 남자와 여종과의 간통은 거의 간통으로 취급받지 않을 정도였다. 그만큼 일반적이었고, 혹 문제가 되더라도 천첩으로 삼으면 그뿐이었다. 조선시대 천첩은 정식의 첩이라기보다는 단지 고정적으로 성관계를 가지는 이른바 '노리개첩'을 지칭하는 경우가 많았던 것도 이 때문이다.

양반 남자와 여종간의 간통은 너무도 공공연한 사회적 관행이었기 때문에 2품 이상의 대신과 관계한 여종이 자식을 가지게 되면, 여종의 주인 허락을 받아 양인화할 수 있는 규정까지 생기게 되었다. 궁녀가 왕의 눈에 들어 후궁으로 신분 상승하는 일과 마찬가지다.

양반 남자와 천민 여자와의 간통이 물의를 빚는 경우도 없지는 않다. 시녀나 궁비들과의 간통은 왕실의 권위를 훼손시켰다 하여 처벌받았다. 그리고 관기 또는 재직하고 있는 관아에 소속된 여인과 간통하거나 부모상 또는 국상 중에 벌어진 간통도 처벌대상이었지만 매우 국한적이었다. 다만 상대한 여자가 하층민의 여자라도 미혼이 아닌 기혼녀로서 남편의 고소가 있었을 때는 처벌을 받아야 했는데, 어느 정도 고소가 이루어졌는지 의문이다.

너무나 관대한 양반 남자의 간통과 달리 양반 여자의 간통은 같은 신분상의 간통이라도 가볍게 다루지 않았다. 뿐만 아니라 양반 남자의 경우와는 정반대로 상대가 같은 신분이 아닌 남자 종일 경우는 사형에까지 처해질 수 있었다.

간통으로 사형당한 태종의 손녀

양반 사대부가의 여자와 남자 종과의 간통이야말로 가장 금기시한 간통의 형태였는데, 조선초기에 양반 부녀자보다도 높은 왕실 여성과 남자 종과의 간통사건이 있었다. 바로 태종의 친손녀와 그 집 가노와의 간통사건이다. 이 사건에 대한 경위가 상세히 실려 있는 《성종실록》을 토대로 잠시 소개해보도록 하겠다.

처음 이들의 간통이 발각된 것은 성종 6년(1475)이었다. 성종은 이 사건이 터지자 "가노 천례를 멀리 쫓아 혐의를 제거하자"는 신하들의 상소에도 불구하고, "주인이 스스로 마땅히 쫓을 것이지, 만일 국가에서 귀양보낸다면 이는 그 죄를 의심하는 것이다"라며 끝내 종실녀를 비호했었다.

그러나 13년이 흘러 그들 두 사람 사이에서 태어난 자식이 결혼을 하게 되면서 이들의 간통 사실이 만천하에 드러나게 되었다. 이 사건을 덮어두려고 애를 썼던 성종도 이번에는 그냥 넘어갈 수가 없었다. 성종도 하는 수 없이 의금부로 하여금 두 사람을 조사하도록 명령했다. 그런데 천례는 승복하지 않은 채 고문으로 죽고, 왕실녀인 이씨도 끝내 간통사실을 인정하지 않았다.

사건처리가 이렇게 되자, 이번에는 이씨의 처리 문제로 다시 논란이 일어나게 되었다. 태종의 친손녀에게 '노주상간율', 즉 노비와 주인간의 간통률을 적용시켜 극형을 내리기도 어려운데다가, 더욱이 본인이 승복하지 않은 상태였다. 더구나 종실녀를 신문하는 일도 어려운 일이었다.

그런데 국가의 존폐에 관계되는 일이 아니므로 선처를 베풀자는 신하들의 의견에도 불구하고 성종은 이씨에게 사약을 내렸다. 그리고 실행한 여자들의 이름을 기록해놓은 〈자녀안恣女案〉에 이씨의 이름을 올리는 것으로 사건을 종결했다. 조선사회에서 가장 중시했던 '남녀구별'과 '노주구별'을 위반하면 임금의 손녀라도 면죄부를 받을 수 없었기 때문이다.

3.조선시대 자유부인들

39명과 간통한 '감동'

　조선초기 여성들이 남자 못지않게 자유분방한 생활을 누렸음을 보여주는 것이 바로 감동과 어을우동의 간통사건이다. 이 두 여자는 사대부 출신의 유부녀라는 공통점 외에도 한 남자가 아닌 수십 명의 남자와 간통을 한 당대의 자유부인이었다.

　이 간통사건들은《조선왕조실록》에 상세히 그 전모가 기록되어 있는데, 이 사건 외에도 실록에는 간통사건에 대한 기록이 무수히 많다. 초기 실록 기사에는 간통을 비롯한 여러 가지 사회풍속에 대한 사건이 많이 등장하고 있는데, 아무래도 유교적인 분위기가 비교적 덜했던 사회 분위기 탓이 크다.

　그러면 먼저, 세종 때 간통사건으로 온 조정을 발칵 뒤집어놓은 감동甘同의 이야기로 거슬러 올라가보자.

　감동은 검한성檢漢城(명예 한성판윤) 유귀수의 딸로, 남편은 평강현감까지 지낸 최중기였으니, 그야말로 집안 좋은 출신의 여성이었다. 그녀가 간통사건을 일으켰을 당시에는 이미 음행으로 인해 남편으로부터 버림을 받은 상태였는데, 남편으로부터 버림을 받자 스스로 창기라 자칭하면서 수많은 남자들과 관계를 맺기 시작했다.

　감동의 애정행각은 마침내 조정에까지 알려지게 되었는데, 그 당시 감동이 발설한 상간자의 수가 무려 39명에 이르렀다. 그러나 조정을 들끓게 만든 것은 상간자의 수가 아니라, 그녀가 관계한 남자들의 신상이었다. 말하자면 감동은 당시 잘 나가던 사람들과 상간을 했는데, 사헌부 지평 및 공조판서를 비롯하여 공신 자제, 수령 등 그야말로 다양한 지도층 인사들

장옷 차림의 양반 여인 조선초기에는 여성이라도 남자 못지않게 자유분방한 삶을 살았던 유부녀들이 있었다.

이 줄줄이 연루되었다. 게다가 감동은 남편의 매부와도 간통하여 사회적으로 금기시되는 대상도 가리지 않음을 보여주었다.

감동의 간통사건은 현직 관리 및 공신의 아들들이 적지 않게 연루되어 형량을 결정하는 데 애로가 많았다. 감동은 사대부 부녀자이므로, 사대부의 처와 간통하면 극형까지 처벌받을 수 있었기 때문이다. 결국 "감동이 음녀이기 때문에 간통한 남자들만의 잘못은 아니다"라고 하여 상간자들을 장형 또는 파직으로 처벌하는 것으로 일단락지었다.

간통녀 감동에 대한 처벌도 일벌백계한다는 의미에서 사형이 논의되었으나, 규정된 율에 따라 장형을 부과한 후 변방의 관비로 영속시키는 것으로 결말을 보았다. 사회를 떠들썩하게 한 간통사건 치고는 매우 경미한 처벌을 받은 셈이다.

이 사건에 대한 온정적인 처리는 조선초기까지 성적 규제가 억압적이지만은 않았음을 보여준다. 특히 세종은 감동·금동·연생 등 사대부 부녀자들의 간통사건이 꼬리를 물자,

"법이 엄중하지 못하여 그러한 사건들이 생긴 것이 아니다. 남녀의 욕구를 어찌 단지 법령만으로 막을 수 있겠는가?"

라며 유화적인 입장을 취했다. 남녀의 정욕은 법으로도 어쩔 수 없는 문제이므로 극형까지는 자제했던 것이 조선초기의 간통에 대한 입장이었다.

어을우동이 죽은 이유

감동은 무수한 남자들과 간통했음에도 불구하고 목숨을 보전했지만, 거의 비슷한 간통사건을 일으킨 어을우동於乙宇同은 사형을 받았다. 그녀가 성종이 아닌 세종대에 태어났다면 사형은 면했을는지도 모른다. 왜냐하면 그녀의 간통사건은 점차 성 모럴이 보수화되어가기 시작한 시점에 일어났

기 때문이다.

어을우동도 감동과 마찬가지로 집안 좋은 사대부 여성으로, 승문원 지사 박윤창의 딸이다. 그녀는 일찌감치 종친이었던 태강수 이동에게 시집 갔는데, 정욕이 남달랐던 여성이었다고 《성종실록》은 전한다.

어느 날, 남편 동이 은장 공인을 집에 청해다 은그릇을 만들게 했는데, 어을우동이 그를 보고 반하여 여종으로 꾸미고 나가 수작질하자 남편이 눈치채고 쫓아냈다.

이후로 어을우동이 친정집에 가서 홀로 앉아 한숨만 짓고 있는데 한 여종이 찾아와,

"사람의 한 생이 얼마나 길다고 이렇게 한숨만 짓고 있습니까? 한성부 도리로 있던 오종년이라는 사람이 얼굴도 태강수보다 훨씬 낮고 천한 출신도 아니니 배필을 삼을 만합니다. 주인께서 만약 생각만 있다면 제가 힘써보겠습니다."

라며 어을우동을 부추겼다. 그 여종이 오종년을 데리고 오자 어을우동이 맞아들여 간통하고는 이날로 한 지아비에 속하지 않는 자유로운 여자의 삶을 살기로 결심했다. 또한 이름을 아예 현비로 개명하고 창기와 같은 생활을 하여 아무도 그녀를 양반사족녀라고 생각하지 못했다.

어을우동이 음행을 좋아한다는 소문은 널리 퍼져서 그녀와 함께 간통하려는 남자들이 늘어만 갔는데, 하루는 생원 이승언이 집 앞에 서 있다가 어을우동이 지나가는 것을 보고 뒤따라가며 희롱을 했다.

어을우동이 물었다.

"선비님의 이름이 무엇인지요?"

"이생원이니라."

"장안의 이생원이 얼마인지도 모르는데 당신을 어찌 알겠습니까?"

"춘양군의 사위 이생원을 누가 모르는가?"

서로 농을 주고받고는 함께 동침했다. 뒷날 이생원은 어을우동과의 간통으로 인해 출세에 큰 지장을 받았으니, 아마 두고두고 이날 일을 후회했을 것이다.

어을우동과의 간통으로 앞날에 먹구름이 낀 사람은 비단 이생원만이 아니었다. 홍찬이라는 사람 또한 그 어려운 문과시험에 합격하고 뛰어난 재주도 갖춘 인물로 평가받았지만, 어을우동과의 간통으로 벼슬길이 막혔다. 그의 재주를 아까워하는 사람들이 계속 사면을 요청했지만, "만약 용서해준다면 사대부가 처첩을 서로 도둑질하는 풍습이 생길까 걱정된다" 하여 끝내 등용되지 못했다.

그런데 그녀가 간통한 남자들이 모두 양반이었던 것은 아니었다. 밀성군의 남종 지거비란 자가 이웃에 살면서 간통할 기회만 노리고 있던 차에 어느 날 새벽에 어을우동이 일찍 나가는 것을 보고는,

"어째서 부인이 밤중에 나다닙니까? 내가 이제 소리쳐 이웃사람들이 다 알게 하면 큰 사건이 일어날 줄 아시오."

라며 협박하는 바람에 어을우동이 겁이 나서 억지로 간통에 응하기도 했다.

어을우동의 음행은 마침내 의금부의 탄핵으로 종지부를 찍게 되었는데, 그녀가 의금부로 끌려가게 되자 그녀의 정부였던 방산수가 사형을 면할 비책을 알려주었다.

"예전에 음부 감동은 간통한 자가 매우 많았기 때문에 오히려 사형을 면했다. 너도 어유소·김세적·김칭·정숙지와 서로 간통했다고 둘러대어 사형을 면하는 것이 좋겠다."

방산수의 말을 들은 어을우동이 이들을 끌어댔지만, 모두 증거가 없어 모면했고 어을우동은 교형에 처해졌다.

화간했다 하더라도 극형까지 처벌받지는 않았던 시대였고, 더욱이 왕실

의 종친녀들은 신분보장을 받을 수 있었는데, 그녀가 교형에 처해진 것은 단순한 화간뿐 아니라 근친상간, 심지어 당시로는 절대 금기시된 사노와 도 간통을 했기 때문이었다. 물론 자의적인 간통이 아닌 협박에 의한 것이었지만, 신분이 다른 천한 남자 종과의 간통은 그녀가 사형까지 언도받게 되는 결정적인 구실이 되었다. 또한 사대부 부녀자들의 간통을 엄벌하고자 하는 정부 의지에 희생양이 된 점도 있었다.

　어을우동의 불행은 여기서 끝난 것이 아니었다. 성종 19년에 어을우동의 친모인 정씨부인이 친아들 박성근에게 살해당하는 일이 발생했다. 당시 정씨부인은 과부였는데, 딸 못지않은 음행녀였다고 한다. 어을우동의 오라비인 박성근은 어려서부터 "나는 어미가 잠잘 때 발이 넷이 있는 것을 보았다"라고 주위 사람들에게 알리고 다녀 어머니 정씨부인으로부터 미움을 받았는데, 이에 대한 앙갚음으로 친모를 살해했던 것이다.

세상에 강간은 없다?

1. 강간의 개념

밝혀봐야 이득될 것 없다?

수년 전 어린 시절 자신을 강간했던 남자를 찾아 살해한 여인이 생각난다. 그 여인은 한순간 당한 어린 시절의 악몽 같은 사건으로 평생 정상적인 생활을 하지 못하다가 끝내 살인으로 자신의 악몽을 씻고자 했다. 이렇듯 강간은 물리적 상처뿐 아니라 그 이상의 정신적 상처를 남긴다.

게다가 간혹 강간을 다룬 영화들을 보면, 강간범에 대한 처벌에 앞서 사람들의 따가운 눈총을 먼저 받아야 하는 주인공들을 보게 된다. 강간범을 처벌하기 위해서는 강간 사실에 대한 공개를 감수해야 하는데, 이 과정에서 대부분이 동정을 받기는커녕 "여자가 행실을 어떻게 했길래…"라는 곱지 않은 시선을 먼저 받는다. 그만큼 강간에 대한 사회적 편견은 여성에게 일방적인 희생을 강요한다.

예나 지금이나 강간은 상대방의 의사가 무시된 물리적 강압에 따른 성행위이다. 따라서 엄연한 범죄행위이다. 법에서도 강간으로 벌어지는 성행위는 하나의 수단일 뿐, 힘을 무기로 상대방을 억누르는 폭력범죄로 규정하고 있다.

그럼에도 불구하고 모든 강간이 처벌되지 못하는 것은 사실을 증명하기 힘들 뿐 아니라, 성에 대한 편파적인 사회인식 탓에 피해자들이 사실을 은폐하기 때문이다. '밝혀봐야 이득될 것이 없다'는 공유된 인식이 강간범죄를 감추고 나아가 조장하기도 한다. 특히 우리 나라는 이와 같은 이유에서 비롯된 강간범죄가 다른 나라에 비해 많은 편인데, 한 조사에 따르면 우리 사회에서 외부에 노출되지 않은 숨은 강간이 97.8%나 된다고 한다.

오늘날 강간 및 각종 성범죄에 대한 인식은 조선시대 성에 대한 인식과 별반 다르지 않다. 조선시대에는 여성의 정조를 중시하여 강간죄를 무겁게 다루기는 했으나, '세상에 강간은 없다'고 하여 여자가 만약 목숨을 걸고 정조를 지킨다면 강간을 당하지 않을 수 있다고 생각했다. 강간에 대한 책임을 피해자인 여성들에게도 똑같이 지운 셈이다. 게다가 강간과 화간과의 경계는 분명히 해결되지 않는 미묘한 문제였다. 가해자가 "아니다"라고 하면 증명하기 곤란한 점이 많기 때문에 강간을 당하고도 화간으로 의심받는 경우도 있었다.

강간이냐? 화간이냐?

강간과 화간의 경계가 미묘하다 보니 이 문제를 해결하기 위한 실험이 조선시대에 있었다.

어느 마을에 강간사건이 일어났다. 그런데 여자는 강간을 당했다고 주장하는 반면, 남자는 화간이라고 주장했다. 이 사건을 맡은 수령이 하루는 화간과 강간을 구별하기 위하여 힘센 종을 시켜 여자의 옷을 벗기도록 했다. 그런데 다른 옷은 모두 벗겼으나 오직 속옷 한 벌만은 여자가 죽기를 작정하고 반항하여 결국 벗기지 못했다. 이 실험이 있은 후, "이 사건은 강간이 아니요 화간이다"라고 판결을 내리니 사람들이 한결같이 명판결이라고 칭송했다.

과연 옳은 판결이었을까? 조선후기 실학자 성호 이익(1681~1763)은 이 판결에 대해 다음과 같은 반론을 제기했다.

"여자가 거절하는데 남자가 겁간하려 하면 성관계의 유무를 떠나 강간이 성립한다. 암탉이 수탉에게 쫓기어 쉴 사이 없이 달아나다가 모면하지 못한 것을 어찌 화간이라 하겠는가?"

이익의 비판이 아니더라도 조선중기 이후로 정절 이데올로기가 강화되면서 남성이 강제할 의사만 표명한 경우에도 강간범죄로 취급하려는 분위기가 강했다. 따라서 특별히 강간이 성립되기 힘들다고 판단될 경우 외에는 여성이 목숨을 걸고 저항하지 않았다고 해서 강간죄가 무효화되는 경우는 없었다. 강간에 대한 일차적인 책임을 남성에게 지우는 것이다.

그러나 오늘날, 간혹 강간이나 성추행이 유발되는 이유를 여성이 남성을 자극했기 때문이라고 생각하는 경향이 없지 않다. 그러다 보니 강간에 대한 대비라는 것도 남성들의 잘못된 성충동을 꼬집기보다는 "여성들이여, 옷을 야하게 입고 다니지 마라!"라는 유치한 조언에 그칠 뿐이다. 게다가 여성이 생명의 위험을 무릅쓰고 강간에 저항하지 않을 경우, 암묵리에 동의 의사를 표시했다고도 생각한다. 그러한 인식이 존재하는 한, 남성의 걷잡을 수 없는 성충동의 책임은 일차적으로 여자에게 있을 수밖에 없다.

강간은 피해자가 얼마나 저항했는가가 문제가 아니라 어떤 형태로든 억압에 의한 성관계가 발생했다면 그것만으로 범죄가 구성될 수 있음이 인정되어야 할 것이다. 피해자의 저항 여부 자체는 강간죄의 구성에 전혀 문제가 되지 않는다. 이러한 입장에서 보면 부부 사이라도 강간죄가 성립될 수 있다. 부인이 원하지 않는데도 남편이 성행위를 강요했다면 이 역시 강간일 수 있는 것이다.

2.강간죄와 처벌

가해자와 피해자는 어떤 사람들인가?

한 조사에 따르면, 현재 우리 나라의 성추행범 중 가장 높은 비율을 차지하는 부류는 놀랍게도 학력은 대졸, 직업은 화이트칼라인 30대 남성들이라고 한다. 이 같은 결과는 이웃 일본에서도 마찬가지인데, 성범죄야말로 학력과 사회적 위치가 안정된 사람들이 저지르기 쉬운 속성을 지녔기 때문일 것이다.

정확하지는 않지만, 현재 자료상으로 나타나는 조선시대 강간 가해자들의 대다수 또한 많이 배운 양반 신분의 남성들이다. 이러한 사실에서 우리는 조선시대 강간의 대다수가 사회 신분 및 지위에서 비롯된 권력성 성범죄였다는 것을 알 수 있다.

그러면 피해자들은 어떤 사람들일까? 현재까지 통계상으로는 양인 여성이 가장 높은 강간 피해자들로 나타나고 있다. 많을 것으로 예상되는 천민 여성들의 강간 피해가 오히려 제일 적은데, 이것은 전통시대 자료가 주는 한계 때문이다.

천민 여성들의 수가 적은 것은 그들이 양인 여성들에 비해 강간 피해가 적었던 것이 결코 아니었다. '강간' 마저도 성립되기 힘든 그들의 열악한 처지 때문이었다. 천민들은 법의 통제력 밖에 있었던 사람들이었고, 강간

장승과 소년 장승의 기원에는 여러 설이 있지만, 홀아비인 아버지와 딸의 근친상간의 설화가 얽혀 있기도 하다.
조선 시대의 근친상간은 예외없이 사형이었다.

자의 사회적 위세에 굴복되기 쉬운 미천한 신분이기도 했다. 특히 주인이 자기 집 여종을 강간한 경우가 많았을 텐데, 국가는 오히려 눈감아주었다. 오히려 강간에 저항하다 주인에게 상처를 입혔다고 해서 여종이 처벌받는 일이 있을 정도였다.

조선시대에는 양반가의 여성이 강간을 당했을 때와 천민 여성이 강간을 당했을 때가 너무도 달랐다. 양반가의 여성이 강간당했을 때는 강간범을 엄격히 처벌하고자 한 반면, 천민 여성의 강간은 흐지부지되기 일쑤였다. 양반 여성들의 순결과 정조가 더 중요했기 때문이다. 따라서 천인 남자가 양반 여성을 강간했을 경우에는 극형에 처해졌다.

신분에 따라 다른 강간죄의 처벌

조선시대는 신분사회인만큼 강간죄에 대한 처벌도 신분에 따라 달랐다. '유전무죄 무전유죄'란 말처럼 지위가 높은 사람들은 강간을 저질렀다 하더라도 법대로 처벌된 경우는 거의 없고 대체로 감형을 받았다. 특히 성리학적 윤리가 미약했던 조선전기에는 가해자가 왕실의 종친이나 공신이었을 경우, 이들의 특수한 신분과 지위로 말미암아 대체로 감형을 받을 수 있었다.

강간을 당한 후 피해자의 행실이 가해자의 형량에 영향을 주는 면도 있었다. 세종 때 무려 39명의 남성들과 간통하여 파문을 일으킨 감동을 맨 처음 강간한 김여달은 감형되어 화간의 형률인 장 80대로 처벌받기도 했다. 감동과 같은 경우는 음탕한 여자로 취급받아 오히려 상간한 사람들이 모두 용서를 받은 케이스인데, 흔히 있는 일은 물론 아니었다.

그런데 중종 이후, 여성들의 재혼이 금지되고 수절이 강조되면서 강간범죄에 대한 처벌도 점차 무거워졌다. 조선시대 남녀가 서로 합의하여 성관계를 갖는 화간은 장 80대에 그쳤지만, 강간은 극형인 교형이었다. 그리고 강간미수는 장 100대, 유배 3천 리에 해당했으니 그 죄질의 무거움을 짐작할 수 있다. 또한 12세 이하 어린 여자아이를 강간할 경우에는 설사 동의했다고 하더라도 강간으로 취급하여 교형에 처해졌다.

친족간의 강간은 더욱 처벌이 무겁다. 할아버지의 첩, 백숙모, 자매, 아들 손자의 며느리, 형제의 부인이나 딸과의 화간은 피를 나누지 않았더라도 교형이었고, 8촌 내에서 벌어지는 화간은 교형, 그외 강간은 혈연의 원근과 상관 없이 교형보다 무거운 법정 최고형인 참형에 처해졌다. 말하자면 근친강간은 예외없이 사형이었던 셈이다.

그러나 조선시대에는 신분제 사회였던만큼 친족간의 근친상간보다 노비와 주인간의 노주강간이 훨씬 금기시되었던 시대였다. 만일 노비가 주인을 강간했을 경우에는 교형보다 무거운 참형이었고, 설사 화간이라 할지라도 참형이었다. 물론 이 같은 경우는 대체로 남자 종이 여자 주인을 강간할 경우에만 해당하고, 남자 주인이 여종을 강간했을 때에는 문제되지 않았다. 게다가 남존여비 사상으로 인해 강간을 저질렀다 하더라도 감형되는 경우도 많았다.

치정살인과 학대살인

　오늘날과 마찬가지로 조선시대에도 사람들이 서로 부대끼면서 살았던 만큼, 지금과 유사한 다양한 원인에 의한 살인사건들이 발생했다. 그런데 그중에서도 성범죄와 관련된 치정살인 및 아내를 학대하여 죽이는 살인사건이 많았다.

　이전 시대에 비해 매우 건전한 성윤리와 풍속을 지향했음에도 불구하고 치정과 관련된 살인사건이 많다는 것은 매우 역설적이지 않을 수 없다. 이러한 사실은 성에 대한 억압과 조선 특유의 신분제도가 역으로 성범죄를 유발시킨 면이 많다는 사실을 보여준다. 특히 남편의 폭행으로 죽은 아내들이 많았는데, 이것 또한 유교적인 남존여비 사상과 가부장적 위계질서에서 비롯된 예고된 불행이었다.

　조선시대에는 일단 살인사건이 발생하면 피살자의 검시, 즉 사체조사가 이루어졌다. 그런데 검시는 피해자 쪽의 고소가 있을 경우에 한해서 이루어졌다. 일단 검시가 시작되면 용의자와 증인 및 기타 관련자의 인권을 침해하고, 국가기관의 인력과 비용을 소모시키므로 함부로 고소하지 못하도록 했다.

검시를 할 때는 처녀라도 어쩔 수 없이 옷을 다 벗겨야 했다. 처녀 여부를 가리기 위해서 솜을 손가락에 감아 묶고 그것을 음문(여자의 성기) 내에 집어넣어 검은 피가 묻으면 처녀인 것으로 단정했다. 부인일 경우에는 상처가 없으면 음문을 검사하고, 검사의 방법으로 칼을 그 안에 집어넣는 방법을 사용하기도 했다. 그러나 영조 때 양반 부녀자들에 대한 검시가 여자의 정조라는 도덕적 이상에 위배된다고 하여 검시를 하지 않도록 했다. 사건의 진상을 밝히는 것보다 죽은 여자의 정조를 지켜주는 것이 더 소중하다고 생각했기 때문이다.

1. 치정살인

조선시대 치정살인의 형태는 강간 및 간통에 의한 살인사건이 대부분이다. 무력에 의한 강간·겁간으로 인한 살인은 과부 등 혼자 사는 여인이거나, 외지에서 흘러들어왔거나, 가난하여 남의 집에서 기식하는 사람들이 많이 당했다. 이외에도 간통으로 인한 살인도 많았다.

겁간에 의한 살인사건들은 대체로 과부를 겁간하여 자살한 경우, 임노동자로 왔다가 주인이 자신의 부인을 겁간하려 하여 주인을 칼로 살해하는 경우 등 대체로 강제로 욕보이는 과정에서 발생한 자살 및 살인이다.

부인을 죽인 간통한 남편

강간사건으로 빚어진 살인사건의 내막은 간단하지만, 화간이나 간통에 의한 살인은 발생수도 빈번했을 뿐만 아니라 내막도 훨씬 복잡하다.

예를 들어 정조 5년(1781) 강계에서 전씨라는 여자가 물에 빠져 죽은 사건이 발생했는데, 이 사건은 미궁에 빠져 3년을 끌다가 간신히 범인이 밝혀진 경우다. 조선후기 형법지인 《추관지秋官志》에는 이 사건의 경위가 자세히 실려 전해오는데, 잠시 소개해보도록 하겠다.

처음 물에 빠진 전씨 부인의 익사체가 발견된 후, 목격자라고 자청한 우춘이라는 그 집 종의 진술이 사건의 첫 단서였다. 당시 우춘은 전씨가 시아버지의 책망으로 자살했다고 진술했다.

그러나 재조사를 하는 과정에서 이번에는 전씨의 시아버지가 자신이 며느리를 죽였다고 자복했다. 이 과정에서 용의자로 지목받고 있었던 전씨의 남편은 자신이 계집종과 간통하여 부인과 사이가 멀어졌는데, 이 일로 아버지가 자신의 부인을 살해했다고 주장했다. 그리고 자신은 살인을 저지른 아버지를 위해 부인의 시체를 물에 던졌을 뿐이라고 했다.

이 주장이 받아들여져 정상 참작이 되는 듯했다. 남편이 처를 살해하면 사형이었지만, 시아버지가 며느리를 살해하면 사형을 면할 수 있었기 때문이다. 그러나 3년 뒤, 전씨의 남편 이종대가 계집종과의 간통으로 부인과의 금실이 갈라지자 부인을 죽이고는, 사형당할 것이 두려워 시체를 익사당한 것처럼 꾸몄다는 진상이 밝혀지고 말았다.

이 사건의 진상이 모두 드러나자 정조는 "이 죄수를 즉시 사형시키지 않는다면 사형시키는 법률을 과연 어디에다 쓸 것인가" 하고 곧바로 사형집행을 명했다. 이 사건이 아니더라도 조선시대 사형제도는 '죽은 자의 맺힌 원한을 풀어주기 위한 것' 으로 인식했기 때문에 살해범은 거의 사형을 당했다.

그런데 간통으로 남편을 죽인 여자는 사지를 찢겨 죽임을 당하는 능지처사를 당했지만, 남편은 한 단계 낮은 교형絞刑이었다. 그리고 정실부인이 아닌 첩을 죽이면 도형徒刑 3년에 처해졌다. 교형은 교수형을 말하고,

도형은 관에서 구금하여 강제노역에 종사시키는 형벌이다. 첩은 남편에게 맞아 죽더라도 정실부인과는 다른 법적용을 받았다.

간통한 부인을 죽인 남편

조선시대에도 외지로 장사를 가거나 해서 집을 자주 비우는 직업을 가진 남자의 아내들이 이른바 바람이 나는 경우가 많았다. 이럴 경우 남편에게 발각되어 살해당하거나, 정부와 짜고 남편을 살해하기도 했다.

다음은 한말 강원도 인제군에서 일어난 살인사건이다.

부인 살해범인 박은서라는 자는 직업상 외지에 출타할 일이 많았는데, 집을 비울 때마다 부인이 걱정되어 동생처럼 지내는 옆집의 허선진이란 자에게 부인을 부탁하고 떠났다.

박은서가 일을 마치고 집에 돌아와보니 아내 김씨와 허선진의 행동이 수상스러웠다. 박은서는 허선진과 자신의 부인이 심상치 않다는 것을 느꼈으나 물증이 없었다. 당시 간통은 현장에서 적발하지 않으면 성립이 되지 않았기 때문이다.

어느 날 밤, 집에 돌아온 박은서는 자신의 처가 허선진과 간통을 하고 있는 장면을 목격했다. 격분한 박은서는 마침내 두 남녀를 때려죽이고 말았다. 그럼에도 불구하고 그는 간부 살해에 대한 동정적인 조선시대 정서로 인해 사형을 면할 수 있었다. 배우자의 간통을 목격하고 간부를 살해하더라도 사형을 면할 수 있는 것이 조선시대 법이었다. 그러나 이 사실을 모르는 경우가 많아 대체로 본인도 자살을 하거나 도망치는 경우도 많았다.

한편, 간통 현장을 목격하고 격분하여 간부를 살해하는 경우도 있지만, 오히려 사건무마용으로 상대방을 공갈 협박하여 돈을 뜯어내는 경우도 있었다. 간통이라는 사실이 마을에 퍼지면 곤란하다는 점을 역이용하여 채

월하정인 신윤복 그림. 삼회장저고리에 옥색치마를 입고 쓰개치마로 얼굴을 가린 여인이 도포 입고 등을 든 남정네를 따라가고 있다. 이들은 어떤 사이일까? 조선시대에는 간통사건을 다룰 때도 여자는 더욱 중벌을 받았다.

무자로 돌변하는 것이다. 이렇게 간통으로 인하여 생긴 채무를 '왕팔채王八債'라고 불렀다.

남편을 죽인 간통한 부인

조선시대에는 아내가 남편을 살해하는 경우도 많았다. 바람난 부인이 정부와 공모하여 남편을 살해하는 경우도 있고, 남편의 학대와 시집의 구박을 못 이겨서, 그리고 남편의 무능함을 한탄하다가 결국 남편을 죽이는 경우도 있었다.

이중 1905년 강릉에서 발생한 살인사건 하나를 소개해보겠다.

당시 박문칠이라는 한 남자가 변사체로 발견되었는데, 그는 부인과 함께 동서 조성원이 살고 있는 영서의 도암면에 놀러갔던 중이었다. 마침 부인이 아프다고 해서 약을 지으러 나간 후 실종되었다가 시체로 발견된 것이다. 이 사건은 동생 박윤칠의 고발로 조사가 시작되었는데, 나중에 박문칠의 부인 이씨가 그녀의 정부 이덕관에게 남편을 살해하도록 사주한 사건임이 밝혀졌다.

그러나 간통녀들이 정부와 짜고 남편을 살인하는 것은 아주 극단적인 방법이었고, 대부분은 정부와 함께 야간도주하는 것이 일반적인 방법이었다.

추문으로 자살한 사람들

조선중기 이후, 자유로운 성풍속도가 점차 유교 윤리로 인하여 사라지면서 여성들의 실행은 곧 죽음이었다. 더욱이 소문만으로도 명예를 더럽혔다고 생각할 정도여서 이 때문에 자살한 여성들이 증가했다.

특히 조선후기에 이르면 향촌사회에서 '나쁜 소문'은 매우 강력한 사회적 구속력을 지닐 정도로 그 위력이 컸다. 추문은 한 사람을 향촌사회로부터 격리시킬 수 있는 일종의 형벌이었다. 따라서 당시인들은 추문에 매우 민감할 수밖에 없었다.

그런데 추문 가운데에서도 여자들의 음행이나 실행의 소문은 결정적인 흠이었다. 특히 시아버지와 며느리간의 화간이 소문나면 시아버지의 경우도 용서되지 못했는데, 이런 경우 대개 시아버지와 며느리가 함께 자살을 택했다. 시아버지와 며느리 사이의 화간은 대체로 조혼의 풍습으로 어린 아들과 나이가 찬 며느리와의 결혼 때문에 발생했다. 며느리와 시아버지의 나이 차이가 많지 않기 때문이다.

또한 양갓집 처녀가 강간에 의해 몸이 더럽혀졌거나 애매한 누명을 쓰게 되면 가문을 더럽혔다는 수치와 분노, 그리고 자신의 결백을 증명하기 위해 자살하는 경우도 많았다. 그렇지 않으면 도리어 부모가 딸을 죽이기도 했다. 유교적 성 모럴이 빚어낸 참극이라고 하지 않을 수 없다.

향촌에서는 양반·상놈 구별 없이 정숙한 여인이 폭력에 의하여 치욕을 당하는 경우가 종종 있었다. 광주리를 들고 나물 캐던 여인이 갑자기 한길에서 강간을 당하거나, 설혹 미수에 그쳤다 하더라도 그 누명을 벗기 힘든 것이 현실이었다. 이럴 경우 여자들은 수치와 분노를 이기지 못하고 누명을 벗고자 자살을 택했다. 그런데 여자가 자살하면 남자는 죄를 면하고자 화간했다고 조작하기 일쑤였다. 사실을 증명할 피해자는 이미 죽었기 때문에 가해자의 변명에 따라 사건이 종결되는 경우도 많았다. 간혹 강간임이 밝혀지더라도 살인죄를 적용하기는 힘드므로 원범은 유배형에 처하고, 자살한 여인에 대해서는 절개를 숭상해주었다.

이같이 강간이나 강간미수에 치욕을 못 이긴 여자들이 자살하는 경우도 있지만, 전혀 사실무근인 거짓말에도 수치심을 느끼고는 자살하기도 했다.

정조 때 여주의 김판련이라는 처녀는 자신이 남자와 간통했다는 소문을 듣고 간수를 마시고 자살했다. 당시 강취문이란 자가 김판련의 미모에 반하여 청혼했으나 거절당하자 "내 벌써 담장을 넘어 은밀히 간통했으니 다른 곳으로 시집가지 못한다"고 소문을 퍼뜨렸기 때문이었다.

당시 이 사건은 서로 맞고소를 함으로써 형조에까지 올라갔는데, 결국 강취문이 허위로 사실을 날조했음이 밝혀졌다. 이로써 강취문은 사형은 면했으나 노비가 되어 일생을 보내야 했다.

보쌈으로 자살한 과부들

조선시대에는 자식 없는 청상과부들의 재가마저도 금지했기 때문에 과부 수가 사회문제가 될 정도로 증가했다. 특히 남편을 잃고 홀로 된 과부들은 겁간이나 보쌈 등 사적인 폭력에 노출되어 있어, 도리어 인척들이 걱정하여 적극적으로 재가를 권하기도 했다.

겁간이나 보쌈에 무방비로 노출되다 보니 과부들은 다른 어떤 여자들보다 성범죄나 추문의 희생양이 되는 면이 많았다. 1897년 황해도 연안군에서 발생한 송씨 부인 자살이 바로 그러한 경우다.

송씨 부인은 20세에 청상과부가 되어 수절하면서 사위 한준이와 함께 살고 있었다. 그런데 어느 날, 온 마을에 자신이 사위와 간음을 한다는 추문이 번졌다. 이 일로 동네 홀아비 김문명이 송부인을 가볍게 보고는 보쌈하여 강제로 살면 될 것이라고 생각했다. 김문명에 보쌈을 당하자, 송부인은 목을 매 자살했다.

조선시대 보쌈은 서민들의 과부 탈출의 한 방법이기도 했으나 좋은 의미의 재혼방식은 아니었다. 일반적으로 실행을 했거나 추문으로 인하여 보쌈을 당했을 거라는 인식이 지배적이었기 때문이다. 따라서 보쌈을 당한 과부 중에는 자신의 결백을 밝히기 위해서 자살을 택하는 경우도 있었다.

한편, 재가를 중매하는 과정에서 발생한 사건들이 종종 있었는데, 대부분은 재가비용에 관련된 것들이다. 재가비용, 즉 중매자나 혹은 새 남편이 될 집안에 치러야 하는 돈을 당시에 '과부전寡婦錢'이라 불렀는데, 과부전을 둘러싸고 살인사건이 벌어질 정도로 그 비용이 엄청났다. 이렇듯 재가비용이 많이 들다 보니 강제적이고 불법적인 보쌈은 오히려 과부전을 받지 않고 재혼을 해주는 고마운 일이라는 인식도 생겨나게 되었다. 과부 보쌈이 조선후기에 더욱 극성한 것도 이 때문이라고 할 수 있다.

2. 학대살인

남편의 폭력으로 죽은 부인들

결혼 첫날 백년해로하며 행복하게 살자고 약속하지만, 약속처럼 모든 부부가 다 행복하게 사는 것만은 아닐 것이다. 더욱이 중매로 만나 이혼마저도 어려웠던 조선시대에는 부부간의 불화가 종종 극단적인 살인으로 치닫는 경우가 많았다.

지금은 가정폭력방지법이 생겨 남편이든 부인이든 배우자의 폭행으로부터 보호받을 수 있지만, 조선시대에는 남편의 폭력으로부터 법적인 보호를 받을 수 있는 아내는 거의 없었다. 물론 부인을 폭행하면 폭행죄로 구속되는 법이 있기는 했지만, 그렇다고 해도 이혼을 허락하지는 않았다. 반면 남편을 때리는 부인은 이혼당할 수 있었으나, 부권이 높았던 시대라 남편을 때리는 부인이 많지는 않았을 것이다.

조선시대 남편들이 아내를 때려서 죽게 만드는 가장 큰 이유는 이른바 '바가지' 때문이라고 한다. "아내의 바가지에 화가 나서 얼떨결에 몇 대 때렸더니 그냥 죽더라"가 일반적인 부인 살해범들의 변명 테마였다. 이외에도 심지어 시부모 공양을 잘하지 못하고, 아이를 못 낳는다는 빌미로 때려 죽이기도 했다.

이와 같이 조선시대 남편들은 '내 여자 내가 때리는데 무슨 상관이랴' 하는 가부장적 의식으로 아무런 죄의식 없이 부인을 폭행했다. 전통적인 부권의식이 폭행을 제어하기 힘들게 했고, 심한 경우 살인까지도 저지르게 만들었다. 더욱이 여자들은 이혼하면 더욱 상황이 열악해지므로 남편의 폭력을 무조건 참고 견뎌야 했다. 오늘날 사라지지 않는 남편 폭력도 이와 같은 전통적인 부부관계에서 출발한다고 볼 수 있다.

더욱이 안타까운 것은 부인을 폭행하여 살해한 남편들 중 사형에 처해진 경우는 거의 없었다는 점이다. 부인이 시부모 봉양을 잘하지 못하고 불평불만이 많았기 때문이었다고 변명하면 그대로 정상이 참작되었다.

그러한 사건의 예를 하나 들어보겠다. 정조 때, 박춘복이라는 자가 자기 아내를 발로 차서 죽인 사건이 발생했다. 그는 진술과정에서 자신이 비록 무능력한 남편이었지만, 자신에게 욕지거리를 하는 부인을 더이상 참을 수 없어 분노에 그냥 발길로 찼을 뿐인데, 그것으로 설마 죽을 줄이야 알았겠냐고 항변했다. 박춘복의 변명은 그대로 받아들여져 죄가 탕감되었다. '부부 싸움은 칼로 물 베기'라고 생각하는 이상 살인죄는 적용되지 못하는 것이다.

그런데 더욱 놀라운 것은 박춘복에 대한 판결문 내용이다.

"부부란 조그만 성미에 거슬려도 다투는데, 다투는 것이 심하면 때리게 된다. 저녁에 주먹질하다가도 아침이면 가까워지며, 금방 욕하다가도 곧 헤헤거리게 된다. 성이 나면 세찬 불길 같고, 기분이 좋으면 얼음 녹는 듯하니 한마디로 뭐라고 할 수 없는 것이다. 춘복은 비록 무능력했지만, 항상 부인의 원망이 그치지 않으니 취한 김에 주먹질과 발길질을 하는데 어디가 치명적인 곳인지 아닌지를 가렸겠는가? 이것을 어찌 살해할 마음이 있어서 그렇게 한 것이라고 하겠는가? 특별히 사형에서 감하여 장배하라!"

물론 고의 범행과 우연 치사를 가려서 판결해야 하지만, 당시 검시안에 오른 부인 살해의 판결은 거의가 이와 같았다. 부인 살해에 대한 이 같은 관대함이 지속되다 보니 조그마한 일에도 부인을 쉽게 구타하고, 그러한 행위에 죄의식이 있을 리가 없었다.

시집살이로 인한 살인

조선시대 시집살이 또한 여자들을 죽음으로 몰고가는 데 한몫을 했다. 대체로 시집살이에 대한 항거는 자살 아니면 가출이었는데, 남편을 살해하는 대담한 여인들도 있었다. 예컨대 1901년 강원도 양구에서 시집살이를 하던 김씨는 자신을 괴롭히는 시집과 관계를 끊는 방법은 남편을 살해하는 것뿐이라고 생각하여 남편을 목 졸라 살해했다. 결국 김씨는 정신이상으로 친정으로 보내졌는데, 그녀의 친정어머니가 김씨를 다시 살해하는 불행이 이어졌다.

불임의 문제 또한 조선시대 전통적인 부부 불화의 소재였다. 1904년 경상도 영천군에서 살해된 성씨는 남편 이재길에게 시집갔으나 20여 년이 지나도록 아이를 낳지 못하자, 이웃집 여자에게 눈을 돌린 남편이 투기한다며 때려 사망했다.

이와 같이 조선시대에는 부부 이혼율은 지금보다 훨씬 적었지만, 부부 살해율은 비교적 높았다고 할 수 있다. 완충지대가 없는 결혼생활이었기 때문일 것이다.

성범죄의 처벌은 어떠했을까?

지금보다 훨씬 무거웠던 성범죄 처벌

조선시대 사람들은 성범죄를 저질렀을 때 어떠한 처벌을 받았을까? 당시 성범죄로 처벌을 받은 경우는 풍기 및 강상과 관련된 간통이나 강간에 의한 것들이 대부분이었는데, 처벌 범위가 다양하고 신분에 따라 달랐다는 점이 지금과 다르다. 풍기문란과 강상에 어긋나는 것을 매우 엄격히 규제했던 당시의 사회 분위기가 반영되었기 때문이다.

각종 성범죄가 발생하면 중국의 《대명률》에 의거하여 처벌했는데, 대명률은 우리 나라 형률이 아닌 명나라의 형률이지만, 형사 법규의 기준으로서 조선시대 때 활용되었다. 대명률에 나오지 않는 우리 나라 풍속상에서 빚어진 성범죄인 경우에는 부례 조항을 두어 사건을 판결했다.

그러면 성범죄의 처벌을 살펴보기에 앞서, 이해를 돕기 위해 잠시 조선시대 형벌제도에 대해서 알아보도록 하자.

태형 5형 중 하나로, 죄수의 바지를 벗기고 매로 볼기를 치는 형벌. 10~60대까지를 태라 하고, 70~100대까지를 장이라 했다. 장의 경우는 도형(옥살이)도 병과가 되었고, 태형은 비교적 경한 범죄에 적용되었으며, 1대에 1냥 4돈으로 속전되었었다.

　　조선시대에는 법이 정식으로 인정하는 5형이란 것이 있었다. 5형은 태형笞刑·장형杖刑·도형徒刑·유형流刑 및 사형死刑으로서의 교수형과 참수형을 말한다.

　　태형은 가벼운 죄를 범했을 경우에 해당되는 것으로서, 작은 가시나무 회초리로 죄인의 볼기를 때리는 형벌이다. 태형의 집행은 죄수를 형틀에 묶은 다음 하의를 내리고 둔부를 노출시켜 대수를 세어가면서 회초리로 때린다.

　　장형은 태형보다 무거운 형벌인데, 큰 가시나무로 만든 회초리로 죄인의 볼기를 치는 형벌이다.

　　도형은 약간 중한 죄를 범한 경우에 해당되는데, 관에 붙잡아두고 소금을 굽게 하거나 쇠를 달구게 하는 등 온갖 힘들고 괴로운 일을 시키는 형

〈형정도첩〉 중 교수형(왼쪽), 참수형(오른쪽)

벌이다. 구금하여 강제노역에 종사시키는 점에서 오늘날의 징역형과 유사하다. 도형의 집행은 군현 등의 관아에서 했으며, 전국의 도형수에 대해서는 형조에서 총괄 관리했다. 조선시대에는 도형의 일종으로 충군充軍과 같은 군역에 종사하도록 하는 경우가 많았다.

유형은 차마 사형까지는 처하지 못하고 먼 지방으로 귀양보내는 형벌을 말한다. 형의 기간이 없어 왕의 사면과 같은 특명으로 석방될 뿐이다. 거리에 따라 유배 2천 리, 2천 5백 리, 3천 리 등이 있었는데, 유배에는 반드시 장형 100대가 부과되었다. 그러나 양반의 경우 대리인을 시켜 대신 매를 맞게 할 수 있었다.

그런데 이와 같은 유배지의 거리는 중국 법률을 그대로 적용한 것이어서 우리 나라 지리 여건상 서울을 중심으로 2천 리 이상 되는 곳이 없었다. 따라서 그 거리를 채우기 위하여 죄인이 길을 돌아가도록 하기도 했다. 조선후기에는 유형과 도형을 징역형으로 바꾸고, 유형은 국사범에 한

하여 적용하는 한편, 유배지도 섬지방으로 한정했다. 당시 유배죄인에 대한 책임은 그 지방 수령에 있었다. 유형수 중 정치범에게는 식량 등 생활필수품을 해당 지방관아에서 공급했는데, 이 때문에 그 지방 백성들의 원성이 자자했다.

마지막으로 가장 극형인 사형에는 교형과 참형이 있었다. 교형은 죄인의 두 손과 두 발목을 묶고 높은 데에 매달아 목을 졸라 죽이는 교수형을 말하고, 참형은 죄인의 목을 큰 칼로 베어 죽이는 참수형이다.

조선시대에는 "치마를 당기고 밥상을 마주 대하는 것도 간음하는 것과 다름없다"고까지 여겨졌던 시대였다. 그만큼 남녀의 성적 문란에 대해서는 엄격히 처벌하고자 했다. 따라서 성범죄에 대한 처벌이 다른 죄에 비해 상대적으로 무거웠는데, 성범죄의 처벌은 죄질에 따라 다르나 5형 중 대체로 장형이나 사형을 언도받았다. 특히 일반 범죄에서 장형을 받을 때 여성들은 홑옷을 입고 맞았는데, 간음죄일 경우에는 옷을 벗고 형벌을 받게 할 정도로 모욕감을 주기도 했다.

그러면 각종 성범죄에 대한 처벌이 구체적으로 어떠했는지 《추관지秋官志》에 실려 있는 각종 법례와 판례를 통해서 알아보도록 하자. 《추관지》는 1781년(정조 5)에 형조의 소관 사례를 편집한 책으로, 조선후기 각종 형사재판의 실례가 수록되어 있다.

각종 성범죄에 대한 처벌규정

■유부녀와 화간했을 경우

조선시대에는 각종 간통사건 중에서도 유부녀의 간통이 가장 흔했다. 남녀가 합의하여 행한 간통을 화간이라고 하는데, 화간한 자는 장형 80대에 처하고, 유부녀와 화간하면 장형 90대의 벌을 받았다.

〈형정도첩〉 중 '죄지은 여인 매질' 김윤보 그림. 〈형정도첩〉은 당시의 형벌을 증거하는 기록화이다. 특히 당시 관아에서 부당하게 민중들을 탄압했던 여러 비인간적인 체벌들을 증명하는 그림으로 사료적 가치가 높다.

■양반의 아내나 딸을 겁탈했을 경우

정조 때 의성에서 발생한 일이다. 최광률이란 남자가 길에서 양반 출신의 과부를 만났는데, 갑자기 그녀의 손을 잡았다. 이 과부 여인은 치욕에 팔을 잘라버렸다. 당시 법은 '사족의 아내나 딸을 겁탈한 자는 강간했거나 미수에 그쳤거나를 묻지 않고 즉시 참형에 처한다'였다. 신분이 높은 여인을 희

〈형정도첩〉 중 '난장' 김윤보 그림. 장형 중에서 가장 심한 형벌로, 셈도 없이 마구 때리는 매질이다. 19세기 말.

롱하면 더욱 죄가 무거운 시대였으므로 최광률은 곧바로 참형에 처해졌다.

■여자를 유혹하여 간통하거나 강간했을 경우

이러한 경우의 간통을 조선시대에는 조간이라고 불렀다. 화간과 조간은 구분하기가 매우 힘들어 실제 사례는 드문 편인데, 처벌은 장형 1백 대였고, 강간했을 때는 교형에 처해졌다.

■강간미수

강간 미수자는 장형 1백 대과 함께 3천 리 밖으로 유배되었다.

■절개를 지키는 여자를 간음했을 경우

절개를 지키는 여자라고 하면 대체로 과부가 이에 해당하는데, 이와 같은 여자를 간음했을 경우에는 장형 1백 대와 도형 3년에 처해졌다.

■어린 소녀를 간음했을 경우

12세 이하의 어린 소녀를 간음한 자는 비록 화간이라 하더라도 강간으로 인정하여 사형이었다.

■처첩을 종용하여 다른 남자와 간통하게 하는 경우

처첩을 종용하여 다른 남자와 간통하게 한 경우에는 남편과 간부를 각각 장형 90대에 처하도록 했다. 만약 강제로 다른 남자와 간통하게 한 경우에는 남편을 장형 1백 대에 처하고 간부는 장형 80대에 처했다. 여자는 처벌하지 않았으나 이혼시켜 친정으로 돌려보냈다.

■관리가 창녀의 집에서 잤을 경우

관리로서 창녀의 집에서 잔 자는 장형 60대에 처하고, 다리를 놓아준 중매인은 범인의 죄보다 1등을 감하도록 했는데, 얼마나 적발되어 법대로 처벌받았는지는 의문이다.

■왜인의 뇌물을 받고 여인을 유인했을 경우

정조 때 동래에 서일월이라는 여인이 고갑산이란 자의 유인에 빠져 몰래 왜인과 여러 차례 간통하다 적발당한 일이 있었다. '왜인의 뇌물을 받고 여인을 유인한 자는 참형'이었는데, 이 규정도 미진하다 하여 고갑산을 궐문 밖에 효시하고 나머지 사람들은 엄형에 처하여 멀리 정배했다.

■궁녀가 외부인 및 환관과 간통했을 경우

궁녀가 외부인 및 환관과 간통하면 사형이었다. 엄한 처벌 탓에 조심하기도 했지만, 비록 이러한 일이 있더라도 덮어두는 경우가 더 많았다. 궁녀들이 관리들과 간음하는 일도 종종 발생하여 간혹 궁궐 안에서 해산하는 나인들이 있었다고 한다.

■상중에 있으면서 간통했을 경우

충효를 중요시 여겼던만큼, 상중에 있으면서 범간한 자는 범간죄에 죄 2등을 가중하여 장형 1백 대와 함께 유배 3천 리의 형벌을 받았다.

■고용노비가 주인의 아내 또는 첩과 간통했을 경우

신분제 사회였던만큼 노비와 상전 간의 간통이 제일 금기시되었다. 만일 고용노비가 주인의 아내와 간통하면, 처일 경우는 교형, 첩일 경우에는 장형 1백 대와 유배 3천 리였다. 고용노비는 물론 참수형이었다.

■승려가 간통했을 경우

정조 때 영암에 봉윤이라는 중이 읍내에 출입하면서 몰래 창기와 간통하다 발각되었는데, 승려가 범간하면 보통사람의 범간죄에 2등을 가중하여 장형 1백 대에 유배 3천 리의 형벌을 내리도록 했다.

■남편이 간통한 사실을 묵인한 경우

남편이 외출했을 때, 그 아내가 집에 있으면서 다른 사람과 간통하여 자녀를 낳았는데, 그 남편이 돌아와서 이를 추궁하지 않고 그 자식을 양육한 경우도 죄에 해당되었다. 즉, 마땅히 이혼해야 할 것을 이혼하지 아니한 죄, 그리고 처첩을 간음하도록 종용한 율에 의하여 처벌받도록 했다.

■관리로서 죄수 여자와 간음한 경우

석방을 주선해준다고 속여 죄수 여자를 간음한 관리는 조간율로 다스렸다.

■약혼 후 통간한 죄

남녀가 결혼을 약정했더라도 친영하기 전에 사사로이 통간했을 경우도 간통죄에 해당되었다. 즉, 교령을 위범한 율에 의거하여 장형 1백 대를 맞았다.

■의붓누이를 간통한 경우

아버지가 다른 누이나 의붓누이를 간통한 경우에는 장형 1백 대와 도형 3년이었다.

■남의 아내, 동생의 아내를 희롱한 경우

남의 아내를 희롱하면 장형으로 다스리고, 동생의 아내를 희롱하면 강간미수죄와 동일한 처벌을 받았다.

■군인들이 유녀(창녀) 집에서 간음하는 경우

악공들이 여자를 관아에 들여보내고 지방 장군 및 중위들이 그 집에서 간음행위를 하게 하다가 발각되면 모두 변방으로 보내어 위수군에 충군한다.

■간통하여 낳은 자녀와 간부에 대한 처리

간통하여 낳은 자녀는 간음한 부인에게 주어 양육하게 하고, 남편은 간통한 부인을 마음대로 시집보내거나 팔 수 있었다. 만일 남편이 그대로 두기를 원하면 허락해주었다. 만약 남편이 처첩을 상음한 간부에게 돈을 받고 팔면 간부와 남편을 각각 장형 80대에 처하며, 여자는 이혼시켜 친정으로 돌려보내고, 여자를 판 돈은 관에서 몰수하도록 했다.

■자기 처첩을 남의 처첩으로 팔았을 경우

자기의 처첩을 누이동생이라고 속이거나 정체 불명의 부녀를 속여 팔아 남의 처첩이 되게 하면 사형이었다.

■음란한 행위를 하게 할 경우

조선시대에는 음란한 행위를 중개하는 직업을 '노구'라고 불렀다. 이들은 노구를 업으로 삼아 부잣집의 자제와 남편 있는 양갓집 여인을 유인해다가 어지럽게 음란한 행위를 하게 하여 파산하는 지경에 이르게 하는 경우가 있었다. 국가에서는 이런 자들을 발각하면 모두 섬으로 귀양보냈다.

■관기를 축첩할 경우

관기의 역을 면제해주고 첩으로 삼아 동거하는 자는 장형 1백 대를 맞고 3천 리 밖으로 유배되었다. 그외 삼사三司의 하속들이 무당을 처로 삼아 동거하는 경우도 있었는데, 동일한 형벌을 받았다.

간음으로 인한 살인 및 상해죄

■배우자의 정부를 죽였을 경우

간음한 현장에서 남편이 간부를 죽이면 불응위율에 따라 장형에 처한다. '불응위不應爲'란 무릇 당연히 해서는 안될 짓을 하는 범법행위들을 말한다. 이른바 잡범들의 처벌에서 쓰인 형벌인데, 비교적 가벼운 형벌이라고 할 수 있다.

또한 간부가 와서 형세를 살피고 있는 것을 죽였을 경우에는 간음한 그 현장이라고 할 수 없으므로 살해죄를 적용했다. 남편이 간음했다는 소식을 듣고 그 다음날 남편을 살해했을 경우에는 고의로 살해한 예에 따랐다.

남편의 형제 및 유복친속 혹은 동거인에게는 모두 간부를 붙잡는 것이 허락되었다.

■정처를 구타하여 상처를 입힌 경우

첩에 빠져서 조강지처를 구타, 축출하여 상처를 입히는 지경에 이르게 했을 경우, '처에게 당연히 쫓겨나야 할 죄상이 없는데 쫓아낸 자는 장형 80대에 처한다'는 규정에 의하여 처벌했다. 그러나 남편이 처를 구타하여 뼈가 부러져 다치게 하더라도 폭행죄에 비해 죄 2등을 감하도록 했다.

■간부와 짜고 남편을 죽였을 경우

몰래 간통한 여자가 정부와 짜고 남편을 죽였을 경우에 부인은 교형이었으며, 이에 협조한 간부는 장형 1백 대에다 3천 리 밖으로 유배시켰다.

■아들이 어머니의 간부를 찔러 죽인 경우

어머니가 간통하는 것을 아들이 현장에서 간부를 찔러 죽인 경우에는 정상을 참작하여 정배에 처한다.

■남의 음양(성기)을 다치게 했을 경우

통천에 사는 임운찬이라는 자는 술을 마시고 몹시 취했는데, 마침 길에서 노정국의 어린 딸이 지나가자 갑자기 칼로 생식기를 찔러 파열시켰다. 이럴 경우 장형 1백 대와 함께 도형 3년의 처벌을 받았다. 반대로 남자의 음경을 베어버리거나 고환을 파손한 자는 모두 장형 1백 대에다 3천 리 밖으로 유배하고, 범인의 재산 반을 피해자에게 주어 부양토록 했다.

■낙태를 했을 경우

낙태죄는 보고기한 내에 태아가 사망했거나 임신한 지 90일이 지나 태아의 형체가 이루어진 뒤면 낙태죄로 인정하여 처벌했다. 비록 구타가 원인이었더라도 보고기한이 넘어 태아가 사망했거나 임신한 지 90일 이내여서 태아의 형태가 아직 이루어지지 않았을 때면 각각 구타 상해율에 따라 논죄하고 낙태죄로 처벌하지 않았다. 또한 임신한 누이를 낙태하게 한 경우에는 유형에 처해졌다.

결혼과 관련된 처벌규정

■사기결혼을 했을 경우

남녀가 처음 정혼을 할 때, 만약 불구의 병이나 늙었는지 어린지, 서출 양자인지 이성 양자인지 등의 사실이 있으면 양가에 알려야 하고, 각자 원하는 바에 따라 혼서를 쓰고 시집·장가보낸다. 사실을 속였을 경우, 혼례 전이면 장형 70대에 처하고, 혼례를 치른 후면 장형 80대에 처한다. 만약 혼약을 정해놓고 약속을 지키지 않은 자는 태형 50대에 처한다.

결혼을 성사시키고자 여자 집에서 사실을 속인 경우에는 장형 80대에 처하고, 예물은 추징하여 남자 집에 돌려준다. 사실을 속인 경우라면, 예컨대 여자에게 불치의 병이 있는데 그녀의 자매로 하여금 대신 선을 보이게 한 후 불치의 병이 있는 여자로 혼례를 치르게 하는 따위를 말한다.

신분을 속이고 양갓집 여자를 유인하여 데리고 살다가 발각되면 장형 1백 대와 함께 도형 3년에 처해졌다.

■처첩 구분을 못했을 경우

처를 첩으로 삼은 자는 장형 1백 대에 처하고, 처가 있는데 첩을 처로 삼은 자는 장형 90대에 처하고 바로잡는다. 만약 처가 있는데 다시 처를 얻은 자는 모두 장형 90대에 처하고 이혼시킨다.

■근친혼과 동성동본혼의 금지

동성끼리 결혼한 자는 장형 60대에 처하고 이혼시킨다. 인척관계의 연장자와 손아랫사람이 서로 결혼하거나, 어미는 같고 아비는 다른 자매나, 처의 전남편의 딸에게 장가든 자는 간음죄로 다스린다.

■도망한 부녀자를 부인으로 삼는 경우

죄를 지어 도망한 부녀자를 처첩으로 삼은 자는 죄를 짓고 도망한 부녀자와 죄가 동일하다. 다만 사실을 알지 못했을 경우에는 처벌하지 않는다.

■조강지처를 쫓아낼 경우

처가 쫓겨나거나 남편과 의절할 상황이 없는데도 쫓아낸 자는 장형 80대에 처한다. 비록 칠거지악을 저질렀지만 삼불거가 있는데 쫓아낸 자는 죄 2등급을 감하고 처를 데려다가 전과 같이 함께 살게 한다.

■부부가 이혼할 경우

만약 처가 의절해야 할 일을 저질러 응당 이혼해야 함에도 불구하고 이혼하지 않은 자는 장형 80대에 처한다. 만약 부부가 서로 화목하지 못하여 양측이 헤어지기를 원한 경우에는 처벌하지 않는다. 만약 처가 남편을 배반하고 도망하면 장형 1백 대에 처하고, 남편이 마음대로 방매하게 한다.

■도망가 있다가 재가한 여자는 교형에 처한다.

5장
매춘과 섹슈얼리티

기녀와 양반사대부

1. 기녀의 발생과 변화

기녀는 왜 생겼을까?

현재 남아 있는 신윤복의 풍속화를 보면, 조선시대 풍류를 즐긴 주 계층
이 양반과 기녀들이었음을 알 수 있다. 그러나 양반은 풍류를 즐긴 입장인
반면, 기녀는 양반의 풍류를 위해 존재한 계층이었다. 양반과 기녀는 악어
와 악어새와 같은 생리를 지니면서도 조선시대 남녀 성윤리의 출발점이
다르다는 것을 보여주는 대비적인 존재가 아닐 수 없다.

전통시대 기녀란 연회 등의 궁중행사에 흥을 돋우기 위해 가무나 풍류
를 담당하는 일을 업으로 하던 여자들을 말한다. 말하자면 지배층 남성의
즐거움과 욕망을 위해 존재한 부류들인 셈인데, 우리 나라에서 기녀가 발
생한 기원은 언제라고 분명히 못박을 순 없지만, 삼국통일을 한 명장 김유

신이 사랑한 천관녀를 통해서 보듯이 최소한 삼국시대까지 올려잡을 수 있다.

기녀가 생긴 계기는 여러 가지이나, 삼국시대 정복전쟁을 치르는 과정에서 포로로 잡힌 미모의 여성들이 남성들의 즐거움을 충족시키기 위한 계층으로 전락한 것이 가장 일반적인 케이스일 것으로 추측된다. 정복전쟁 중에는 변방의 병사들을 위한 위안부 역할을 할 여성들이 많이 필요했기 때문이다. 특히 고구려 무용총 벽화에 등장하는 사치노예들은 이러한 부류의 여성들을 그린 것으로 보인다.

좀 시기가 떨어지기는 하지만, 양수척揚水尺을 기녀의 직접적인 기원으로 보기도 한다. 양수척은 고려가 후삼국을 통일할 때 고려에 항거한 후백제인들로서, 고려의 지배를 받는 것을 거부하고 여기저기 수초처럼 떠돌았던 사람들이다. 그런데 이지영이란 자가 양수척 출신인 자운선이란 여자를 기적에 이름을 올리고 자신의 첩으로 삼으면서 양수척 출신의 여자들이 기녀의 공급원으로 전락했다.

무녀도 기녀의 발생과 무관하지 않다. 고대 무녀는 신 그 자체였으나, 종교와 정치의 분화과정에서 점점 퇴행하여 기녀로 전락했다. 이들은 무악에서 익힌 기능을 활용하여 노래를 직업으로 하는 가척歌尺 또는 무용을 직업으로 하는 무척舞尺의 형태로 권력층에 봉사했다.

기녀의 변천

기녀는 고려에 들어와 노비의 수적 증가와 함께 더욱 세분화되고 공식화되었다. 노비안검법의 실시로 많은 노예들이 자유의 몸이 되었지만, 그래도 고려시대에는 공노비·사노비 할 것 없이 수많은 노비들이 있었다. 중앙의 관료제도가 정착되자 개인 소유의 사노비들이 국가 소유로 귀속되

무용도 무용총 주실 동벽. 5세기 후반, 중국 집안.

면서, 이 와중에 국가에 소속된 기녀, 즉 관기官妓들이 생겨나게 되었다.

고려시대 관기에 대한 기록이 많지 않아 상세히 알 수는 없으나, 이들이 관아의 관비로, 또는 여악女樂을 담당한 가척이나 무척의 형태로 연회에 나가 활동했음은 분명하다.

고려의 관기제도는 그대로 조선으로 이어졌다. 유교 윤리를 내세운 조선왕조였건만 아이로니컬하게도 기녀를 없애기보다는 더욱 세분화하고 조직화했다. 조선시대 기녀는 각 지방마다 뽑혀 올려졌는데, 장악원掌樂院(궁중의 음악과 무용을 맡아보던 관청)에 소속되어 노래와 춤을 교육받았고, 이후에는 궁중에서 주관하는 여러 잔치에 동원되었다.

기녀의 수가 많아지자 점차 종류와 등급이 세분화되었는데, 한말에 이르러서는 일패一牌, 이패二牌, 삼패三牌로 구분되어 일패는 기생, 이패는 은

前人未發之
蕙園

전모를 쓴 여인 신윤복 그림. 여속을 담담하게 그린 유형에 속한다. 화첩용으로 비단 바탕에 그렸다. 국립중앙박물관 소장.

근자殷勤者, 삼패는 탑앙모리搭仰謀利라고 불리었다.

일패인 기생은 가무를 익혀 상류사회의 각종 연회에 참석하던 관기의 전통을 계승한 것으로, 나라에 진연이 있으면 선상되는 한편, 집에서 사사로이 접객도 할 수 있는 상층기녀들이었다. 가장 좋은 대우를 받았으므로 일패라고 불렀다. 이패는 기생보다 수준이 떨어지지만 대체로 기생 출신이 많아서 이패라 부른 것이다. 은근자라는 명칭이 붙게 된 것은 남 몰래 은근히 매춘한다 하여 그렇게 부른 것이다. 삼패는 매춘 자체만을 업으로 삼아 탑앙모리라고 불리게 된 것인데, 접객할 때에는 다만 잡가만을 부르며 기생처럼 가무는 못하도록 규제되어 있었다. 삼패는 서울 각처에 산재해 있었는데, 광무년간에 거주지역을 한정했다.

이와 같이 성리학적 윤리가 지배했던 시대였음에도 불구하고 기녀는 사라지지 않았을 뿐더러, 초기의 기능적인 기녀들은 점차 줄고 매춘만을 전문으로 하는 기녀들의 수만 늘어갔다. 이러한 변화에 따라 기녀에 대한 인식도 남자의 노리개만으로 한정시켜 생각할 정도로 천시되었다.

2. 기녀의 신분과 지위

기녀들의 삶

목숨보다 명분을 중시했던 양반들이었던만큼, 기녀의 존재 명분을 만들지 않았을 리가 없다. 이들이 내세운 기녀가 있어야 되는 제일 큰 이유는 '아내 없는 변방 군사들을 위해서'였다. 물론 여기서 말하는 변방 군사들은 양반 군인들에 한정한 것이다. 그러나 조선시대 기녀는 변방의 위안부 뿐 아니라 관아에서는 여흥을 돋우는 여악으로, 지방 관원들의 수청에 이

선조조기영회도 宣祖朝耆英會圖 이러한 궁중의 연회에 경기들이 동원되었다. 작자 미상, 1585년. 서울대박물관 소장.

르기까지 다양한 역할을 담당했다.

여악의 일 외에 관원들 수청을 드는 일은 기녀의 의무이기도 했다. 수청이란 높은 벼슬아치들의 분부대로 수종드는 일과 동침하는 일을 모두 의미하지만, 일반적으로 '수청들다' 하면 동침하는 것을 말한다.

조선시대 기녀들은 중앙의 경기京妓와 지방기 형태로 구분되어 국가에 소속되었는데, 소속에 따라 역할이 달랐다. 즉, 서울 관기들은 모두 장악원 소속으로, 정원이 1백 명이었는데, 지방 기녀들에 비해 기예가 우수한 기녀들이었다. 장악원 기녀들은 관리와의 동침보다 궁중 연회의 가무가 주업이었다.

서울 관기들이 각종 기예를 닦았던 반면, 지방 기녀들은 대체로 수청을 맡았다. 지방 기녀들은 행수기녀(우두머리 기녀)에게 잘 보여야 좋은 관원을 접대할 수 있었다. 지방기는 한 관청마다 보통 15명에서 30명 정도 둘 수

관기 궁중에서 향악무(궁중무의 일종)를 추기 위해 대기중인 무희(기생)들(1890년).

있었으므로 전국의 지방기녀 수는 중앙 기녀와는 비교할 수 없을 정도로 많았다.

관기들이 기녀명부, 즉 기안妓案에 이름이 오르는 나이는 대략 15세쯤이다. 기안에 오르면 기녀 교육을 담당하는 교방敎坊이란 곳에 들어가 기녀로서 자질을 갖추기 위한 언어·동작·음률·무도·서화 등을 익힌다.

교방에서 교육을 받는 기간은 15세부터 20세까지이다. 1년 중 6달 정도 기예를 학습받아야 했는데, 가야금·비파·해금·대금 등 각종 악기 연주법을 비롯하여 노래와 춤을 배웠다. 자질을 갖추기 위해 가혹할 정도로 매를 맞아가며 수년간의 피나는 수련을 쌓은 후 관기의 일원으로서 활약하게 된다.

그런데 기예를 주로 닦았으나, 재주도 없고 나이만 많이 먹은 '헐차비歇

무복舞服을 입은 관기들 그들이 입고 있는 옷은 궁중무의 하나인 춘앵전의 복장인 듯한데, 모두들 어리게만 보인다(1890년).

差備'라는 퇴기들이 있었다. 수청기가 아닌 악기를 다루는 아악 공인들인 셈인데, 아악 공인들은 늙고 재주 없어도 시간이 흐르면 헐차비가 되어 국가로부터 경제적인 혜택을 받을 수 있었다. 따라서 공노비들이 편안하고 안락한 삶을 누리고자 대거 아악 공인으로 자원하는 폐단이 있기도 했다.

한편, 기녀들이 머리를 올리게 되는 이른바 초야는 어떻게 치르는지 기록이 없어 알 수가 없다. 일반적으로 기녀로서 이름이 오른 뒤에 군현을 지나는 관원의 시침侍寢을 들었다고 한다. 초야를 치르고 기녀로서 어느 정도 경력도 쌓이고 이름이 나면 하인을 부릴 수도 있었는데, 《춘향전》에 나오는 향단이 그 예다.

기녀들에게는 기둥서방격인 '기부妓夫'라는 것이 있었다. 이 기부는 조선후기에 제도화되고 전국적으로 일반화되었는데, 기녀의 기부를 자청한 속 없는 선비도 있었다고는 하지만 대체로 천한 계층 출신이며, 관기들의 의식주를 관리했다. 기녀는 원칙적으로 국가 소속이기 때문에 기부가 있다고 하더라도 계속 관원들의 수청을 들어야 했다. 기부라도 기녀에 대한 소유권이 있는 것은 아니기 때문이다.

물론 소유권이 있다고 생각한 기부들이 없지는 않았다. 연산군 때 지방 기녀를 송출하는 과정에서 소유권을 주장하다 처형당한 기부들이 많았다. 만수라는 하인 출신의 한 기부는 사랑하는 기녀 추홍월이 서울로 압송되어가자 반항하다 죽임을 당하기도 했다. 연산군은 만수뿐 아니라 전국의 관기들을 궁중으로 잡아들이는 과정에서 반항하는 기부들을 살육했다.

뿐만 아니라 연산군은 전국에 자색 있는 여자들을 강제로 뽑아올려 기녀로 삼았는데, 원각사의 승려들을 쫓아내고 거기다 기녀들을 거주케 하기도 했다. 또한 미녀를 뽑기 위해 채청사라는 사절단을 구성하여 전국을 누비게 했는데, 뽑혀온 기녀의 수가 1천여 명에 달할 정도였다. 게다가 기녀들의 생계를 위해 세금까지 거두었으니, 백성들의 원성이 하늘을 찔렀다.

기녀라고 하면 이렇듯 국가 소속의 관기가 대부분이지만, 일반 기녀들도 있었다. 이들 중 혹 인물 좋고 가무가 뛰어나면 사대부의 첩으로 발탁되어 호화로운 생활을 보장받을 수도 있었다. 게다가 자식이라도 낳게 되면 기녀 신분에서 벗어날 수도 있었으므로 사대부의 첩이야말로 이들이 가진 최고의 소망이었다. 그러나 이러한 행운은 그야말로 낙타가 바늘구멍에 들어가는 격이고, 대부분의 기녀들은 매우 빈궁한 생활을 했다.

기첩 자손의 차별

조선시대 첩은 신분에 따라 양첩과 천첩으로 구분되었다. 양첩은 양가 출신의 첩을 말하며, 천첩은 여종 같은 천민 출신의 첩을 말한다. 이외에도 기첩이라 하여 기녀를 첩으로 얻는 경우가 많았는데, 기녀는 신분상 천인이므로 천첩에 속한다.

〈청금상연聽琴賞蓮〉 신윤복의 그림. 관아의 후원에서 벼슬아치들이 여흥을 즐기는 모습. 한 사내가 기생을 끌어안고 농탕질치고 있다. 장죽을 문 기생이 머리에 쓰고 있는 것은 전모이다.

　기녀가 첩이 되면 기녀 신분에서 일단 해방될 수 있었다. 그러나 천인이라는 신분에서 벗어나 양인이 되는 일은 원칙적으로는 불가능한 일이었다. 단지 기녀라는 직업에서 벗어날 수 있었을 뿐이었다. 물론 양반에 대한 예우 차원에서 양반의 천첩들은 천인 신분에서 양인 신분으로 신분상승이 가능했지만, 현실적으로는 극히 드문 일이었다. 게다가 양인 신분이되었다 하더라도 첩자손에 대해서는 엄격한 사회적 규제가 따랐기 때문에완전한 신분해방도 아니었다.

　조선시대 첩 소생들은 정처 소생의 적자들에 비해 엄청난 불이익을 당해야만 했다. 특히 '서얼금고법庶孽禁錮法'이라고 불리는 서얼규제법은 정승의 자식이건 재주가 뛰어나건 간에 과거시험 자체에 응시할 수 없도록 만들어 모든 서자들의 출세를 원천봉쇄해버렸다. 벼슬길을 완전히 막아버렸으니 이보다 더한 사회적 규제란 것은 없었다. 더구나 기첩에게서 낳은 자녀는 천첩 소생이라 하여 양첩 소생보다 더 가혹한 제재를 받았다. 일시적인 욕망에서 첩을 얻었으나 그 자손만대는 천첩 출신이라는 멍에에서 벗어날 수 없었다.

조선시대에는 첩의 자식뿐 아니라, 행실이 바르지 못한 여성과, 개가한 여성의 자손 또한 과거시험을 볼 수 없도록 했다. 현실적인 규제가 이러하다 보니 여성들은 자손을 위해 희생하지 않을 수가 없었다.

동서고금을 막론하고 조선시대는 유례 없는 서자들의 수난시대였다. 서자들이 적자들에 비해 수난을 받고 사회에서 낙오되도록 법적으로 규제하기 시작한 것은 태종 이후의 일이다.

태종은 적자가 아닌 서자가 가계를 계승하는 것을 너무도 미워한 왕이었다. 태조 이성계가 적자들을 제치고 둘째부인인 신덕왕후 강씨의 소생 방석을 세자로 삼았던 데에 대한 원한이기도 했다. 정통성을 찾는다는 명분을 내세워 태종은 왕자의 난을 일으켜 방석을 비롯한 정도전 등을 주살했는데, 방석뿐 아니라 태종의 가장 큰 정적이었던 정도전도 서자 출신이었다. 이후 태종은 서자는 현직에 임용하지 못하도록 못을 박아버렸다.

조선시대 서자에 대한 법적 제재는 양반 적자들의 견제와 맞물려 오랫동안 자자손손 그 굴레에서 벗어나지 못하게 할만큼 강력했다. 천첩 출신인 기첩 자손은 더더욱 제약이 가해졌는데, 기녀들은 이러한 사회적 제약을 나름대로 헤쳐나가려고 온갖 노력을 기울였다.

기녀들은 다양한 신분의 남성들과 잠자리를 할 수 있었으므로 자식을 낳게 되면 자식의 아버지가 누구인지 밝혀야 했다. 그런데 자식의 앞길을 위해서는 아버지의 신분이 중요했다. 아이의 아버지가 왕실 후손이거나 2품 이상의 고관이라면 자식은 천인 신분에서 벗어날 수 있었기 때문이다. 따라서 솔직하게 자식의 아버지를 밝히지 않고 "이 아이는 왕실 아무 종친과 사통하여 임신했다"고 거짓말을 하는 경우가 심심찮게 발생했다. 실제로도 종친들이 기녀를 첩으로 삼는 경우가 많아 이를 확인하기란 쉽지 않았다.

기첩 자식을 양인화할 수 있게 된 것은 세조 때부터였다. 재상 이중지가 본처에게 아들이 없고 기첩에게만 아들이 있자, 세조에게 자신의 아들을 종량從良시켜달라고 하여 허락을 받았다. 이를 계기로 기첩 소생이 양인이 되는 종량이 법적으로 허락되었다. 그러다 보니 기첩 소생들이 왕실족보인《선원록璿源錄》에 이름이 올라가는 경우도 생기고, 종친의 첩자손들을 반강제적으로 양반 사족과 결혼하게 하여 원망을 자아내기도 했다.

이러한 병폐를 막기 위해 성종은 종친이 정식 기첩 외에 서울 밖의 기생과 사통하여 낳은 자녀는 아버지의 신분을 따르지 못하도록 했다. 명종 때에는 종친이 여색에 탐닉하여 기생첩을 두는 것조차도 금지했다. 그러나 지켜지지 않은 법이었다.

조선시대에는 정통성을 중시했으므로 본처를 홀대하고 기첩을 사랑하는 것은 선비의 부부윤리가 아니라고 강조되었다. 그러나 부인보다 기첩들이 더욱 사랑스러운 것을 어쩌랴. 본처들은 남편의 사랑을 잃은 대신 사회적 대우에 만족해야 했고, 기첩들은 남편의 사랑을 얻은 대신 개선되지 않는 차별을 감수해야만 했다. 불평등한 성윤리에서 나오는 불이익은 언제나 여성의 몫이었던 시대였기 때문이다.

춘향이가 변사또의 수청을 거절할 수 있었던 이유

조선시대 기녀 하면 가장 먼저 떠오르는 인물은 아마도 황진이일 것이다. 황진이는 양인 출신의 여성으로서, 스스로 기녀의 삶을 택한 그야말로 파격적인 인생을 살다 간 여성이다. 조선시대 양인 여성들이 기녀가 되는

〈춘향전도〉 광한루에서의 만남(왼쪽)과 어사로서의 재회 장면(오른쪽). 경희대박물관 소장.

경우는 대체로 경제적인 이유 때문이었는데, 황진이처럼 양인 여자가 스스로 기녀가 되는 경우는 거의 없었다고 할 수 있다.

황진이의 삶이 파격적이었던만큼 《춘향전》으로 우리에게 낯익은 성춘향의 삶도 드라마틱하다. 황진이와 달리 춘향은 실존인물이 아닌 소설 속의 주인공이지만, 기녀의 딸로 태어난 춘향이가 양반가의 며느리로 변신하는 것이 당시 사회에서 정말 가능한 것인지 궁금하지 않을 수 없다. 이 문제를 풀기 위해서는 조선시대 기녀들의 신분세습 문제를 먼저 따져보아야 한다.

앞서 살펴보았지만, 조선초기에 웬만한 양반들은 기첩을 하나씩 거느리고 있었다. 따라서 기첩에게서 얻은 자식들도 있게 마련인데, 기첩 자식들은 서자인데다가 어머니 쪽의 신분을 이어받는 이른바 '종모법從母法'이라는 신분제로 인해 천민이 되어야 했다.

더구나 조선시대에는 각 신분에 따른 직역職役이라는 것이 있었다. 말하자면 지금의 직업과도 같은 것인데, 한번 세습된 직역은 바꿀 수 없는 것이 지금과 다른 점이다. 예컨대 기녀가 신분상으로 천인이라면, 기녀는 직역인 셈이다. 그러므로 기녀가 딸을 낳으면 딸에게 기녀라는 직업을 물려주어야 했다. 그러나 아버지의 입장에서 첩의 자식일지언정 신분적 굴레에 있는 자식을 바라보고 있기란 힘든 일이다.

이러한 까닭으로 태종 14년(1414)에 관품이 2품 이상인 자들의 비첩 자식을 양인으로 허락해줌으로써 잠시 동안이나마 신분적 제약이 풀어지기도 했다. 또한 5품에 한해서는 '대비정속代婢定屬'이라 하여 자기 집의 노비를 대신 바치면 가능하도록 해주었다. 그러나 세종 11년(1429)에 '공사천자 종모법'이라는 어머니 쪽 신분세습법이 다시 부활함으로써 양인화의 통로가 막히고 말았다. 자식을 양인으로 하기 위하여 친아버지가 아닌데도 종친이나 고관대작을 지목하여 "누구누구의 자식"이라고 하는 폐단 때문이었다.

"타인의 아버지를 자기의 아버지라 하고 타인의 자식을 자기 자식이라고 한다면 명분과 실상이 흐트러질 것이다"라는 이유로 정부는 잠시 풀어주었던 제도를 다시 원점으로 되돌렸다. 그러나 이것은 어디까지나 명분이었고, 그 이면에는 많은 수의 첩자손들이 양인화되는 것을 막고자 한 이유가 더 크게 작용했다.

그러나 지방 기녀보다 월등한 대우를 받고, 양반과 접촉할 기회가 많았던 서울 기녀들은 이러한 규정에서 벗어난 특례를 받기도 했다. 아무리 어머니의 신분을 따른다고는 하지만 간혹 재상과 기녀 사이에서 자식이 태어날 경우에 이들을 무조건 천인 신분으로 남겨둘 수도 없는 노릇이었다. 그리하여 관기와 양인 남자 사이에 난 자녀에 한하여 자기 집 종을 대신 바치면 신분 해방이 가능할 수 있도록 해주었다.

그러면 화제를 다시 《춘향전》으로 돌려보자.

《춘향전》은 판본에 따라 약간씩 내용이 다르다. 판본에 따라 춘향의 신분은 관기 또는 성참판의 서녀로 묘사되어 있다. 그렇다면 관기 또는 서녀 신분인데도 양반인 이도령과 정상적인 결혼이 가능했을까? 물론 이론적으로는 가능하다.

춘향은 관기 월매의 딸이므로 그녀의 신분은 어머니의 신분에 따라 자연히 관기가 된다. 춘향이 관기라면 변사또의 수청을 거절할 수 없었을 터인데, 《춘향전》은 이 문제를 해결하기 위하여 춘향이 대비정속한 것으로 묘사하고 있다. 춘향의 미모를 익히 들은 변사또가 "춘향의 이름이 왜 명부에 빠져 있냐"고 따져 묻자 아전은 "춘향이 대비정속하여 수절하고 있다"고 아뢴다. 이로써 춘향전의 저자는 독자가 가질 수 있는 의문을 해결했다.

앞서 잠시 언급했지만, 대비정속이란 춘향 대신 다른 여종을 관기로 보내고 자신은 관기로서의 임무에서 벗어나는 것을 말한다. 물론 상당한 재력이 뒷받침되지 않고서는 불가능한 일이다. 게다가 춘향이 스스로 대비정속하기란 당시 현실로는 매우 어려운 일이다. 대비정속에는 재물 외에도 막강한 후견인이 필요했기 때문이다. 《춘향전》에서는 이도령이 춘향을 대비정속해준 것으로 묘사함으로써 이 문제를 깔끔하게 해결했다. 이것이 관기 명부에 춘향의 이름이 빠져 있는 이유다.

또 하나, 춘향의 어미 월매가 사대부의 기첩이었다면 춘향은 양반의 서녀로서 신분상 양인이 될 가능성이 크다. 조선후기로 갈수록 양반의 서자나 서녀들은 어머니의 신분을 그대로 이어받지는 않기 때문이다. 조선후기 신분이동과 신분상승 의식이 반영되어 《춘향전》의 후기판본은 춘향이 관기가 아닌 양반가의 서녀로 묘사되어 월등히 상승한 신분을 보여준다. 이렇듯 이론상으로는 춘향이 이도령과 결혼하는 데 아무런 하자가 없지만, 실제로 그러한 개연성이 있는 사회는 아니었다.

한편, 춘향이는 대비정속했으므로 변사또의 수청을 당연히 거절할 수 있었다. 그러나 관기가 수청을 거부하면 오히려 벌을 받는 게 당시 현실이었다. 조선시대 수원의 한 관기가 수청을 거절하다 매를 맞자 다음과 같이 항변했다.

"어우동은 음행하여 죄를 얻었는데, 나는 음행을 거절하여 죄를 얻었으니 조정의 법이 어찌 이렇게 다른가?"

어우동은 사대부가의 여성이었으므로 음행하는 것이 죄였지만, 기녀는 사대부 남성들의 음행을 위해 존재했기 때문에 수청을 거절하는 것은 곧 직무유기죄에 해당되었다. 신분에 따라 다스리는 법도 달랐던 시대였기 때문이다.

3.양반과 기녀와의 스캔들

기녀의 동반자, '양반사대부'

《조선왕조실록》에는 기녀로 말미암아 낭패를 본 양반사대부들의 스캔들이 수없이 나온다. 변방에 처가 없는 외로운 군사들을 위해서 존재한다는 본령에서 벗어나 점차 지방 수령을 비롯한 관원들이 기녀들과 함께 음욕에 빠지는 일이 많았기 때문이다.

기녀가 관청 소속인만큼 관원들과의 접촉은 너무도 쉬웠다. 접촉이 잦다 보니 그에 따른 스캔들도 일어나게 마련이었는데, 간혹 기녀에 빠진 관원들 중에는 본처를 버리기도 하고, 말썽이 생겨 파직당하기도 했다. 관원이 기녀와 함께 풍류를 즐기는 것이 법에 저촉되는 일은 아니었으나, 기녀에 빠져 본인의 임무를 망각해서는 안되었다. 합법적으로 기녀와 어울릴 수 있었던 양반사대부였지만 금기나 제약이 전혀 없었던 것은 아니기 때문이다.

금기사항이란 이런 것들이었다. 즉, 기녀에게 수청이 아닌 강간을 해서는 안되며, 특히 국상이나 부모상, 국가 변란기에 기녀와 어울리면 탄핵받아 관직에서 파직되거나 좌천되었다. 이중에서도 특히 상중 음행은 파렴치한 불효불충자라는 낙인이 찍히는 일이었으므로 조심해야만 했다.

태종 때 조윤이라는 자는 부친상을 당하고도 기첩과 통간하다 발각되었는데, 조윤은 정승까지 지낸 공신 조영무의 아들이었다. 태종은 조윤에게 "부친을 배반하고서 어찌 아비의 음덕을 입겠느냐"며 곤장 1백 대를 때렸다. 이와 같이 상중에는 기녀를 멀리하는 것이 사대부들의 풍속이었다.

《대명률》에도 '관리로서 기생집에서 자면 장형 60대'라고 규정되어 있을 정도여서 기생과 놀아나는 것을 들키기라도 하는 날에는 탄핵을 각오해야 했다. 정종 때 이조좌랑 이승조는 궁궐에서 숙직하면서 기생을 불러들이다 발각되어 귀양을 갔고, 성종 때 홍문관 부제학 유윤겸과 함양 군수 조위는 관기를 첩으로 삼았다가 탄핵받기도 했다. 이렇듯 기생과 간통하여 귀양가거나 파면되는 일은 왕조 내내 끊이질 않았다.

그러나 기녀와 어울리다 파면당하는 일은 빙산의 일각이었다. 수령으로서 그 고을의 관비를 간음한 자는 모두 적발하여 삭탈관직하도록 법전에 엄연히 규정되어 있었으나, 대체로 지켜지지 않았다. 지금도 성희롱에 대한 해석이 모호하듯이 당시에도 간음과 수청의 경계선이 불분명했기 때문이다. 수청받은 것뿐이라고 오리발을 내밀면 그뿐이었다. 변학도가 춘향에게 수청을 강요하는 것도 당시 현실로서는 특별한 일도 아니었다.

기첩의 존재는 출세를 가로막는 장애가 되기도 했지만, 가정 불란의 원인이 되기도 했다. 조선초기에는 양반에서 일반 서민에 이르기까지 기생 첩에게도 집안일을 관리하게 하여 적처와 다름없는 권리를 행사하는 경우가 많았다. 게다가 기생으로 인하여 부부간의 사이가 틀어지고, 형제나 친구간에도 기녀를 두고 서로 싸우는 부작용이 속출했다. 따라서 기녀를 첩으로 들이지 못하도록 하자는 논의가 일어나기도 했지만 불발로 그쳤다.

물론 조선초기부터 기녀제도를 없애야 한다는 논의는 있었다. 유교윤리를 앞세운 조선왕조인만큼 기녀의 존재는 점잖지 못한 일이기 때문이다. 따라서 서울 기녀를 제외한 지방 기녀들을 없애자고 하여 태종의 허락까지 받아냈으나, 유독 하륜이 반대하여 흐지부지되었다. 게다가 이런 논의와는 별개로 태조와 태종은 기첩을 얻어 자식까지 얻은 왕이었다.

세종 때에도 기녀제도의 폐지로 의견을 모은 관료들이 여색을 전혀 밝히지 않는 허조에게 조언을 구했으나, 예상을 뒤집고 허조가 반대함으로써 유야무야되고 말았다.

폐지론을 번복시킨 허조의 반대의견은 이랬다. 전국의 창기는 모두 관청의 소유물이므로 범하는 것은 너무도 당연하며, 만일 창기를 없앤다면 관리들이 여염집 여자를 범하게 되어 훌륭한 인재들이 벌을 받게 되므로 없애서는 안된다는 것이다.

유흥을 멀리한 선비의 말이어서일까? 허조의 주장은 설득력이 있었다. 폐지는커녕 오히려 국가법전인 《경국대전》에 '3년마다 기녀 150명을 뽑아 올린다'는 조항까지 만들어 명문화하기에 이르렀다.

더욱이 폐지론은 온데간데 없어지고 오히려 양반과의 스캔들로 기녀들이 귀양가거나 벌을 받게 되어 그 질이 떨어질까 걱정했다. 성종은 이 문제를 해결하고자 기녀들이 간통사건으로 귀양가는 것을 가급적 줄이고 양인 출신 여성들도 기녀가 될 수 있는 길을 넓혔다. 많은 천민 출신의 여성들이 자신의 신분상승을 위해 기녀가 되었으나, 기예를 익히는 데는 양인 출신 여성들보다 못했기 때문이다.

이와 같이 기녀를 탐해서는 안된다는 선비윤리에도 불구하고 여체에 대한 본능적인 갈망은 누구도 막기 힘든 일이었다. 기녀제도는 오랜 논란에도 불구하고 폐지되지 않고 양반과 함께 흥망성쇠를 나누었다. 그러다 보니 《홍길동전》을 지은 허균 같은 이는 "인간의 정욕을 어찌 막겠느냐"며 오히려 위선적인 선비윤리를 꼬집었다.

기녀와 간통하다 상투 잘린 이조정랑

조선시대 기녀와의 간통으로 신세를 망치거나 지탄받은 양반들이 많았던만큼 그에 대한 일화도 많은데, 그중에서도 이영서란 인물의 일화가 재미있다.

이영서는 여색을 무척이나 밝혔던 인물이었는데, 어느 날 소양비라는 기녀와 간통을 했다. 그런데 소양비는 이미 민서라는 사람의 기첩이었다.

사랑하는 기첩이 다른 남자와 간통했다는 소식을 들은 민서가 아우와 조카를 대동하고는 현장으로 달려가 가지고 있던 칼로 이영서의 상투를 잘랐다.

"내가 네 목을 끊지 않는 것은 나의 은문이기 때문이다."

은문이라 한 것은 민서가 무과시험을 볼 때 이영서가 시험관이었기 때문이다. 민서는 이영서를 죽을 지경으로 때리고 형조로 끌고갔는데, 형조에서는 이영서가 이조정랑의 신분인지라 풀어주고 기생 소양비만 가두었다.

이영서가 석방되자 분한 마음을 억누룰 수 없었던 민서가 간통 사실을 소

상투머리 상투는 성인 남자의 머리형으로, 머리카락을 자르지 않고 위로 끌어모아 틀어서 맨다. 이는 일찍 신라시대부터 고려시대를 거쳐 조선시대에까지 내려왔으나, 조선시대 제26대 고종 32년 (1895) 11월에 단발령이 내려지자 점차 사라지게 되었다.

문내고 다녔다. 이영서는 할 수 없이 형조에다 민서를 고발했는데, 이 사건은 결국 세종의 귀에까지 전해졌다.

세종은 이영서가 간통한 것은 죄지만, 이미 상투를 잘랐다면 그것으로 원한을 갚은 것인데, 이조정랑을 사사로이 노상에서 결박하여 구타하고 모욕한 것은 너무 심하다고 했다. 세종은 민서와 그 아우 민발의 관직을 빼앗고 그들을 오히려 구속하는 조처를 내렸다.

그런데 이영서가 간통하다 상투가 잘리는 수모를 당한 것은 이번이 처음은 아니었다. 생원 시절, 성균관에서 일하는 종의 처를 범하다가 붙잡혀 상투가 잘린 경험이 있었던 호색한이었다. 이때 병조정랑 이현로가 이영서를 위로(?)하며 이렇게 말했다고 한다.

"자네 머리털은 꼭 베면 다시 나는 부추나물일세그려."

허락된 매춘과 금지된 매춘

1. 매춘의 발생

매춘은 결혼제도를 유지시키는 필요악인가?

《풍속의 역사》를 쓴 에두아르트 푹스는 "매춘제도란 사유재산제를 기반으로 하는 일부일처제와 밀접한 관계하에 놓여 있다"고 했다.

일부일처제는 사회 인습적이고도 계약적인 면이 강한 결혼제도이다. 그만큼 부부간의 성적 책임과 순결성을 강조하는 면이 강하게 담겨 있다고 할 수 있다. 반면, 부부간의 성 밸런스가 깨지면 매춘을 발생시킬 요소도 많은 결혼제도다. 이러한 관점에서 본다면, 매춘이란 일부일처제의 아래에서 필연적으로 나타나는 필요악인 셈이다.

이러한 상관관계는 결혼과 매춘의 역사에서도 흔히 볼 수 있다. 매춘이 성에 대한 음탕한 유희에서 비롯된 것이라는 편견만 배제한다면, 매춘은 결혼제도의 발달과 함께 시작된 인류 성문화의 하나라고 할 수 있다. 자유로운 짝짓기 수준의 대우혼제對偶婚制*에서는 매춘이 드물다가 일부일처제가 정착되는 과정에서 매춘이 본격적으로 시작되는 것도 결혼제도와 매춘이 매우 밀접한 연관이 있음을 보여준다.

푹스의 이론대로라면, 우리 나라는 일본보다 먼저 일부일처제가 정착되었으므로 매춘도 일본보다 빨리 시작되었을 것이라는 결론에 도달하게 된다. 그러나 일반적으로 매춘의 역사가 일본보다 먼저 시작되었다고 보지 않는다. 매춘이 발달한 중국이나 일본과 달리 우리 나라는 일제시대에 와서야 비로소 매춘이 시작되었고, 그 이전에는 매춘이 존재하지 않은 것으로 보는 편이다. 특히 성적 규제가 심했던 조선시대에는 매춘이라는 것이 결코 존재하지 않았다고 생각하는 연구자들도 있다.

그러나 조선시대에는 비록 금지는 되었지만, 엄연히 매춘이라는 것이 있었다. 뿐만 아니라 매춘과 유사한 기능을 할 수 있는 공식적이고도 제도화된 장치들이 있어서 다른 어떤 시대보다도 안정적인 결혼생활을 유지할 수 있었다. 다만 남성들에게만 편중된 성적 자유로움으로 비롯된 안정된 결혼생활이었다는 것이 문제일 뿐이었다.

여성들이 결혼을 아주 가치있다고 생각할수록 매춘의 발생률은 높아진다고 한다. 더욱이 일부일처제뿐 아니라 일부다처제 또한 매춘 발생률을 억제하지 않는다고 한다. 왜냐하면 일부다처제는 남성을 합법적인 성적 상대 없이 방치해두기 때문이다. 따라서 전통시대의 매춘은 어떤 형태이건 결혼제도를 보완해주는 장치로서 필요했고, 한편으로 혼자 사는 여성들의 사회·경제적 자립의 수단이기도 했다. 이러한 이유에서 서양과 중국, 일본에서는 '유곽'이라는 매춘지역을 아예 지정해놓고 매춘행위를 인정해주었다.

●대우혼 : 미개시대의 사회에서, 한 혈족의 형제 또는 자매와 다른 혈족의 형제나 자매 사이에 남자 한 사람에 여자 한 사람씩 짝을 짓는 결혼형태.

다른 나라들이 매춘행위를 인정해준 반면, 조선시대에는 매춘행위가 일절 금지되었다. 매춘은 풍속을 문란시키는 음란한 행위라는 판단 때문이다. 그러나 이것은 유교적 명분일 뿐, 실제로는 기녀나 첩과 같은 양성적인 매춘이 제도권 안으로 이미 흡수되어 있어 다른 나라에 비해 필요성이 덜했을 뿐이었다.

매춘은 언제부터 시작되었을까?

우리 나라에서 매춘이 언제 시작되었는지 정확한 시기는 알 수 없지만, 고대 문헌기록에 이미 매춘업에 종사한 것으로 보이는 여성들이 등장하고 있다. 《북사北史》와 같은 중국측 문헌에 등장하는 '유녀遊女'라고 불리는 고구려 여성들이 바로 그 주인공들인데, 유녀란 '정해진 남편이 없는 노는 여자들'을 의미한다. 이 유녀들은 소위 남편 이외의 여러 남자를 상대하는 여성들을 총칭하여 중국식으로 표현한 것이다.

고구려 사회에서 유녀가 발생하게 된 원인은 필요성에 의해서였다. 자유연애가 만연한 사회라 하더라도 유동인구가 많이 발생하고 정복전쟁이 빈번할 경우, 한 곳에 상주하지 않는 남성들이나, 아내가 없는 변방의 군사들을 상대할 매춘부가 필요하기 때문이다. 그러므로 정복전쟁이 빈번했던 삼국시대에 병사들의 위안부 역할을 하는 매춘부는 국가에서도 필요했을 것이다. 국가는 이들로부터 세금을 거두어들일 정도로 이들의 존재를 공식화했다.

유녀는 비단 우리 나라에만 보이는 것은 아니다. 중국 및 일본에도 우리와 유사한 유녀가 존재했다. 중국에서 유녀의 등장은 우리 나라나 일본에 비해 시기적으로 훨씬 올라가고, 일본에서 유녀의 등장은 가장 늦은 10세기경이다.

일제시대 용산에 있었던 도산桃山유곽 일제는 이 땅에 공창제라는 독버섯을 심어놓았다.

일본에서 유녀의 전신은 '유행여부遊行女婦'인데, 이들은 관료를 대상으로 여흥을 돋우는 일을 했다. 그러나 이들이 성을 처음부터 매매하지는 않았고, 점차 유녀로 변질되면서 본격적인 매춘을 했다고 한다.

동양 3국 중 매춘이 가장 번성한 것은 중국이었다. 중국에서 매춘은 한나라 때부터 공공연히 퍼져 있었는데, 성을 불로불사의 비술로 간주하는 사상이 널리 퍼지면서 성행위가 장려되었다. 당나라 때는 궁전 일각에 '북곽'이라는 매춘 전용지역이 만들어지기도 했다. 중국 및 일본과 달리 우리나라에서는 한말 일본에 의해 공창제가 일반화되기 전까지 매춘부는 있었지만, 중국의 '북곽'이나 일본의 '유곽'과 같은 매춘 전용지역은 없었다.

강요받은 매춘

성을 상품화했다는 부정적인 평가를 잠시 접어둔다면, 전통시대에서 매춘은 홀로 된 여성들이 먹고 살기 위한 경제적 독립의 한 수단이었다. 여성의 경제적 자립이 힘든 시대일수록 매춘은 여성의 독립생활을 가능하게 해준다.

독신 여성이 경제적인 이유로 매춘부로 전락하는 데는 우선 전통시대의 사회적 특성이 한몫을 거든다. 전통시대에 여성은 가정에 틀어박혀 가사노동을 하는 것이 고작이었고, 할 수 있는 일도 한정되어 있었으므로, 생계를 위해서도 결혼은 필수였다.

그런데 처녀가 아니라는 이유로 거절당해 결혼할 수 없는 처지에 처한 여성이거나, 결혼한 뒤라도 간통이나 이혼 등 여러 가지 이유로 부양해줄 남자가 없을 경우 여성들에게 생계란 생존의 문제가 아닐 수 없다. 생계를 위한 직업이 없는 시대이다 보니 생존을 위한 직업을 찾게 되고, 비록 경제적 이유가 아니더라도 부정한 여자로 낙인찍히면 사회 일원으로 살아갈 수 없는 전통사회의 구속력 또한 매춘부로 전락하도록 만드는 요인으로 작용했다.

우리 나라에서 정조관념이 희박한 여성으로 낙인찍혀 국가 소속의 매춘부가 되거나, 평생 그러한 굴레에서 벗어날 수 없는 여성들이 속속 생겨나기 시작한 것은 고려시대부터다. 이들은 기녀와 달리 지켜야 할 정조를 잃어버린 여성들인 셈인데, 그에 대한 형벌로서 매춘을 강요받았다. 고려시대에는 이러한 여성들을 가리켜 '자녀姿女' 또는 '유녀遊女'라고 불렀다.

《고려사》에 의하면, 고려 고종 때 이수라는 자가 처가 죽자 처질부와 간통하다 발각되었는데, 이수는 이 일로 귀양가고 그 질부는 〈유녀적〉이라는 실행녀 명부에 이름이 올라 매춘부가 되었다. 또한 충정왕 때 익흥군 왕거의 처 박씨가 간음하다 들켜서 신창관의 자녀가 되기도 했다. 종친 출신의 부녀자가 간음했다 하여 신창관의 자녀로 전락시키는 것은 상당히 파격적인 형벌이라고 하지 않을 수 없다. 당시 신창관은 외국 상인들이 내왕하던 곳이었는데, 이곳에서 국가소속의 공창公娼들이 이들 외국 상인들

〈휴기답풍攜妓踏楓〉신윤복 그림. 양반이 기생과 함께 단풍놀이에 나섰다. 조선시대에는 기녀를 제외한 일반 여성의 매춘을 금했지만, 음성적인 매춘을 막을 수는 없었다.

을 접대했다. 말하자면 자녀는 국가소속의 공창으로서, 양가 집안의 여성들이 간통했을 때 받는 형벌의 일종이었다.

2. 매춘과 매춘부

조선시대에도 매춘부가 있었다

매춘부란 여성에게 부과된 구속으로부터 벗어나 자유롭게 여러 남자와 섹스하고 그로부터 일정의 대가를 지불받는 여자들을 말한다. 남자들에게만 전적으로 허용되었던 성적 배출구 역할을 담당한 여성들이라고 할 수 있다.

조선시대에는 기녀를 제외한 일반 양인 여성들의 매춘을 일절 금지했다. 하지만 음성적으로 양산되는 매춘을 막을 수는 없었다. 조선시대 매춘에 종사한 직업 중 대표적인 것이 기녀라고 할 수 있지만, 기녀는 일부 양반 지배층만을 상대했기 때문에 한계가 있었다. 게다가 기녀는 제도권 내의 매춘녀라 할 수 있으므로 일반적인 매춘과는 성격이 다르다.

조선시대 제도권 밖의 매춘녀는 이른바 '유녀'와 '화랑'이라고 불리는 여성들이다. 이들은 기녀처럼 신분상 매춘행위를 하도록 지배층에 의해서 의도적으로 만들어진 매춘녀들은 아니다. 단지 간통 등의 이유로 순결이나 정조를 잃어버린 양인 여성들이거나, 그밖의 천민 여종들이었다.

다른 어떤 시대보다도 여성의 정조를 강조한 조선시대에 양인 여성들이 매춘부로 전락한다는 것은 있을 수 없는 일이었다. 따라서 국가에서는 공권력을 동원하여 양인 여성들의 매춘행위를 근절하고자 했다.

그러나 순결과 정조를 잃어버린 여성들을 죄악시한 성리학적 윤리 앞에서 '타락녀'로 한번 규정돼버린 여성은 더이상 정상적인 사회생활을 할 수가 없었다. 이들 앞에 놓여 있는 선택이라는 것은 죽음이었고, 유녀 신분이 탄로나 관가에 발각이라도 되면 노비 신세가 될 뿐이었다. 한번 매춘녀로 낙인찍힌 여자는 싫든 좋든 그 생활에서 벗어날 수 없는 악순환이 반복되는 것이다.

'유녀'라고 불리는 매춘녀들

여성의 성적 분방함을 관대히 보아주는 사회일수록 매춘의 부류에 들어가는 성행위는 그렇지 않은 사회보다 훨씬 적을 수밖에 없다. 이와 같은 관점에서 본다면, 조선시대 유녀라는 매춘녀들은 여성의 음행을 절대 용납하지 않은 성윤리 속에서 탄생했다. 유녀는 남성을 상대로 한 직업여성을 총칭하기도 하고, 매음만을 주업으로 한 여성들을 지칭하기도 하는데, 매춘이 일반화되기 시작한 조선후기 이후에는 창녀의 대명사로 인식되었다.

조선시대 유녀들은 개인적으로 매춘행위를 한 것이 아니라 집단적인 관리를 받았다. 일반 관청에서 양민 출신의 여자나 계집종들을 〈유녀적〉이라는 장부에 이름을 올려놓고 관비와 같이 부렸는데, 〈유녀적〉이라는 관청장부는 일생토록 유녀 신분에서 벗어날 수 없는, 말하자면 살생부였다. 그러다 보니 유녀가 되면 아예 직업여성으로서 드러내놓고 매춘행위를 하기도 했다.

게다가 유녀로 끌어들이기 위해 간통했다고 거짓 소문을 퍼뜨려 신세를 망치게 하는 일도 종종 일어나게 되었다. 관에서는 유녀들을 노비로 부릴 수 있는 이점이 있었으므로 이들이 양산되는 것을 방조했다. 따라서 간통한 여자인지 아닌지를 구별하지도 않고 소문만으로 무작정 〈유녀적〉에 이름을 올렸다. 때문에 중앙정부에서는 유녀의 양산을 조장하는 〈유녀적〉을 없애고자 했지만, 부패한 지방관이 있는 이상 실효성이 있을 리가 없었다.

그러면 유녀들이 상대했던 남자들은 누구였을까? 조선시대에는 매춘지역이 따로 없었으므로 매춘부들은 전국을 떠돌았는데, 특히 변방의 아내 없는 군인들을 대상으로 매음행위를 했다. 또 봄과 여름에는 세금을 거두는 장소에 가서 돈을 벌고, 가을과 겨울에는 산간의 절간으로 가서 매춘행위를 했다.

유녀들의 배후에는 이들을 관리하는 소위 '색인色人'이라 불리는 포주들이 있었다. 이들은 유녀나 화랑을 데리고 다니면서 매춘행위를 조장하고 이들로부터 이익을 챙겼다. 이들 색인들의 성별과 신분은 정확히 알 수 없으나, 상당한 재력을 갖춘 상인들이 주축이 되었다. 이들은 일단 재물로써 양가의 처녀를 꾀어내어 실행하게 한 다음 유녀로 만드는 수법을 사용한 악덕 상인들이었다.

매춘의 금지

매춘을 금지했음에도 불구하고 매춘녀들이 계속 양산되자, 국가에서는
양인 여자를 사들여 창녀로 만들면 장 1백 대의 형벌에 처하도록 했고, 매
춘을 조장하는 색인들의 재산을 몰수하는 등 매춘업을 근절시키고자 노력
했다. 그러나 매춘행위는 워낙 음성적이어서 적발하기가 쉽지 않았다. 한
편에서는 색인들로부터 뇌물을 받은 관가의 서리들이 매춘행위를 방조하
는 부정이 저질러지기도 했다. 따라서 서리들의 방조행위가 적발되었을
경우에는 좌천시키는 등 엄벌에 처하도록 하고, 상금을 걸어 매춘행위의
적발을 유도하기도 했다.

매춘을 금지하고자 하는 의지는 매춘녀가 된 여성들에게도 마찬가지로
적용되었다. 정부에서는 양인 여성들이 유녀생활을 하다가 적발되면 관비
로 만드는 등, 천민 출신의 유녀들보다 무거운 처벌을 받도록 했다. 반면,
들켜봐야 손해볼 것이 없는 천민 출신의 유녀들은 적발된 뒤에도 계속적
으로 매춘을 하는 경우가 종종 있어 실제 매춘행위는 근절되기가 힘들었
다. 더욱이 개인 소유의 여종들은 주인들 몰래 매춘행위를 하기도 하고,
주인이 나서서 매춘행위를 하게 하여 화대를 챙기는 경우도 있었다.

매춘이 성행하는 데에는 전쟁과도 연관이 있었다. 임진왜란 때는 명나
라 군인들을 상대로 한 매춘이 성행하기도 했는데, 당시 명군들은 조선의
유녀뿐 아니라 양인 처자들을 간음하는 일도 종종 있어서 사회문제가 되
었다. 게다가 통역을 담당한 역관들이 명군과 유녀 사이를 연결시켜주기
도 했다. 조선정부에서는 중국 군사와 매춘하다 발각된 유녀들을 성 10리
밖으로 쫓아내도록 했다.

임란으로 국경을 넘는 일이 쉬워지다 보니 중국인을 따라 국경을 넘어 매춘행위를 하는 경우도 있었다. 매춘녀들이 국경을 넘는 것은 우리 나라 뿐만이 아니었다. 동래나 부산 등지에 거주하는 왜인들을 상대로 일본 매춘부들이 한반도에 유입되기도 했다.

이와 같이 조선시대에도 매춘이 있었지만, 성행한 것은 아니다. 본격적으로 매춘이 창궐하게 된 것은 한말 이후부터인데, 이 시기의 매춘은 조선시대와 그 성격이 다르다. 한말부터 현재까지 매춘녀가 되는 길은 원인이야 어찌되었든 간에 자의적인 것이 대부분이다. 그러나 조선시대 매춘녀들은 강간이나 간통으로 돌아갈 곳 없는 여자들이 많았다. 따라서 정부의 강력한 매춘 금지에도 불구하고 근절되지 못하는 아이러니 속에 매춘은 점차 양산되어만 갔다.

매춘녀들의 이름이 적혀 있는 일기장

조선 인조대 박취문(1617~1690)이라는 사람이 쓴 《부북일기赴北日記》라는 것이 있다. 이 일기는 박취문이 함경도 회령부와 경성의 병영에서 의무군 생활을 마치고 집에 돌아가기까지 약 1년간의 생활을 적어놓은 것이다. 물론 이 일기는 여느 일기와 마찬가지로 잡다한 생활 주변이야기가 주된 내용이지만, 무과에 급제하여 변방에서 산 인물의 일기인만큼 병영에 관한 일이 대부분이다.

그런데 이 일기가 여느 일기와 다른 흥미로운 사실은 바로 군생활을 하기 위해 목적지로 가는 동안 주막에서 동침했던 여인들의 인적 사항과 이름을 기록해놓았다는 점이다. 지금 입장에서 보면 너무나 솔직한 내용이 아닐 수 없다. 처가 아닌 다른 여자와의 동침 사실을 적어놓아도 아무런 문제가 없었는지 알 수 없으나, 군인들이 공공연히 유녀들과 잠자리를 했다는 사실이 재미있다.

　이 일기에 의하면, 박취문은 함경도로 가는 동안 숙박을 하기 위해 들른 주막에서 많은 여자들과 동침하고 있다. 박취문이 잠자리를 같이 한 동침녀들은 대개 천민 출신 여자들로서, 기생이나 숙박한 집의 여종, 주막의 주탕酒湯들이었다.

　몇백 년이 지난 지금 박취문은 자신의 일기에 적혀진 동침녀들의 이름이 공개되리라고는 상상도 못했겠지만, 일기에 선뜻 적어놓은 것을 보면 당시로선 그다지 흉되는 일이 아니었나 보다. 일기이다 보니 통진이, 분이 등의 동침녀 이름 외에도 잠자리를 같이 한 날짜가 기록되어 있는데, 잠시 소개하면 다음 표와 같다.

연 월 일	동침녀	비고
인조 22 12. 11.	婢 통진	친족집 비
12. 15.	婢 분이	숙박한 주인집의 비
12. 16.	酒湯 춘일	
12. 22.	酒湯 향환	
12. 26.	酒湯 예현	숙박한 주인집의 여자
12. 30.	妓 현향	
인조 23 01. 02.	妓 건리개	
02. 05.	妓 예제	숙박한 주인집의 여자
02. 06.	妓 옥매향	
02. 11.	妓 옥순	
2. 13.	婢 율덕	숙박한 주인집의 비
2. 14.	賤民 향춘	숙박한 주인집의 여자
2. 17.	妓 월매	
2. 23.	婢 노종	사비私婢

4. 10.	婢 매옥	가비家婢
6. 28.	妓 순진	
윤 6. 19.	妓 설매	
8. 13.	妓 옥이	
8. 14.	妓 격향	
8. 15.	妓 격향	
10. 21.	妓 옥매	
10. 23.	妓 애생	사비
10. 25.	妓 애생	

박취문의 동침 날짜와 동침녀 우인수, 《부북 일기를 통해 본 17세기 출신군관出身軍官의 부방생활》 (《한국사연구》 96)에서 인용함.

　이상의 기록에 나타난 여인들은 박취문이 목적지로 이동하던 과정에서 만나 동침했던 여인들이다. 대체로 기녀 출신들이 많은데, 주탕이나 여종들은 유녀의 일종으로 보인다. 유녀들이 주막 같은 데서 기거하면서 상인들이나 군관들을 상대로 매춘행위를 했음을 박취문의 일기는 분명하게 보여준다. 박취문이 이들 여인들과 동침하면서 화대인 왕팔채를 얼마나 주었는지 궁금하지만, 안타깝게도 적어놓지 않아 알 수가 없다.

　박취문이 막상 목적지에 도착해서는 '방직기녀房直妓女'라는 것이 정해져서 불특정 다수의 여인들과 동침할 필요가 없었다. 방직기녀란 군인들이 변방에서 근무할 때 외지에서 온 군관들에게 배정해주는 '현지첩'을 말한다. 군인들은 방직기녀의 집에서 숙식도 해결하고 수발도 받았다.

　군관들의 방직기녀는 주로 기생이나 개인 여종 중에서 충당되었다. 기생일 경우 방직기라 했고, 여종일 경우는 방직비 또는 방비라 불렀다. 방직기들은 한시적인 첩과 같아서 객지생활의 불편함을 해결하기 위한 목적에서 생겨났으며, 외방 기녀의 일종이라 할 수 있다.

　방직기들은 군관들의 잠자리와 수발뿐만 아니라 활쏘기 시합 같은 데도 동원되었다. 시합에서 진 편의 꼴찌에게는 방직기와 함께 벌을 주어 희롱함으로써 여흥을 돋우고 분발시키려는 목적에서였다. 방직기가 한시적인 첩이다 보니 방직기와 군관의 관계는 군관이 떠나면 자연 해소되었다. 방직기는 해당 군현에 소속된 존재였기 때문에 관내를 벗어날 수가 없었다.

다시 박취문의 일기 내용으로 돌아가보자. 박취문은 회령에서 의향이라는 방직기를 배정받았는데, 경성 병영으로 전근되면서 그 관계도 정리된 것으로 나오고 있다. 박취문은 경성으로 간 후 새로운 방직기를 배정받았을 것이다. 군인뿐만 아니라 수령도 전근을 하면 이전의 관기들을 데리고 갈 수 없었던 것이 당시 법이었다. 그러나 잠시나마 같이 살았던 관계인만큼 간혹 특별한 정이 쌓이면 헤어져서도 편지를 주고받는 경우도 없지 않았다.

그런데 군관들에게 배정되는 방직기의 수가 항상 넉넉하지만은 않았다. 방직기의 부족으로 미처 배정을 받지 못한 군관들이 가만 있을 리가 없었을 터인데, 이를 메우기 위해 사비나 관비가 이용되었다.

박취문의 일기에는 반항하는 사비 태향을 강제로 방직기로 만드는 내용이 적혀 있다. 이와 같이 군관들은 방직기가 부족할 경우 변방의 여종들을 강제로 활용했는데, 자신의 의지와 상관 없이 매춘부로 전락되는 것이 당시 여종들의 운명이었다.

주막의 여주인, '주모'

일반적으로 조선시대 매춘을 담당한 여성들이 누구였을까? 하고 떠올리면 아마도 제일 먼저 주막의 주모를 떠올릴 것이다. 주막이란 상인이나 길 떠난 나그네들이 들러 숙식을 해결하거나 술을 먹고 쉬었다 가는 곳인데, 우리가 흔히 주모라고 부르는 여인들은 바로 주막이라는 술집 여주인인 셈이다.

주사거배酒肆擧盃 신윤복 그림. 지본담채, 28.2×35.2cm, 간송미술관.

혜원 신윤복이나 단원 김홍도의 풍속도에는 주막의 주모들이 자주 등장한다. 머리를 땋아 한바퀴 돌려 틀어올리고 '팥닢댕기'라 하여 빨간색의 좁고 짧은 댕기로 한껏 멋을 부린 주모들이 남정네들을 유혹하는 모습이다. 치마는 앞으로 돌려 가슴에 닿을 듯이 치켜올려 중간에 허리띠를 매었는데, 그 사이로 단속곳과 바지가 노출되어 있는 관능적인 모습이다. 이들의 관능적인 모습과 매무새에는 남성들을 유혹하려는 의도적인 허술함이 배어 있다.

그런데 조선시대의 주모는 어떠한 출신의 여자들이 되었을까? 주모가되는 여자들은 대체로 한물 간 기생이나 쫓겨난 세답방·소주방·무수리 등 결혼할 수 없는 아래치 궁녀들이었다.

주모들은 술만 파는 것이 아니라 당연히 주객들과 그 이상의 관계도 있게 마련이어서 그 뒤에는 항상 건달패 같은 기둥서방들이 있었다. 주모들이 나이가 들면 매력을 상실하게 되는데, 이럴 경우에는 젊은 유녀들을 거느리고 본격적으로 술과 매춘을 겸하는 '은근짜'로 전락하는 경우가 많았다.

조선후기 섹슈얼리티

1. 여성복의 변화

저고리와 치마의 '에로틱 존'

옷은 외부환경으로부터 신체를 보호하는 기능 외에도 자기 자신과 그 사회를 표현하는 또 하나의 몸이다. 옷이라는 보호적인 기능과 함께 패션이 등장하는 것도 이 때문이다.

몇년 전, '보여줄 건 다 보여주면서도 가릴 건 다 가린다'는 것을 패션의 슬로건으로 내세운 적이 있었다. 말하자면, 속이 훤히 비치는 옷을 유행시키겠다는 말인데, 이와 같은 형태의 노출은 패션의 한 경향으로서 오래 전부터 활용되어왔다.

조선시대 복식에도 이와 유사한 패션 경향을 발견할 수 있다. 물론 여성복에 한정되겠지만, 조선시대 여성 복식에서의 노출은 은폐라는 반대급부

이인문의 미인도에서 보여주는 여인의 수발 형태는 길고 큰 가체를 구름같이 얹어 웅장하고 우아하게 꾸몄다. 상의인 저고리는 조선후기 출토 복식에서 보여주듯이 당코깃에 저고리의 길이가 겨드랑이 살이 나올 만큼 짧다. 소매통은 좁고 좁아 팔에 피가 통하지 않을 정도라고 했고, 하체는 극도로 강조하여 열두 폭 치마에 잔주름을 곱게 잡았다. 그대로 하후상박의 복식미를 보여주고 있다.

와의 기묘한 배합으로 섹슈얼리티 적 효과를 극대화시켰다. 여기서 노출이란 단순한 벌거벗음이 아니라 소위 'Erotic-zone' 이라는 남성 시선이 담겨진 노출을 의미한다.

그렇다면 조선시대 여성복에서 에로틱 존이라는 섹슈얼리티를 어떻게 발견할 수 있을까? 부연설명을 붙이자면, 조선시대 저고리는 초기의 긴 형태에서 점차 가슴이 드러날 정도로 짧아지고, 치마는 상대적으로 풍성해지는 섹시한 형태로 변화했다. 패션에서 일반적인 미의식의 법칙은 하의가 크고 넓다면 대신 상의는 작아야 한다는 것이다. 이러한 극단적인 섹슈얼리티의 강조가 조선후기 여성복의 패션 경향이었다.

여성복에 있어서 저고리의 길이가 파격적으로 짧아지기 시작한 것은 영·정조 시대였다. 저고리의 혁명으로 불릴 만큼 18세기에는 옷길이가 전 시대에 비해 거의 반 정도로까지 줄어들었다.

이러한 현상에 대해서 당시인들은 어떤 생각을 가졌을까? 지금의 여성들이 노출이 심한 옷을 입었을 때에 보는 시각과 대동소이하다. 섹시하다고 느끼는 사람도 있었을 것이고, 요사스럽다고 생각한 사람도 있었다. 그러나 예나 지금이나 거부할 수 없었던 것이 패션인지라, 아무리 비판적인 시각이 있다 하더라도 다들 입고 다니는데 어찌하랴?

그러나 이와 같은 여성복은 섹시할지는 모르지만 입고 다니기에 여간 불편한 것이 아니었다. 조선후기 실학자 이덕무(1741~1793)는 비실용적인 여성복의 실태를 이렇게 꼬집었다.

"이 요사한 복장은 소매가 너무 짧아 팔꿈치를 한 번 구부리면 뜯어지고, 잠깐 입어도 어깨가 편치 못하고, 벗기가 어려워 소매를 뜯어내야 할 정도이다."

아무튼 이러한 복장은 당시 점잖은 유학자들에게는 해괴하고도 요사스럽게 비쳤지만, 귀천과 상관 없이 모든 여성들의 사랑을 받았다. 그런데 하의가 펑퍼짐하고 상의가 상대적으로 쫄티가 되는 위아래 대비 패션은 지금도 마찬가지인데, 이러한 형태는 세기말에 나타나는 패션 현상이다.

위는 줄이고 아래는 부풀려라

저고리 길이가 줄어들고 치마가 풍성해지는 여성복의 형태는 조선시대 기녀의 옷차림에서 비롯되었다. 이것이 남성들에게 어필하다 보니 세속의 남자들이 처첩에게 권하고 서로 전해져서 유행으로 번진 것이다. 말하자면 여성복의 변화에는 남성의 시선이 가장 큰 영향을 끼치고 있음을 보여준다.

조선후기 여성복의 변화는 저고리에서부터 출발했다. 특히 저고리는 겨드랑이도 가릴 수 없는 정도로까지 줄어들었는데, 이 문제를 해결하기 위하여 가리개용 허리띠가 등장했으며, 저고리 밑에 받쳐 입는 속적삼·속저고리는 저고리의 단소화와 함께 짧아졌다. 또한 짧아진 저고리로 인하여 가슴 사이즈가 문제되었는데, 가슴이 크는 것을 억제하기 위하여 '졸잇말' 혹은 '젖졸음말'이라는 베로 된 졸이개를 만들어 항상 입고 다녔다.

치마는 저고리의 단소화 경향과 함께 허리가 위로 올라가게 되어 비례적으로 더욱 길고 넓어지게 되었다. 동시에 치마 속에 입는 속옷은 보온과 내의라는 본래 기능보다 하체를 강조하는 기능으로 바뀌었다. 치마를 부풀리기 위하여 입었던 무지기치마, 대슘치마와 다리속곳, 속속곳과 바지, 단속곳의 겹침은 하체의 실루엣을 둥글게 만들고 더욱 풍성하게 보이도록 하는 효과를 냈다. 특히 아무리 겹쳐 입어도 만족할 줄 모른다는 의미인 '무족이無足伊'에서 유래된 무지기치마는 하부를 종처럼 부풀리는 데 가장 효과적이었다.

누에키우기를 하는 풍속화에서 조선후기 여성들의 복식미를 잘 볼 수 있다. 속곳은 여러 겹 기어 입어 하후상박의 미를 보여 준다. 노인은 백의백상이며 얹은 머리이고, 처녀는 땋은 머리에 황의홍상삼회장이다. 조선후기.

　그런데 18세기 여성복의 상하부 대비형은 비단 우리만의 패션이 아니었다. 18세기 서구 빅토리아 시기에도 이와 같은 대비형의 패션이 유행했다. 청교도 혁명기에 억눌려 있던 욕망이 전반적으로 터져나와 복식에 있어서도 직접적인 성적 매력이 표출되기 시작한 것이다.

　이때 가장 유행했던 스타일이 빠니에panier, 꼴세corset 그리고 데꼴레떼decollete였다. 빠니에는 허리 하부를 극단적으로 양옆으로 부풀려 올림으로써 둔부를 더욱 강조하는 스타일이며, 꼴세는 코르셋의 원조로서

청주 한씨 직금스란치마는 동자포도문을 직금한 스란을 달았다. 길이가 103cm이고 넓이가 504cm 되는 넓고 긴 치마다(조선초기, 왼쪽).
백모시무지기는 삼합무지기로, 아무리 겹쳐 입어도 만족할 줄 모른다는 뜻이다. 5층인 것은 오합무지기, 7층인 것은 칠합무지기라고 한다(조선조, 위 오른쪽).
조선시대 서민 여자가 입던 소색 명주치마. 길이가 100cm, 넓이가 400cm로, 조선후기에도 속옷이 간소화되기 전까지는 치마가 넓었음을 알 수 있다(조선말기, 아래).

가느다란 허리를 강조하기 위해 사용했다.

　게다가 은폐에 의한 노출이 주는 미학은 서구 빅토리아 때가 최성기였다. 이 시기 여성들은 일생토록 일반 남성들에게 결코 자신의 다리를 보여주지 않았다고 하는데, 평생 여성의 다리를 본 적 없는 남자들 중에는 간혹 여자는 다리가 없다고 생각하기도 했다는 웃지 못할 얘기가 전해진다. 평소 여자들의 다리를 본 적 없는 남자들 가운데는 어쩌다 슬쩍 드러난 여자들의 발목만을 보고도 상사병에 걸렸다.

　이와 같은 패션은 은폐에 의한 노출이 주는 섹슈얼리티라고 하지 않을 수 없는데, 조선후기 여성들도 마찬가지로 은폐의 미학을 가지고 있었다. 당시 여성들은 단속곳을 살짝 드러내거나 곧은 목 버선을 드러내어 발모양과 종아리를 노출시킴으로써 섹슈얼리티를 한껏 강조했다.

가슴은 드러내도 된다?

조선후기 초상화나 사진을 보면 간혹 자식
을 낳은 부녀자들이 짧은 저고리 아래로
커다란 가슴을 거리낌없이 노출하고 있
는 모습을 볼 수 있다. 남녀가 유별하고
보수적인 시대에 여성들의 적나라한 가슴 노출
은 충격 그 이상이 아닐 수 없다. 오늘날도 적나라
한 가슴 노출은 하지 않는데, 조선 여인들의 과감
한 가슴 노출이 어떻게 가능했는지 궁금하지 않
을 수 없다.

여성들이 유방을 드러내기 시작한 것은 대
략 조선중기부터였다. 유방의 노출은 남아선
호와 맞물려 여성이 남아를 생산했을 경우
유방을 내놓는 풍속으로 자리잡게 되었다.
가문의 종통을 잇는 남아를 낳아 여성으로
서 할 일을 다한 떳떳한 부인임을 대외적으
로 알리는 자랑스러움의 시위였던 것이
다. 조선시대 여자의 소임이 한 가문의
대를 잇게 만들어주는 것에 있다는 것을

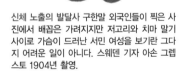

신체 노출의 발달사 구한말 외국인들이 찍은 사
진에서 배꼽은 가려지지만 저고리와 치마 말기
사이로 가슴이 드러난 서민 여성을 보기란 그다
지 어려운 일이 아니다. 스웨덴 기자 아손 그렙
스토 1904년 촬영.

극명하게 보여주는 풍속이 아닐 수 없다. 그러므로 조선시대 여성들의 드러
낸 가슴은 섹슈얼리티와는 무관하다.

여성들에게 맡겨진 다산이라는 기능은 결국 유방 노출과 동시에 치마의
부풀림과 같이 하체도 강조하게 만들었다. 하체는 실제적으로 산아 능력
과 결부되어 있기 때문이다. 우리는 여기서 조선시대 여성복의 섹슈얼리

미인도 풍염한 아름다움을 보여주는 여인상. 젖가슴은 드러내지만 배꼽은 좀체 드러내지 않는다. 작자 미상, 견본 담채, 129.5×52.2cm, 동아대박물관.

티는 여성의 임신, 즉 출산 능력이라는 당대 여성의 최고 의무와 연결되어

있음을 발견할 수 있다. 이 시대 관능적인 아름다움은 건강한 생산 능력

의 과시와 일맥상통되어 있는 것이다. 유교적 실천윤리가 완전히 파급된 18세기에 여성복의 섹슈얼리티가 강조되는 것도 이러한 현실적인 요청과 무관하지 않다.

의복이라는 것은 일반적으로 인간의 사회적 활동과 밀접하게 연관되어 있다. 지금도 입고 있는 옷으로 남녀가 구별되기도 하고, 직업이 드러나기도 한다. 조선시대 비실용적인 여성복은 한편으로 여성

아들 자랑 한국의 서민 여성은 곧잘 젖통을 내놓고 거리를 다닌다. 이것은 집에 젖 먹일 아이가 있다는 자랑의 뜻도 있다.

의 사회적 활동이 임신이라는 사실을 강조하는 것인지도 모르겠다.

2. 춘화의 등장

풍속화로서 춘화를 그린 김홍도와 신윤복

19세기에 풍속화의 한 경향으로서 성희性戲 묘사를 직설적으로 담은 춘

김홍도의 《풍속화첩》 중에서(왼쪽) 《풍속화첩》에는 '노상과안' (위 왼쪽)보다 더 노골적으로 남정네가 여인 생활을 훔쳐보는 장면을 담은 '우물가' (아래)와 '빨래터' (위 오른쪽)가 포함되어 있다. 특히 우물가의 정경은 가슴을 풀어헤친 한량의 장난기 어린 표정과, 두 여인이 남정네의 가슴을 피한 자세, 나이 든 아낙이 우물에 오다 그 광경을 보고 주춤해서 불만스럽게 외면하는 몸짓 등 해학미가 넘친다.

화첩이 유행하기 시작했다. 춘화란 대체로 최음을 목적으로 남녀의 성풍속 장면을 그린 그림을 말한다. 따라서 춘화에는 남녀간의 성결합 장면을 여과 없이 적나라하게 묘사한 것도 있고, 남녀가 만나는 즐거움 자체를 그린 그림도 있다.

지금까지 전해지는 춘화에는 풍속화가로 유명한 김홍도나 신윤복의 작품이 상당수 있어 우리들을 놀라게 한다. 이들이 이런 유의 그림도 그렸나 하고 고개를 갸우뚱하게 만들지만, 인간의 삶에 가장 큰 부분을 차지하는 '성'도 풍속화의 대상으로 예외가 아님을 우리에게 보여준다.

당대 최고의 풍속화가였던 김홍도와 신윤복의 작품으로 전하고 있는 춘화들은 사실성과 예술적 격조를 갖춘 작품들이다. 따라서 이런 유의 그림들이 빠지기 쉬운 음란 외설적인 차원을 뛰어넘는 높은 회화성을 지니고 있다.

그들이 그린 춘화에서 예술성을 찾기란 어렵지 않다. 중국이나 일본의 춘화와 비교하면 금방 알 수 있는데, 이들 춘화는 전체적으로 중국이나 일본에 비해 성교 장면을 과장하지도 않고 자연스럽게 사실적으로 그려내고 있다. 중국처럼 교범적이거나 도식적으로 처리하지도 않았으며, 또 일본처럼 지나치게 격정적이고도 극적으로 꾸민 흔적이 전혀 없다. 진솔하게 성애를 나누는 정감 있는 모습이 대부분이다.

그렇다고 해서 이들 그림이 모두 정상적인 부부관계를 보여주는 것은 아니다. 대체로 솟구치는 정욕을 해소하거나 성희를 즐기기 위한 성적 대상으로서 사회적 특수관계로 결합된 인물들이 등장한다. 말하자면 호색적인 인물들이 등장하는데, 기녀를 상대로 성애를 즐기는 모습이 주종을 이루고 있고, 주인이 여종과 관계하는 장면이나 승려의 파계 광경도 다루어졌다. 단순한 성에 대한 노골적인 묘사를 하고자 한 것이 아니라, 사회풍자라는 안경을 끼고 성문제를 바라보았기 때문이다. 조선후기 춘화가 예

춘화첩 19세기 풍속화의 또 한 경향은 성희 묘사를 직설적으로 담은 춘화첩의 유행에서 찾을 수 있다. 아직 이에 대한 각 작품의 공개가 충분히 이루어지지 않은 상태이나 꽤 많은 화첩류가 전하는 것 같다. 비교적 안정된 묘사 기량을 보이는 화원풍부터, 그 수준이 얄팍한 민간 화가의 솜씨까지 19세기에서 일제시대까지 지속적으로 복제된 듯하다.

술성을 넘어 사회성을 지니게 되는 이유가 바로 이것이다.

　이들이 그린 춘화는 인간의 욕정 이면에 자리잡고 있는 인간사의 단면을 구체적으로 담고 있기도 하다. 뒤뜰에서 벌어진 처녀·총각의 성희 장면에 배치한 나무절구와 절구공이, 절에 온 여인과 노승의 성행위를 문틈으로 구경하는 승방의 동자승, 초가 마루에서 옛 기억을 살려 관계를 시도해보는 늙은 남녀, 인물을 등장시키지 않고 사랑방 댓돌에 한 쌍의 남녀 가죽신만을 나란히 그려놓기도 하여 보는 이로 하여금 상상의 세계로 빠져들게 하는 풍취도 있다.

　춘화에 나오는 배경들은 대체로 집안이나 야외다. 특히 야외에서의 정사 장면은 중국과 같이 집안의 정원이 아니라 주로 경승처를 배경으로 묘사되었다. 서울의 경승지는 특히 장안의 화류 풍류처로서, 기방과 함께 풍악과 주연과 노름 등의 유흥이 벌어지던 주무대였다. 뛰어난 자연환경 속에서 기생들과 진탕하게 놀면서 일어난 춘정을 현장에서 충족시키는 광경은 조선후기의 성풍속도가 중국과 일본보다 좀더 서정적 양상을 띠었음을 보여준다.

　조선후기 성풍속도는 이와 같이 남녀 관계의 비밀스런 세계를 구체적이고도 적나라하게 그리면서도 이를 감칠맛나는 풍류의 세계로 승화시켜 독특한 예술적 경지를 이룩했다. 소탈한 실내와 야외의 서정적 경관은 일본의 화려한 장식적 분위기나 중국의 도식적으로 규격화된 배경과 대조를 이루며 조선왕조 특유의 문인적 취향과 미감을 반영하고 있다.

　한편, 조선후기 춘화는 현재 전하는 그림들에서 김홍도와 신윤복 이전으로 올라가는 양식이 발견되고 있지 않다. 따라서 18세기 말엽경부터 대두되어 19세기로 이어진 것으로 연구자들은 보고 있다.

춘화의 유입과 퇴락

우리 나라에서 향락용 춘화가 유입된 것은 늦어도 고려시대부터라 할수 있다. 물론 인간의 주된 관심사의 하나인 춘화의 유입이 그 이전부터 있지 않았을까 하는 의문이 들지 않는 것은 아니지만, 아직 이를 밝혀줄자료가 없다. 단지 원나라 왕실과 밀접했던 고려 왕실이나 귀족층을 중심으로 이러한 그림들이 들어오지 않았을까 추측할 뿐이다. 물론 이때의 춘화는 몇몇 특권층만이 향유했던 외국문화였을 것이다.

본격적인 유입은 청을 통해 외국의 문물이 한창 들어오기 시작한17~18세기경이다. 《조선왕조실록》에 의하면, 인조년간에 중국 사절단의선물 품목에 상아로 만든 춘의상이 포함되어 있어 돌려보낸 적이 있으며, 숙종 때에는 춘화를 그려넣은 도자기가 중국으로부터 밀반입되었던 일이있었다고 한다.

물론 이 시기에 중국과 일본은 춘화가 매우 유행했다. 그런데도 이들 춘화의 유입이 늦어진 것은 조선시대 특유의 엄격한 보수적 성의식 탓이 크다. 그러나 17세기 이래 중국과 일본에서 널리 성행하던 춘화가 우리 사행원들에 의해 빈번히 목도되면서 국내로의 유입을 막을 수만은 없었을 것이다.

춘화는 18~19세기 서울 중심으로 한 도시문화의 영향으로 소비층을형성하게 되면서 본격적인 자체 제작의 길로 접어들게 된다. 그러나 기방을 중심무대로 하여 발달했던 유흥문화의 일종인 춘화일지라도 중국이나일본과 다른 우리만의 정서를 담고 있음을 간과해서는 안된다.

인간의 본능적 욕정의 세계를 풍류적 삶의 정서로까지 승화시켰던 조선후기 춘화는 구한말에 이르러 급속히 퇴락하고 만다. 이 무렵부터 일본 창녀의 진출과 도시 매음이 크게 번창하면서 일본의 값싼 춘화류가 상당량유입되었기 때문이다. 이에 따라 춘화는 자극적인 음란성만이 강조되어

춘화첩 춘화는 단순히 도색적인 성희만을 추구한 것이 아니라 당시의 변해가는 도덕관과 생활 감정을 해학적이고 낭만적으로 담아냈다. 초가 마루에서 옛 기억을 살려보려 시도하는 노인 부부(위), 보름달빛이 비치는 버드나무 아래의 낭만적인 표현들(아래)이 조선적인 멋과 회화성을 보여주고 있다.

예술적 품격은 사라지고 저질화의 길로 들어섰다. 예술적 가치를 상실하고 단순한 도색물로서의 의미 외에는 다른 가치를 발견할 수 없게 될 때, 춘화의 역사적 가치도 사라지고 만다.

6장
조선시대의 성 모럴

신랑 없는 결혼식을 한 궁녀들의 일생

왕**만**을 위해 존재한 여성들

조선시대 신분의 최고 정점에는 왕이라는 존재가 있었다. 조선의 왕은 절대적인 권한을 가진 존재이며, 다른 신분과 달리 그 권한만큼이나 여자에 관한 규제를 전혀 받지 않았던 존재이기도 했다. 왕은 자신이 원하는 만큼 여자를 얻을 수 있었다. 물론 윤리상 결혼한 여자를 빼앗아올 수는 없었지만, 여자를 얻는 데 수적인 제한은 전혀 없었다.

조선시대 왕도 인간인지라 그에 대한 사적인 배려가 없을 수 없었는데, 그 대표적인 것이 왕권의 그늘에 피다 시들어버리는 꽃잎과도 같은 궁녀들이다. 조선시대 궁궐은 국왕을 중심으로 궁중생활이 이루어졌다. 따라서 국왕의 공적·사적 생활을 유지하기 위해 많은 시종들이 필요했는데, 여자 시종들이 바로 궁녀들이다. 이들은 특히 대전을 비롯하여 내전·대비전·세자궁 등과 같은 각종 별궁에서 일하면서 왕을 비롯한 왕실생활의

궁녀 윤비와 함께 있는 나인들의 모습. 1906년(동아일보사 제공)

유지를 위해 평생을 봉사해야 했다.

궁녀들은 왕의 '쇠털같이 허구한 날'인 일상생활의 유지를 위해서, 그리고 왕과 왕족들의 쾌적한 삶을 위해서 최적의 환경을 마련할 임무를 지녔다. 이와 같이 궁녀들은 왕실 서비스를 위해 존재했지만, 정확히는 왕만을 위해 살아야 하는 여자들이었다. 왕만을 위해 일평생 정조를 지켜야 했기 때문이다. 물론 남자를 전혀 가까이하지 않은 숫처녀일지라도 일생 왕을 위하여 남자를 가까이해서는 안되었으며, 만에 하나 다른 남자와 정을 통하다 발각되면, 간통죄로 다스려졌다.

평생을 왕을 위해 수절해야 되는 것이 궁녀의 운명이다 보니, 이들의 가장 큰 소망은 왕의 눈에 들어 궁녀의 신분에서 벗어나는 것이었다. 요행히 왕의 사랑을 듬뿍 받거나 소생을 낳으면 후궁이라는 위치에 오를 수도 있고, 소생이 없다면 그냥 상궁에 머무를 수도 있지만, 궁녀의 입장에서 왕의 손길을 한 번 받는다는 것은 평생 한 번 있을까 말까 하는 행운이었다.

이런 행운이 운명처럼 다가오는 날에는 본인뿐 아니라 그 가족들에게도 부귀영화가 보장되는 일이었으니, 그야말로 팔자가 달라지는 일생 일대의 사건이었다. 그러나 절대 다수의 궁녀들은 평생을 대기상태로 왕의 눈길을 기다리면서, 고독 속에서 청춘을 덧없이 보내야 했다.

궁녀가 되는 길

조선시대 궁녀는 특수한 계급의 여성들이었다. 이들은 강제로 징발되어 궁녀가 된 것은 아니며, 어린 나이에 궁녀가 되는만큼 부모의 의사에 따른 입궁이 대부분이다. 그러나 꽃다운 청춘을 그냥 썩힐 각오를 해야 하므로 정상적인 부모라면 흔쾌히 딸을 궁녀로 보내기란 어려운 법이다. 따라서 궁녀가 되는 여성들은 매우 가난한 집 딸이거나, 일찍 어머니를 여읜 계모 밑에서 자란 경우일 때가 많다.

그런데 본인과 부모가 원한다고 모두 궁궐로 들어갈 수 있었던 것도 아니었다. 왕의 측근이 될 수도 있고, 훗날 그 이상이 될 수도 있는 존재이므로 선발 조건이 매우 까다로웠다.

궁녀를 선발하는 시기는 10년에 한 번으로 정기적이었는데, 선발조건에 있어서 선조에 죄인(역적이나 도적)이 없어야 했고, 집안에 좋지 않은 병이나 불구자가 없어야 했다. 말하자면, 왕의 후손을 생산할 수 있을지도 모르는 여성인만큼, 전과자의 후손이나, 유전학적으로나 우생학적으로 하자가 있으면 절대 안되었다. 이런 계급과 혈통 외에 용모와 성품이 추가되었다.

궁녀 선발에서 재미있는 사실 하나를 소개하면, 곧 이 여성들이 순수한 처녀여야 된다는 점이었다. 10세 이하의 어린 아이들은 문제가 아니었지만, 그 이상일 경우엔 반드시 처녀성의 감별이라는 관문을 통과해야 했다. 그 감별법이란 상당히 비과학적이기도 한데, 의녀가 앵무새의 생피를 팔목에 묻혀 보고 이것이 묻으면 처녀이고, 겉돌고 잘 안 묻으면 처녀가 아니라는 식의 식별법이다. 이러한 처녀성 감별방법은 궁녀제도가 사라질 때까지 궁녀선발에 사용되었다.

이와 같은 이러저러한 까다로운 절차를 통과하면, 궁녀 예비자로서 궁궐에서 정해준 날짜에 입궁하게 된다. 궁궐에 들어가기 전에 이들에게 우선 저고리와 바짓감을 할 흰 명주 1필이 내려지는데, 이것을 받은 궁녀 예비자는 노랑 저고리와 남치마를 지어 입고, 가마를 타고 입궐한다. 입궐하면 일단 소속처에 배치를 받는데, 어린 나이일수록 우선적으로 격이 높은 처소에 배치를 받는다. 되도록 어릴 때부터 데려다가 궁인으로서 교양을 쌓게 하려는 목적에서다.

입궐한 궁녀 예비자들은 왕 내외의 거실 및 침전至密을 제외한, 의식주와 관련된 여섯 개의 처소, 즉 침방針房(의복담당), 수방繡房(수놓는 일 담당), 세수간洗水間(물 및 청소 담당), 생과방生果房(음료 및 전과 담당), 소주방燒廚房(수라 및 간식 담당), 세답방洗踏房(세탁 담당) 등 여섯 개의 처소에 나뉘어 배치를 받았다.

그런데 이중에서 지밀은 왕의 침전, 거실 언저리를 뜻하므로 훗날 왕의 후궁이 될 수 있는 가능성이 가장 높았다. 따라서 대소변을 겨우 가리고, 부모 곁을 떠나도 될 4, 5세의 아주 어린 나이의 여자아이를 주로 데려왔다. 지밀에 들어오기 위해서는 물론 뒷배경이 든든해야 했다.

신랑 없는 결혼식을 치르다

궁녀로 선출되어 입궁하면 우선 왕이 새로 이름을 지어준다. 속세의 것을 다 버리고 제2의 인생을 시작하는 승려들의 출가와도 비슷한 일면이다. 왕이 궁녀에게 이름을 내려주는 이른바 '사명賜名'은 들어오자마자는 아니고 수련이 끝난 후, 관례冠禮를 치를 때 받는다.

궁궐에 들어온 여성들은 일단 견습내인을 겪고, 15년이 지난 후에야 관례를 치를 수 있었다. 4, 5세에 입궁했다면 18, 9세가 되어 관례를 치르게 되는데, 궁녀들의 관례는 사실상 내인內人으로 승격되는 의식이다. 일종의 성년식과도 비슷한데, 일반 여성들과 달리 궁녀들은 여기에만 그치는 것이 아니었다. 궁녀들의 관례식은 사실상의 결혼식이기 때문이다. 수백 명의 궁녀는 왕이라는 한 남자만을 위해 살아야 하는 여인들이므로 관례식날에 왕과의 혼례식도 함께 올렸다. 그러나 신랑은 없고 신부만 있는 혼례식이었다.

비록 신랑은 없다 하더라도 관례식이자 혼례식이 치러지는 날은 궁녀가 일생에 단 한 번 호사를 하는 날이었다. 이날 상전은 축하하는 뜻으로 명주 · 모시 · 무명 · 베 한 필씩을 하사한다. 궁녀의 본가에서는 버선 · 누비바지 · 속치마 등의 의류와 장농 · 반닫이를 비롯한 세간살이, 그리고 잔치음식까지 장만해서 들여온다. 집에서도 혼례식으로 생각하는 것이다. 궁녀의 혼례식은 신랑만 없을 뿐이지 여느 혼례식과 같은 복장과 절차로 치러졌다.

결혼 안한 남녀는 사람 취급도 하지 않았던 조선사회였지만, 이와 같이 궁녀만큼은 오히려 제도적으로 결혼이 봉쇄당한 존재였다.

후궁이나 상궁이 되는 길

한편, 조선 왕실에서 궁녀는 여성관리이기도 했다. 궁녀의 법적 신분은 종9품 내인서부터 정5품 상궁을 최고로 하는 '여관직女官職'이다. 견습기간을 지나 관례를 치른 후, 정식내인이 된 궁녀들은 품계品階를 받고, 또 품계에 입각하여 매우 엄격한 위계질서를 유지했다.

궁녀의 품계는 10등급으로 나누어졌는데, 이 10등급을 차례로 밟아 오

를 수 있는 최
고위직은 상궁
이었다. 그러
나 한 궁녀가
입궁하여 상궁
이 되기까지는
오랜 세월이
걸렸고, 시간
이 흐른다고
모두 다 상궁
이 될 수 있는
것도 아니었다.

철종철인후가례 반차도哲宗哲仁后嘉禮 班次圖(부분도)

조선시대에는 여성에게도 품계가 주어졌는데, 여성에게 주어지던 품계는 외명부와 내명부의 두 종류가 있었다. 외명부의 품계는 남편의 관직에 따라 부인에게 주어지는 것으로서, 남편이 정1품의 영의정이면 부인도 정1품의 정경부인의 품계를 받았다.

외명부와 대비되는 내명부는 왕비를 제외한 궁궐 여인들에게 주던 품계였다. 국왕이 품계에서 제외되는 존재이듯이 왕비도 내명부의 품계에서 제외되었다. 왕비는 국왕의 정실이며 국모로서 품계를 초월한 존재였기 때문이다.

내명부의 품계 중에서 종4품 숙원 이상은 국왕의 후궁이었다. 이들은 궁녀의 범위에서 제외되었다. 따라서 정5품의 상궁에서 종9품의 내인까지가 궁녀였다.

우리는 드라마에서 간혹 궁녀가 후궁의 자리에 오르는 것을 보게 되는데, 궁녀가 종4품 숙원의 자리에 오르려면 이른바 '승은承恩'을 입어야 했다. 승은이란 왕의 손길이 닿은 것을 말한다.

승은은 신랑 없는 결혼식을 치른 궁녀가 이제야말로 신랑과 첫날밤을 보내고 그의 사랑을 실제로 받는 일이다. 게다가 승은을 받아 후궁이라도 되면 왕의 시종이 아닌 엄연한 부인으로 승격되는 영화를 얻을 수 있었다. 따라서 궁녀들에게 있어 승은이란 모두가 소망하는 꿈이었고, 하룻밤 사이에 궁녀의 운명을 완전히 돌려놓는 행운의 여신이었다.

그런데 우리는 흔히 궁녀들이 왕의 승은을 입으면 모두 후궁이 되는 것으로 알고 있지만, 왕과 몇 번의 성관계를 갖는다고 후궁이 될 수 있는 것은 아니었다. 이러한 상황은 일반 양반가에서도 마찬가지였다.

16세기 중반 이문건李文楗이란 사람이 쓴 《묵재일기墨齋日記》에는 자신이 귀양살이를 하는 동안 방비房婢인 여자 시종을 옆에 데리고 자는 내용이 나온다.

물론 방비와 주인이 같은 방을 쓰는지, 아니면 시중만 들고 잠은 옆방에서 자는지 논란의 여지가 없는 것은 아니지만, 어떤 경우라도 방비가 주인의 맘에 들면 잠자리까지 가는 것이 그리 어려운 일은 아니었을 것이다. 조선시대 여종의 남자주인에 대한 시중에서 성관계를 배제하기란 어려운 일이 아닐까 생각된다.

이와 같이 왕이든, 일반 양반가의 남성이든 간에 조선시대 신분이 다른 여성에 대한 남성의 성적 태도는 지극히 임의적이었으며, 개방적이고 무책임했다. 물론 자식의 출생으로 혈연관계로 묶일 경우엔 후궁이나 첩으로 삼아야 하는 책임이 따르지만, 그외에는 별다른 제약도 없었고, 남성에 예속된 아랫신분의 여성은 이 같은 남성 중심의 성윤리를 거부감 없이 받아들여야 했다.

아무튼 궁녀 입장에서 운좋게 일단 왕의 자녀를 낳으면 의당 종4품 숙원 이상의 반열에 올라 후궁이 될 수 있었지만, 왕의 자녀를 낳지 못하거나 지속적인 사랑을 받지 못하면 그냥 궁녀에 머물러 있는 경우도 많았던 것이다. 출산력을 키우기 위해 달의 정기를 들이마시는 이른바 '달힘 마시기'를 27번이나 한 내인이 있다는 이야기도 이러한 궁녀들의 신세에 비추어보면 무리한 일도 아니었다.

궁녀 입장에서 승은을 받아 후궁이 되면야 더할 나위 없겠지만, 그렇지 못한 경우라도 최소한 상궁은 될 수 있었다. 승은을 받지 못한 숱한 궁녀들에 비하면 선택받은 여자인 것이다. 게다가 엄격한 계급사회인 궁녀 사회에서 새파란 20대에 일약 특별상궁이라는 지위에 오를 수도 있었으니, 권세도 남달랐을 것이다. 특별상궁은 일정한 직책 없이 왕의 곁에서 다른 후궁들과 같이 시중만 들면 되었다.

그러나 실제로 궁녀가 왕의 승은을 입는 예는 매우 드물었다. 수백 명의 궁녀 중에서 하나 둘 있을까 말까 했으니, 보통 궁녀들로서는 승은을 기대하기보다 착실히 노력하여 승진해 상궁이 되는 것이 현실적으로 가능한 최선의 방책이었다.

일반 궁녀가 상궁에 오르는 데 걸리는 세월은 견습내인에서부터 30년 내지 35년이 걸렸다. 6세에 입궁한 여인이라면 적어도 36세는 되어야 상궁이 될 수 있었으므로, 상궁이 되는 길도 만만한 일이 결코 아니었다.

상궁은 모두 정5품의 품계를 받았지만 맡은 직책에 따라 서열은 달라졌다. 상궁 중에서도 가장 높은 직급은 제조상궁提調尙宮이었다. '큰 방 상궁'이라고도 불리는 제조상궁은 상궁 중에서 가장 고참에 속하는 상궁이 주로 되었고, 궁궐의 모든 궁녀를 총괄했다. 수백 궁녀의 으뜸인 제조상궁은 그 권세나 권위가 영의정이 부럽지 않을 정도였는데, 왕의 어명을 받들고 내전의 재산을 관리했다. 제조상궁은 왕을 가까이 모시므로 정치의 이면에서 영향력을 발휘할 수 있는 위치에 있기도 했다.

제조상궁 외에 잠시도 왕을 떠나지 않고 항상 어명을 받들 자세로 대기

궁중의 여인 떠구지를 쓴 궁중예복 차림의 이 여인에 대해 명성황후 민비라는 설이 있으나 확인되지는 않고 있다.

하고 있는 대령상궁도 중요한 직책이었다. 이들 상궁들은 일명 지밀상궁이라고도 하였다. 지밀상궁은 왕을 측근에서 모시는 존재였으므로 누구보다 까다롭게 선발했고, 이들 중 왕의 침실을 담당하는 침실상궁은 왕과 잠자리를 같이할 상황도 많았다. 따라서 지밀상궁으로 키워질 궁녀는 4세 때에 입궁시켜 미리부터 교육을 시작했다.

조선시대 궁중생활이 생생하게 적혀 있는 《계축일기》를 보면, 선조를 측근에서 모신 김응희金應姬라는 김상궁이 나오는데, 김상궁은 침실상궁이었다. 일기에는 김상궁이 선조를 모시는 과정에서 잠자리까지 같이했던 것으로 나온다.

《계축일기》에는 광해군이 김상궁을 가리켜 '아비의 첩'이라 칭하고 있는데, 이와 같은 내용은 침실상궁들이 왕을 모시는 과정에서 승은을 받기가 매우 쉬운 위치에 있음을 알려준다. 그런데 김상궁이 왕과 잠자리를 하면서도 후궁까지 이르지 못한 것을 보면, 침실상궁들은 왕의 승은을 받기 쉬운 위치에 있으면서도 후궁까지 이르진 못한 경우가 많았던 것으로 보인다.

이외에도 왕의 자녀 양육을 맡은 보모상궁이 있었는데, 동궁에 두 명, 그밖에 왕자녀 궁에 한 명씩 있었다. 상궁은 아니지만 비슷한 역할을 했던 유모도 있었다. 유모는 왕실 자제들에게 젖을 먹여 직접 길러주는 여인이다. 따라서 미래의 왕이 될 어린이의 유모를 구하는 조건은 매우 까다로웠다.

유모는 어린애를 낳은 지 7, 8개월 미만의 유질이 좋은 부인이어야 했고, 적어도 중인계급 이상의 출신이어야 했다. 이외에도 왕실의 유모로 발탁된 여인은 자신의 아이를 떼어놓고 궁궐로 들어와야 하는 조건이 있었다. 유모는 일단 궁궐에 들어온 이상 다시 나가지는 못했기 때문에 남편에게 아예 다른 여자를 얻어주고 들어오는 여인도 있었다.

왕실의 자녀들을 키우는 유모에 대한 대우는 정중했다. 유모가 키운 아이가 나중에 왕으로 등극하면 유모는 정1품 봉보부인奉保夫人으로 봉해졌다. 조선 왕실에서 유모는 늙도록 궁중에서 왕을 보살피는 것이 관행이었다. 왕의 유모에 대한 감정은 어머니와 같은 것이어서 각별했다.

그밖에 궁궐의 서적을 관장하고 의식이 있을 때 임금의 교지敎旨(임금의 명령이 적힌 글)를 낭독하기도 한 시녀상궁이 있었다. 시녀상궁은 궁중 연회에서 왕을 비롯한 왕족들의 시위와 안내, 왕실에서 각 종실과 외척집에 내리는 하사품을 전달하는 업무도 담당했다. 시녀상궁이 왕비와 왕대비의 특사로 본댁에 명을 받들고 나가면 봉명상궁奉命尙宮이라 하여 그 집에서는 칙사로 대접했다.

한편, 궁녀들의 기강이나 승진을 위해서 생활태도나 직무태도를 감찰할 필요가 있었는데, 궁녀들의 감찰을 맡은 감찰상궁이 있었다. 감찰상궁은 궁녀들의 비행을 감독하고 고발하여 진급·상벌 등 인사에 관련되는 자료를 파악했다.

끝으로 이러한 상궁을 비롯한 조선시대 궁녀 수가 얼마나 되었는지 궁금하지 않을 수 없는데, 그 수는 대략 평균 300여 명이었다. 이 규모에 비추어보면, 백제 의자왕이 거느린 3천 궁녀는 중국의 궁녀 수와 맞먹는 것으로, 그가 왕으로서 누린 권세를 짐작할 수 있다.

외로운 궁녀들의 생활

대부분 조선 궁녀들의 꿈은 사실 상궁이나 후궁이었다. 그러나 실상 승은이라도 입어 출세하는 일은 소망일 뿐, 현실적으로 기대할 수는 없었다. 10여 세에 궁궐에 입궐하여 20여 세에 관례 겸 혼례를 치른 궁녀가 40세 정도에 상궁이 된다면 그나마 성공한 궁녀 축에 끼었다.

문제 없이 차근차근 자신의 길을 걸어가면 상궁이 될 수 있었지만, 그렇

상궁 한말의 상궁.

다고 해서 모든 궁녀가 상궁이 되는 것은 아니었다. 상궁도 되지 못한 채 늙어가는 궁녀들이 태반이었고, 설령 상궁이 되었다 해도 대궐에 갇혀 살아야 하는 외로운 인생이 별달리 바뀌지도 않았다. 자신의 의사와는 무관하게 어쩔 수 없이 궁궐에 들어온 궁녀의 인생은 외롭디외로울 뿐이었다.

이들의 애잔하고도 고독한 생활을 조선시대 사람들이 몰랐던 것은 아니다. 극심한 가뭄이 생기면, 이 같은 자연재해는 궁녀의 서러운 원한 때문이라고 믿었다.

가뭄은 지금이나 조선시대나 농작물에 가장 큰 피해를 주는 재해이다. 농본국가였던 조선은 가뭄에 대한 공포가 유독 강했는데, 가뭄에 대한 조선시대 사람들의 사고는 음양의 조화가 깨졌을 때 일어나는 자연재난이었다.

남녀가 결합하여 음양의 조화가 이루어져야 자연도 조화를 이루어 제때 비가 내린다는 것이다. 인간으로서 본능적인 욕망을 억제하는 것 또한 자연의 순리를 어기는 일이기 때문에, 외로운 남녀의 원한은 자연의 순리에

악영향을 준다고 생각했다.

따라서 비단 궁녀뿐 아니라 노처녀·노총각도 모두 가뭄의 원인이라고 생각했다. 가뭄이 들면 국가에서는 혼기를 놓친 노처녀·노총각들을 찾아내어 결혼을 시켰는데, 늦은 나이까지 홀로 사는 미혼 남녀가 있으면 고을 수령이 문책을 당할 정도였다.

가뭄이 들면 국가에서는 궁녀를 궁궐 밖으로 내보냈다. 궁녀의 원한을 풀어야 가뭄이 그친다고 믿었기 때문이다. 가뭄으로 궁녀들을 궁궐 밖으로 방출하는 일은 조선시대에 자주 있었다. 태종 14년에 큰 가뭄이 들었는데, 태종은 어려서 부모 곁을 떠나 궁궐에 들어온 궁녀들의 원한 때문에 가뭄이 들었다면서 궁녀 10여 명을 궁궐 밖으로 내보냈다. 세종조에도 가뭄으로 여러 차례에 걸쳐 궁녀를 수십 명씩 방출한 일이 있었다.

이와는 다른 이유로 궁녀를 궁궐에서 내보내는 경우도 있었다. 효종 5년(1654)에 대궐에서 궁녀가 우물에 투신자살한 일이 발생했는데, 아무런 낙 없이 갇혀 살아야 하는 궁궐 생활을 견디지 못하여 자살한 것이었다. 효종은 자살한 궁녀를 측은히 여겨 제사를 지내주고는, 신하들의 반대를 무릅쓰고 젊은 궁녀 30명을 궁궐 밖으로 내보내도록 했다. 이때 효종은 '당 태종은 궁녀 3천 명을 방출했다는데 그까짓 30명쯤이랴' 면서 궁녀들의 외로운 처지를 십분 이해해주었다.

그러나 궁궐 밖으로 나온 궁녀라 해도 일반 여성들처럼 결혼하여 정상적인 생활을 할 수 있었던 것은 아니다. 궁녀에게 혼인은 엄격하게 금지되었다. 궁녀는 이미 왕과 혼례를 올린 존재이기 때문에, 궁궐에 있거나 궁궐 밖에 있거나 순결을 지켜야 했다. 양반이 방출된 궁녀를 첩으로 삼는 일도 금했다. 이 때문에 궁궐을 나간 출궁녀에 대한 문제는 《조선왕조실록》에 심심치 않게 등장한다.

예컨대, 태종 때 우의정 조영무가 방출된 관음이라는 궁녀를 첩으로 삼앞다가 사헌부의 탄핵을 받은 적이 있었다. 태종이 그녀가 승은을 받은 내인이 아니라고 증명해줌으로써 문제는 수습되었지만, 출궁녀를 아내로 삼거나 성관계를 맺으면 간통으로 처벌받는 게 조선시대 법이었다. 즉,《경국대전》에 '관리로서 방출궁녀 및 무수리를 얻은 자는 곤장 백 대에 처한다'고 아예 성문화했다.

방출된 궁녀가 아니라도 간혹 궁궐을 출입하는 관리들과의 스캔들이 없지 않았다. 궁궐의 업무를 같이 담당하다 보니 서로 어렵지 않게 접촉이 가능했기 때문이었을 것이다. 현종 때 궁녀 귀열은 서리 이홍윤과 간통하여 임신까지 했는데, 이홍윤은 더욱이 그녀의 형부였다.

임신으로 간통이 발각되자 귀열은 둘 사이의 관계를 모두 실토하고 말았는데, 이 사건을 맡은 형조는 그녀에게 교수형을 언도했다. 그러나 현종은 분노하여 교수형보다 무거운 참수형에 처하도록 명했다. 참수형은 정해진 법보다 무거운 처벌이라며 형조가 극력 간언했으나 현종은 이를 듣지 않았다. 아마도 현종은 자신의 여자인 궁녀의 간통이기에 더욱 분노했는지도 모른다. 현종의 분노로 귀열은 참수되고, 이홍윤은 도망하여 잡지 못했다고 실록은 전한다.

이외에도 세종 때 부마였던 권공權恭이 옹주의 종 고미와 간통하고 수강궁 담을 넘어 도망갔다 붙잡히는 일도 있었다.

이와 같이 궁녀는 봉건 군주국가의 희생물로서, '충이라는 명분'으로 평생 동안 왕을 태양처럼 우러러보며 남자를 모르는 채 일생을 마감해야 했다.

외로운 여인들의 불우한 연애, '동성애'

금지된 사랑, '동성애'

사랑에 대한 일반적인 생각을 떠올리면 남녀, 즉 이성간의 사랑을 우선 생각하게 된다. 남녀간의 사랑과 그에 따르는 결혼 및 성관계를 정상적이고 보편적이며 절대적인 것으로 흔히 생각하기 때문이다. 이성관계가 아닌 동성관계에 대한 시각은 21세기가 얼마 남지 않은 지금에도 여전히 부정적이고, 해서는 안되는 금지된 사랑이다.

역사상 어느 사회이든 정상적인 사랑이 있으면 그에 반대되는 일탈된 사랑이 있게 마련인데, 일탈된 것이 비정상으로 규정되는 순간 그에 따른 탄압과 규제가 따른다. 여기서 살펴보려는 동성애도 남녀간의 정상적인 관계가 아닌 비정상적 관계로 규정되어 죄악시된 일탈된 성관계의 일종이라 할 수 있다.

역사적으로 동성애에 대한 부정적인 시각은 우리 나라뿐만이 아니라 서양에서도 마찬가지였다. 서양에서 동성애는 죄악으로, 그리고 의학적인 질병으로 취급되어 19세기 후반까지 사회적 탄압을 받아왔다.

예컨대, 1861년까지 영국에서 동성애는 최고 사형에까지 처할 수 있는 범죄였으며, 독일에서도 형법 제175조에 남성들의 동성애 금지조항이 규정되어 있었다. 또한 치료자들은 동성애자의 성적 경향성을 바꾸고자 약물치료, 혐오요법, 전기충격, 거세 및 자궁절제 같은 방법을 시도하기도 했다.

강간이나 시간屍姦 같은 극악한 성범죄의 일종으로 취급된 동성애가 후천적 변태성행위가 아닌, 날 때부터 그러한 선천적인 원인이 있는 것으로 인정되기 시작한 것은 근대 의학이 발달하면서부터다. 더욱이 동성애, 즉 'homo sexual' 이란 용어가 사용된 것도 헝가리 의사 벤겔트가 처음 의학 용어로 사용한 1869년부터였다.

그렇다고 해서 서양에서 동성애가 처음부터 죄악시된 것은 물론 아니다. 서양에서는 그리스·로마 시대에 비교적 자유로운 성을 누렸는데, 로마 황제들이 동성애를 즐긴 사실만 보더라도 이 시기 동성애는 지금처럼 죄악시된 성관계는 아니었다.

또한 고대 그리스 문화 속에서 빈번하게 사용되었던 '파이데라스티아 paiderastia' 라는 '남색' 이란 단어도 지금처럼 변태적인 사랑이 아닌 사랑의 다양성을 표현하는 용어로 사용되었다. 그리스·로마 시대인들은 이러한 표현에 대해서 지금처럼 음란한 생각을 전혀 가지지 않았다. 유명한 철학자들인 소크라테스·플라톤·아리스토텔레스도 동성애자였다.

고대 그리스·로마 시대를 풍미한 동성애가 죄악시되고 부정적인 것으로 치부되기 시작한 것은 기독교가 세상을 지배하면서부터다. 《성경》은 동성애를 신의 섭리를 거스르는 행위로 인식하여 심지어 사형을 언급할 정도로 부정적이었다. 따라서 어느 면에서 동성애에 대한 반감과 종교적 죄악감은 동양보다는 서양이 더 심했다고 볼 수 있다.

서양과 달리 우리 나라에서 동성애의 역사는 사실 밝히기 어려운 부분이 많은데, 아무래도 유교가 들어오기 이전의 고대사회에서 좀더 죄의식 없이 동성애가 퍼졌을 법하다. 동성애는 기본적으로 미소년에 대한 찬미에서 비롯되는 경향이 강하다. 따라서 신라시대 화랑이나 원화 같은 집단에서 우정을 뛰어넘는 동성애적 사랑이 존재했을 경우도 상정해볼 수 있을 것이고, 고려 공민왕이 말년에 만들었던 미소년 집단인 자제위도 비슷한 분위기를 풍기는 면이 있다.

조선시대 이전에는 동성애에 대해 금기하는 면이 아무래도 약하긴 했지만, 그렇다고 해서 동성애가 건강한 성관계로 인식된 것은 아니었던 것으로 보인다.

세자빈 봉씨의 동성애 사건

유교적 풍속 교화를 외쳤던 조선시대였지만, 변태적 성행위로 규정된 동성애가 전혀 없었던 것은 아니었다. 이전 시대보다 노골적이진 않았지만, 여전히 음성적으로 행해지고 있었다.

조선시대 자료에서 노골적인 동성애를 벌인 사례들이 거의 없어 실상을 파악하기란 어려운데, 다만 자료에서 확인할 수 있는 점은 사회적 특성에서 비롯된 동성애들이 있었다는 사실이다.

예컨대, 개가금지와 같은 여자들에 대한 정절이 부각되다 보니 성적 억압에 따른 후천적인 동성애에 빠질 개연성이 많았다. 말하자면, 과부나 궁녀같이 일생을 혼자 외롭게 보내야 할 신세에 처한 여성들이 풀지 못한 성욕 발산의 일종으로 동성애에 빠지는 경우가 간혹 있었다.

특히 궁녀들은 견습내인을 마치고 관례를 치르고 나면 따로 방을 꾸미고 세간을 장만하여 가정을 가졌는데, 이때 '아이' 또는 '각심이'라 부르는 하녀나 내인들과 동거할 수 있었다. 따라서 이 같은 동거 내인들 사이에 간혹 동성연애로 빠지는 경우가 있었다.

《조선왕조실록》에 궁녀들이 '대식對食'이나 엉덩이에 '붕朋'자를 문신했다는 기록이 보이는데, 이것은 모두 궁녀들의 동성애와 관련된 것들이다. 아울러 궁녀들의 동성애가 발각되면 곧장 1백 대를 때리도록 했다는 기록도 있다. 이와 같은 내용의 기사들은 외로운 궁녀들 사이에 동성애가 심심찮게 발생했다는 사실을 보여준다.

조선초기 동성애 사건 중 우리를 놀라게 하는 사건 하나를 소개하면, 문종의 부인이었던 세자빈 봉씨의 동성애 사건이다. 봉씨는 문종이 세자시절이었을 때 맞이한 둘째부인이었다. 문종의 첫 번째 부인은 요상한 방술사건으로 이혼당하여 폐출되었다.

문종이 첫부인과 혼례를 치른 나이는 14살이었다. 후사를 중요시여기다 보니 왕실엔 특히 조혼이 많았고, 문종도 예외는 아니었다. 그런데 문종은 너무 이른 나이에 결혼을 해서 그런지 부인과 금실이 좋지 않았고, 이 때문에 세자빈의 원망을 받았다. 문종은 여자에 대한 관심이 없었는지, 아니면 세자빈들이 별 매력이 없었는지 첫째부인에 이어 둘째부인인 봉씨마저 멀리했다.

둘째부인마저 멀리한 문종은 일찍 결혼했음에도 불구하고 자식이 없었다. 이를 걱정한 세종이 세자인 문종을 타이르고 후사를 빨리 두도록 충고했으나 모두 허사였다.

마침내 세종은 "명문집의 덕 있는 규수를 더 골라 뽑아서, 후사 잇도록 하는 것이 좋겠습니다"라는 허조의 건의를 받아들여 본부인인 봉씨를 두고 세 사람의 후궁을 맞아들이도록 했다. 세 명의 후궁이 들어오자 원망이 더욱 깊어지고 자신의 위치가 불안하다고 느낀 봉씨는 이때부터 비정상적인 행동을 하기 시작했다.

남편의 사랑을 받지 못한 봉씨는 더욱이 자신이 임신하지 못함을 불우히 생각했는데, 어느 날 스스로 '태기가 있다'고 여러 사람들에게 얘기했다. 봉씨의 임신 소식을 들은 세종은 봉씨를 조용한 곳에 거처하도록 하는 등 매우 관심을 표하기도 했다. 그런데 어느 날 봉씨가,

"내가 낙태를 했느니라. 단단한 물건이 형체를 이루어 나왔는데, 지금 이불 속에 있다."

며 사람들에게 말했다. 세종이 늙은 궁궐 여종으로 하여금 사실을 확인하도록 했는데, 그 결과 이불 속에는 아무것도 없음이 밝혀졌다. 세자빈 봉씨의 임신은 거짓이었던 것이다.

거짓 임신이 발각된 뒤에도 여전히 봉씨는 세자빈의 지위를 망각한 여러 가지 행태를 보였다. 시녀들이 사용하는 변소에 가서 외간 사람들이 용변 보는 것을 벽 틈으로 몰래 엿보기도 했고, 궁궐 여종들에게 남자를 사모하는 노래를 부르게 하기도 했다.

한번은 내관들이 사용하는 주머니와 자루를 손수 만들었는데, 이로 인하여 세자의 생신에 으레 바쳐야 할 물건들을 미리 만들 여유가 없어서, 이미 전에 바쳤던 오래 된 물건들을 새로 마련한 것처럼 속이고 바치기도 했다. 그럼에도 세종은 아녀자가 사리를 잘 몰라서 그런 것이라며 두둔해 주었다. 그러나 마침내 세종도 용서하지 못할 일이 발생하고 말았는데, 사건의 진상은 이러했다.

외로운 세자빈 봉씨가 궁궐 여종인 소쌍이란 여자를 사랑하여 항상 자신의 곁을 떠나지 않도록 했는데, 이 사실은 온 궁궐 안에 비밀 아닌 비밀이 되어 퍼져 있었다. "빈께서 소쌍과 항상 잠자리와 거처를 같이한다"며 궁녀들이 소근댔다.

이 소문은 급기야 세자의 귀에까지 들어가게 되었다. 어느 날 소쌍이 궁

궐 안에서 청소를 하고 있는데, 세자가 갑자기 묻기를,

"네가 정말 빈과 같이 자느냐?"

고 하니, 소쌍이 깜짝 놀라서

"그러하옵니다."

라고 대답했다.

그러나 세자는 이 문제를 더이상 거론하지는 않았다. 이후에도 봉씨는 여전히 소쌍을 사랑하여 잠시라도 그녀가 자신의 곁을 떠나기라도 하면 원망하고 화를 내면서,

"나는 너를 매우 사랑하나, 너는 그다지 나를 사랑하지 않는구나!"

했고, 이를 부담스럽게 생각한 소쌍이 다른 사람에게,

"빈께서 나를 사랑하기를 보통보다 매우 다르게 하므로, 나는 매우 무섭다."

며 하소연하기도 했다.

하루는 소쌍이 여종 단지와 서로 좋아하여 함께 자기도 했는데, 봉씨가 여종을 시켜 항상 그의 뒤를 감시하도록 하고 단지와 놀지 못하도록 했다. 봉씨는 새벽에 일어나면 항상 시중드는 여종들로 하여금 이불과 베개를 거두게 했는데, 소쌍과 함께 동침하고 자리를 같이한 이후로는 다시는 시중드는 여종을 시키지 아니하고 손수 이불과 베개를 거두었으며, 또 몰래 그 여종에게 그 이불을 세탁하게 했다. 이러한 일들로 궁중에서는 자못 떠들썩했다. 급기야 이 소문을 전해들은 세종이 봉씨와 소쌍을 불러 진상을 파악하기에 이르렀다.

"너희들이 정말 함께 동침을 했느냐?"

"지난해 동짓날에 세자빈께서 저를 불러 내전으로 들어오게 하셨는데, 다른 여종들은 모두 지게문 밖에 있었습니다. 저에게 같이 자기를 요구하므로 저는 이를 사양했으나, 빈께서 윽박지르므로 마지못하여 옷을 한 반

쯤 벗고 병풍 속에 들어갔더니, 빈께서 저의 나머지 옷을 다 빼앗고 강제로 들어와 눕게 하여, 남자의 교합하는 형상과 같이 서로 희롱하였습니다."

하며 소쌍이 이실직고했다. 이를 들은 세종은,

"시녀와 종비 등이 사사로이 서로 좋아하여 동침하고 자리를 같이한다고 하므로, 궁중에 금령을 엄하게 세워서, 범하는 사람이 있으면 곤장 70대를 집행하게 했고, 그래도 능히 금지하지 못하면 곤장 1백 대를 더 집행하게 도 하였다는데, 세자빈이 이러한 풍습을 본받아 음탕할 줄 누가 알았겠는가?"

라며 탄식했다.

세종은 이어서 세자빈에게도 진상을 물었는데, 봉씨가,

"소쌍이 단지와 더불어 항상 사랑하고 좋아하여, 밤에만 같이 잘 뿐 아니라 낮에도 목을 맞대고 혓바닥을 빨았습니다. 이것은 곧 저희들의 하는 짓이오며, 저는 처음부터 동숙한 일이 없었습니다."

하며 자신이 그런 적은 없다고 주장했다. 그러자,

"너가 그들이 그러한 짓을 하는지 어떻게 알았느냐?"

며 세종은 세자빈의 변명을 믿지 않았다.

세종은 사실 며느리 봉씨의 잘못들을 대체로 눈감아주려는 너그러운 시아버지였다. 그러나 봉씨가 궁궐 여종인 소쌍과 동성애를 벌이는 행위는 결코 용서할 수 없었다. 마침내 봉씨를 폐출시키기로 결정했으나, 이런 결정을 내리기까지 무척이나 고민했다.

이미 한 번 며느리를 내쫓은 경험이 있었던 세종으로는 집안을 제대로 다스리지 못하면서 나라를 어찌 다스리겠는가 하는 자책감이 앞섰고, 이러한 사실이 백성들에게 알려지는 것을 몹시도 부끄러워했다.

그런데 폐출된 세자빈 봉씨는 성격이나 정열 면에서 매우 남달랐던 면이 있었다. 봉씨가 세자빈이 되었을 때 세종이 그녀에게 《열녀전》을 가르치게 했는데, 봉씨는 배운 지 며칠 만에 책을 뜰에다 내던지며,

"내가 어찌 이것을 배운 후에 생활하겠는가!"

하고는 배우는 것을 거부하기도 했다.

그녀는 문종의 사랑을 받으려고 나름대로 무척이나 노력하기도 했다. 매일 밤 남편인 세자를 보려고 노력했고, 세자가 방에 들어오지 않고 뜰 구경이라도 하면 "저분이 왜 안방으로 들어오지 않고 공연히 밖에서 걷고 있을까?"라며 끊임없는 관심을 기울이기도 했는데, 이를 두고 세종은 상서롭지 못한 생각이라고 나무랐다.

봉씨는 외로움 때문이었는지, 술을 꽤 즐겨 마시기도 했는데, 항상 방 속에 술을 준비해두고 큰 그릇으로 연거푸 술을 마셔 몹시 취한 적도 여러 번 있었다. 만취되면 시중드는 여종으로 하여금 업고 뜰 가운데로 다니게 하고, 혹 술이 모자라면 친정집에서 가져와 마시기도 했다. 봉씨가 너무 자주 술을 마시자 세자는 봉씨에게 금주하기를 권했는데,

"이 술은 내 몫인데 마시는 것을 왜 막습니까?"

라며 말을 듣지 않았다.

이런 봉씨에 대해 세자는 시종 무관심으로 대했던 것 같다.

어쨌든 세자빈의 동성애 사건으로 발칵 뒤집힌 조정의 여러 대신들 사이에는 이러한 세자빈 봉씨를 극형에 처해야 한다는 주장까지 나왔다. 그러나 세종의 품덕으로 그것만은 면하게 되어, 봉씨는 마침내 폐서인이 되어 궁에서 쫓겨나는 신세가 되고 말았다.

폐세자빈 봉씨 때문에 날벼락을 맞게 된 것은 은밀히 동성애를 즐기던 맷돌부부의 궁녀들이었다. 소헌왕후는 이 일을 계기로 궁중에서의 음행을 샅샅이 조사하여 씻어 없앨 결심이었다. 수백 명씩의 궁녀들이 청춘을 묻고 사는 궁중에서는 원래 예로부터 갖가지의 동성연애가 있어왔고, 자위

수단이 있었다. 그러나 장차 국모가 될 세자빈의 몸으로 시비를 맷돌남편으로 삼는다는 것은 무슨 변명으로도 용서받을 수 없는 노릇이었다.

한편 폐세자빈 봉씨가 친정집에 이르자 그의 아버지 봉여奉礪는 자기 딸을 도저히 용서할 수 없었다. 그의 나이 예순, 그때까지 고위관직을 지내게 될 수 있었던 것은 모두가 딸 덕분이었다. 그러나 이제 그 딸 탓에 오히려 패가 망신을 하게 된 것이다.

봉여는 자기의 허리띠를 풀어 딸의 목에 감았다.

"자, 목을 매달아라. 폐빈 김씨처럼 세자빈 신분으로 죽는 복마저도 너는 타고나지 못하였구나. 이제 더럽고 요사스런 한낱 계집인 네 눈앞에는 죽음만이 있을 뿐이다. 저 세상에서는 부디 잘 살아라. 다시 태어날 때는 사내가 되어서 말이니라!"

세종 18년 늦가을 10월의 일이었다. 이때는 기강과 법도가 이처럼 서슬 퍼렇게 서 있었던 것이다. 세종은 봉여가 딸을 죽이고 자결했다는 소식을 듣고 눈물지으며 한탄했다고 한다. 또한 봉여의 영혼을 위로하기 위해 그 관작을 깎지 않도록 했다.

이 무렵은 실로 내치와 외정外政에 대성한 시대였다. 그러나 임금은 세자의 배필 일로 해서 계속 얼굴을 들지 못해 부끄럽고 괴로웠을 것이다.

하지만 폐쇄된 궁중에서 자칫하면 청춘을 덧없이 흘려보낼 수밖에 없는 비빈 · 궁녀들 사이에 성적인 탈선이 일어날 수 있는 소지는 얼마든지 있었다는 것을 보여준다.

남편인가? 간부인가?
— 성종대의 간통살인 논쟁

다음은 성종 10년(1479)에 발생한 일이다.

박종손이란 자가 양반집 여종인 근비斤非라는 여자와 서로 정을 통했는데, 하루는 또다른 그녀의 간부인 차경남을 교살했다. 이 살인사건에 대하여 형조는 살인범 박종손을 사형에 처하고, 근비는 비록 현장에 있으면서 말리지 않고 방관했지만, 죽은 차경남이 남편이 아니므로 곤장을 때리는 것으로 결론지었다.

조선시대 간통에 의한 살인사건이야 흔치 않은 일은 아니었으므로, 이 사건도 그러한 사건의 하나로 결론이 난 것처럼 보였다. 그런데 죽은 차경남은 근비의 남편격이므로, 그의 죽음을 방관한 근비 또한 남편 살해죄로 사형을 시켜야 한다는 재론이 일어나게 되면서 이 사건은 다시 수면 위로 떠오르게 되었다.

조정은 근비의 처리문제로 한 차례 논쟁을 벌이게 되었는데, 당시 이 논쟁에 참여하지 않은 대신이 없을 정도였다. 논쟁의 주요 핵심은 죽은 차경남이 과연 근비의 남편에 해당하는가 아닌가에 대한 것이었다. 이 논쟁은 찬반양론으로 갈려, 남편에 해당하는 조건과 그 살인죄 적용에 대한 갖가지 논의들이 쏟아지는 계기가 되었다.

간부와 남편에 대한 개념 논쟁

처음 이 사건에 이의를 제기한 사람은 좌승지 김승경이었다. 그는 당시 이 사건의 칼자루를 쥐고 있었던 성종에게,

"천한 계급에게 무슨 결혼이라는 것이 있겠습니까? 마땅히 먼저 간통한 남자를 본남편으로 삼아야 합니다."

라며 이 사건을 다시 처리해주기를 요청했다.

김승경의 주장에 따르면, '죽은 차경남은 근비와 중매 얘기가 오고간 사이이므로 차경남은 엄연히 본남편에 해당하며, 근비가 박종손과 모의하여 본남편을 죽였으므로 근비 또한 사형에 처해야 한다' 는 것이었다.

김승경의 이의 제기로 이 사건에 대한 처리가 다시 논의되었는데, 김승경의 문제 제기에 대한 반론도 만만치 않았다. 즉, 근비가 '부모에게 고하지 않고 스스로의 정으로써 서로 간통하였으니, 죽은 차경남은 남편이 아니라 간부에 해당한다' 는 것이다.

물론 이런 반론에 대해 사형을 주장하는 쪽에서는 여전히,

"천한 노비의 혼가에 어찌 중매를 기다리겠습니까? 마땅히 먼저 간통한 자를 본남편으로 삼을 것입니다. 만약 차경남이 본남편이 아니라면, 박종손이 어찌 모살하기에 이르렀겠습니까?"

라는 견해로 맞서고 있었다.

상반된 견해가 팽팽히 맞선 이유는 죽은 남자가 남편이었을 때와 간부

였을 때에 처벌받아야 하는 죄값의 차이가 엄청났기 때문이었다. 말하자면 차경남이 남편으로 인정되었을 때 그녀는 직접 살인을 하지 않았다 하더라도 남편 살해죄를 적용받아 사형에 처해지기 때문이었다.

그런데 이러한 의견대립이 나오게 된 배경에는 조선시대에 결혼이 성립하게 되는 법적 조건과 그에 따른 결혼풍속이 자리하고 있었다. 다시 말하면, 조선시대에 결혼이 성립되기 위해서는 우선 중매를 통해야 하는데, 중매를 통하지 않은 결혼은 간통으로 취급했다. 따라서 '결혼식을 올렸건 올리지 않았건 간에 중매가 오고갔으면 남편격이 되지 않는가' 하는 주장이 나올 수 있는 것이다.

그러나 대체로 중매는 결혼 당사자가 아닌 당사자의 가장이 주관하므로 '근비의 부모가 모르는 혼담으로 어찌 결혼이 성립할 수 있느냐'는 반론도 제기될 수 있는 성질의 것이었다. 그런데 근비는 양인이 아닌 천민 여자였으므로 위와 같은 일반 양인 여성에 해당하는 결혼조건이 적용될 수 없는 신분의 여자이기도 했다. 따라서 '먼저 간통한 남자가 남편에 해당하지 않는가' 하는, 일반 양인 여성에게는 있을 수도 없는 의견도 제시된 것이다.

이러한 신료들의 의견충돌에 대해 성종은 어떤 생각을 가졌을까?

"차경남은 친척으로 하여금 중매를 하게 했으니 간부라고 할 수는 없다. 또 박종손이 모살할 때에 근비는 일찍이 한 마디의 말로도 중지하지 않았고, 교살하는 것을 보고서도 무심히 좌시하였으므로 그 마음이 참혹하니, '지정살본부知情殺本夫'로써 개율하여 아뢰라."

이렇듯 성종은 근비에게 남편살해죄를 적용시켜 사형시키는 쪽으로 마음을 굳혔다.

그러나 성종의 결정에도 불구하고 사형은 부당하다는 측의 주장으로 근비 사건은 계속 종결을 보지 못하고 있었다. 처음 이 사건의 심리를 맡은 형조측에서도 사형은 부당하다고 주장했다.

"죽일 때에 비록 소리를 질러 구제하려고 하였으나 해친다는 말에 겁을 내어 구제하지 못하였으니, 극형에 처하는 것은 온당치 못할까 합니다."

그러자 성종은 다시,

"근비가 남편을 모살하는 데 참여한 것은 죽어도 허물이 남는다. 그러나 차경남과 8일 동안 간통하고, 박종손과 간통하였으니, 차경남을 본남편으로 논단하는 것은 온당치 못하다."

며 자신의 의견을 번복하기도 했다.

일부 대신들도 성종과 마찬가지로,

"비록 선후는 있다고 하더라도 같은 간부인데, 어찌 먼저 사통하였다고 해서 본남편으로 삼을 수 있겠습니까?"

라며 차경남을 남편으로 보는 것에 대해 회의를 나타냈다. 더욱이 이 사건은 약간 애매한 부분도 있어서 범인 처벌에 신중을 기하자는 의견도 제시되었다.

예컨대 예조참판 이극돈은,

"근비는 진실로 죄가 있습니다. 그러나 혹은 죽어야 한다고 하고, 혹은 죽일 수 없다고 하여 중론이 일치하지 아니하니, 급하게 법으로 처치하면 온당치 못할 듯합니다."

며 성급히 이 문제를 종결짓는 것에 대해 우려를 비치기도 했다.

조선시대에는 범죄 처벌에 있어서 '죄가 의심스러운 것은 가볍게 하라'와 함께 《서경書經》에 실려 있는 '허물이 없는 사람을 죽이는 것보다는 차라리 상법常法을 쓰지 않는 실수를 범하는 것이 낫다'는 원칙을 고수하려는 면이 있었다. 이극돈은 이 원칙에 따라 가능한 한 무거운 처벌을 하지 않는 것이 옳다고 주장하였다.

그러나 근비의 처벌 문제는 마침내 살인죄를 적용시키는 것으로 결말이

나고 말았다. 그런데 여전히 남편살인죄를 적용하느냐, 아니면 간부살인죄를 적용하느냐 하는 문제는 해결을 보지 못한 상태였다.

그런데 앞서 언급한 바와 같이 차경남을 본남편으로 볼 수 있다는 견해가 제시된 것은 한편으로 근비가 양반집의 여종인 천한 신분이었기 때문이다. 만약 그녀가 양인 신분 이상이었다면 아마 본남편 살해죄는 거론되지 않았을 것이다. 차경남과는 중매 얘기만 오고갔을 뿐 실지로 혼례를 치른 것은 아니기 때문이다. 그러나 그녀가 천민이다 보니 제대로 된 혼례를 치르는 것은 현실상 힘들기 때문에, 차경남과 사실혼을 적용시켜 그를 본남편으로 볼 수도 있었다. 따라서 이 문제는 천민출신에게 사실혼을 적용시키는가, 아니면 실제 혼례를 치른 것을 적용시키는가의 문제이기도 했다.

조선시대 양반집의 여자종은 혼례식을 치르지 않았더라도 본주인의 허락이 있으면 결혼 사실이 인정되었다. 그리고 남편 된 자의 출입이 기정사실이 되었을 때, 결혼사실이 확인되었다.

그런데 당시 차경남을 그녀의 남편으로 아는 사람이 없었다고 한다. 따라서 차경남은 사실상 근비의 간부이지 정식 남편이라고 볼 수 없는 점이 많았다. 게다가 차경남은 이미 결혼하여 부인이 있던 남자였음이 밝혀졌다. 근비와 차경남은 간통한 사이였던 것이다. 그러나 근비를 차경남의 첩으로 볼 수 있으므로 남편살해죄는 여전히 유효하다고 볼 수도 있었다.

이렇듯 남편과 간부의 개념 문제는 해결을 보지 못했지만, 결국 남편살인죄가 적용되어 처벌하는 것으로 결론이 나고 말았다. 근비는 자신이 저지른 죄보다 훨씬 무거운 처벌을 받고 부당한 죽음을 당했다.

조선시대 살인죄를 저질렀을 때의 처벌규정에는 '무릇 살인을 계획한 자는 참형에 처하고, 따라서 도운 자는 교형에 처하며, 돕지 아니한 자는 장 1백 대에 유배 3천 리에 처한다'는《대명률》의 규정과, '간부가 서로 살해했으면, 그 계집이 비록 실정을 알지 못했을지라도 양인은 장 1백 대에 유배 3천 리에 처하여 영구히 경외京外 잔폐한 곳의 관비로 정속시키고, 천인은 장 1백 대에 도형 3년이다' 라는 《대전속록大典續錄》의 규정이 있었다.

이러한 규정에 따르면, 근비는 실정을 알지 못한 처지에 속하므로 장 1백에 도형 3년을 받으면 되었다. 또한 간부살해죄가 적용되더라도 근비가 죽인 것은 아니었으므로 《대명률》에 마땅히 적용할 조항이 없었다. 그런데도 성종은 풍속의 교화라는 차원에서 근비 사건을 강력히 처벌하고자 했다. 그리고 가장 죄질이 무거운 참수형으로 집행되었는데, 그 이유에 대한 성종의 견해는 이러했다.

"의심스러운 죄는 가볍게 하라는 것이 비록 제왕이 형벌을 삼가는 법이라고 할지라도, 옆에서 살인모의를 들은 것을 죄 주는 것 또한 춘추 필법의 죄로 처단하는 법이다. 차경남과는 중매를 통하여 서로 만났으니 간부로 논할 수 없고, 또 어찌 그 남편이 죽는 것을 보면서 차마 구하지 아니할 수 있는가? 근비의 죄는 강상에 관계되는데, 이제 만약 사형을 감하면 일반백성들 가운데 간부를 사랑하는 자가 모두 그 본남편을 죽이고자 할 것이니, 옳겠는가? 이런 풍습을 자라나게 할 수 없으니, 본남편을 죽이려고 꾀한 율律로 처단하라."

법과 현실의 성 모럴

근비 사건에서 보듯이 법전에 성문화된 법과 현실 사이의 괴리는 어느 사회나 있게 마련이지만, 조선시대 법과 현실 사이에는 가끔 엄청난 괴리를 보일 때가 있었다. 그 한 예가 《성종실록》에 근비 사건과 함께 실려 전해진다.

문제의 발단은 이경세라는 사람의 딸이 납례라는 이른바 납폐의 혼인절차까지 끝내놓고, 어떤 이유인지는 모르나 그만 파혼하고 다른 사람한테로 시집을 가면서 시작되었다.

이경세의 딸과 혼인하기로 한 집안에서 이를 괘씸하게 여겨 마침내 이들을 고발했는데, 이 고소로 조정은 다른 집으로 시집간 이경세의 딸을 처음 혼약한 집으로 되돌려야 하는가 하는 문제로 고민해야만 했다. 왜냐하면, 조선시대 법으로는 납폐도 엄연한 결혼이었으므로, 처음 혼약한 사람이 본남편이 될 수 있었기 때문이다.

그러나 현실적으로 이 여인은 다른 사람과 결혼하여 임신까지 하는 등이미 두 번째 남자와 같이 살면서 부부의 연을 맺은 상태였다. 그러므로 또다시 처음 혼약한 집으로 '법대로' 되돌린다면 한편으로 다시 개가하는 꼴이 되는 것이었다.

성종은 이 문제를 두고,

"비록 아이를 갖지 않았다 할지라도 다시 다른 사람에게 시집가는 것은 매우 의리에 합당하지 못하다. 그러나 율에 이 법이 있는데, 현실을 좇아 고치면 법이 이에 따라 허물어질 것이니, 어찌하겠는가?"

하며 고민했다. 이에 대해 대신들은,

"국가에서 법을 설정하여 재가한 부녀의 자손은 서용하지 못하게 하였는데, 이제 빼앗아 다른 사람에게 주면 이는 국가에서 재가를 허락하는 것입니다. 대저 혼인은 가장이 주장하는 것일 뿐이고, 여자가 아는 것이 아닙니다."

라며 여자는 잘못이 없다고 했다. 이를 들은 성종은 좋은 해결법이라고 생각하고는 가장을 벌주기로 결정했다.

당시 법으로 혼인서약을 위반한 가장에게는 '곤장 80대'였다. 그럼에도 성종은,

"이 죄도 가볍다. 이경세의 딸은 빼앗아주지 말고, 이 뒤로는 가장의 죄를 중하게 처벌하라."

고 하였다.

그런데 이와 같은 법적용은 중국 법규인 《대명률》에 의거한 것이었다. 위정자들이 무엇보다 지키고자 했던 《대명률》은 실상 중국 사회를 바탕으로 만들어졌기 때문에 조선의 사회현실과 거리가 있었다.

조선시대 성 모럴과 간통 이야기

평생을 못 잊은 남녀의 사랑

《세종실록》에 다음과 같은 내용의 기사가 기록되어 있는데, 그 내용이 매우 눈길을 끌게 만든다.

"전 관찰사 이귀산의 아내 유씨를 참형에 처하고, 지신사 조서로趙瑞老를 영일로 귀양보냈다."

어떤 죄를 저질렀길래 한 여자는 참형에 처해지고 또 다른 남자는 귀양을 갔을까? 그 내막을 자세히 찾아보니, 이 사건은 세종 5년(1423)에 일어난 간통사건으로, 이들의 관계는 단순한 간통과는 다른 가슴 아픈 사연이 담겨 있었다.

《세종실록》에는 간통이나 근친상간에 대한 우려와 이를 법제화하는 문제가 빈번하게 등장하고 있는데, 이 사건도 이러한 일련의 풍속교화와 무관하지 않은 사건이었다.

실록에 실려 있는 내용에 의하면, 처음에 유씨와 조서로는 먼 친척 사이였다고 한다. 이 두 사람의 성姓이 서로 다른 것으로 보아 모계의 친척간으로 보인다. 유씨는 일찍이 아버지를 여의고 여승이 되어 조서로의 집을 드나들었는데, 이때 서로 사랑하는 마음이 싹터 정을 통했다. 이때 조서로의 나이 14세였다.

이들은 먼 친척뻘의 이성異姓 친척간이었는데, 당시 풍속상으로 보면 전통적인 남귀여가혼男歸女家婚의 영향으로 이성 친족들이 유년기를 함께 보내는 경우가 많았다. 따라서 먼 친척임에도 불구하고 실생활에서 자주 접촉하다 보니 서로 정을 쌓을 수도, 나아가 이성간의 감정을 가질 개연성은 많았다.

그런데 중국에서는 우리 나라와 달리 이성 친척간은 서로 왕래도 많지 않고, 따라서 현실적으로 서로 결혼할 수 없는 사이는 아니었다. 이성 오촌이나 육촌이면 상복을 입지 않는 무복친無服親 관계로서, 비록 친족이라고 하더라도 금혼의 범위에서 벗어날 만큼 근친으로 의식되지는 않았다. 이성친척은 그만큼 중국 풍속상으론 먼 관계였던 것이다.

그러나 우리 나라는 이와는 전혀 다른 풍속과 의식이 지배했고, 그러다 보니 이성 친척간이 남녀관계로 발전할 경우 근친상간에 버금가는 규제를 받게 되었다. 우리 나라에서는 풍속상 모계의 먼 친척이라도 부계친척 못지않게 친밀히 지냈으므로 친족의식이 강했고, 따라서 풍속상으로 결혼이 금기시되었다. 이러한 풍속에 비추어보면 조서로와 유씨는 이루어질 수 없는 사랑인 셈이다.

마침내 이들의 관계를 눈치챈 조서로의 어머니가 유씨에게 다시는 자신의 집을 드나들 수 없도록 함으로써 그만 깨지고 말았다. 낙심한 유씨는 파계한 뒤 머리를 기르고 이귀산이라는 사람에게 시집을 갔다.

유씨가 시집을 가자 이번에는 유씨를 못 잊어하던 조서로가 그녀의 집에 자주 들렀다. 유씨의 남편인 이귀산은 유씨보다 나이가 훨씬 많은 남자였는데, 아내를 매우 사랑했고, 조서로를 아내의 친척이라 하여 후하게 대접했다. 더욱이 간혹 침실로 맞아들여 술자리를 벌이고서 아내로 하여금 술을 권하기도 하고 좋은 말馬을 주기도 했다.

유씨는 글을 할 줄 알고 장기·바둑도 잘했는데, 어느 날 조서로에게,

"목복木卜의 집에서 만나 울울하게 맺힌 정을 풀기 바란다."

는 내용의 편지를 전했다. 목복木卜은 곧 박朴자로서, 이는 곧 조서로의 누이동생의 아들인 박동문朴東文을 가리키는 말이었다. 이후로 이 두 사람은 지속적으로 정을 통하다가 마침내 꼬리가 잡히게 되었다. 두 사람은 사헌부에 붙들려 가 문초를 받았는데, 이 사건에 대해 세종은,

"우리 동방이 예의로서 나라를 다스렸으니, 그 유래가 오래다. 대대로 벼슬하여온 세족의 집에서는 이 같은 행실이 있지 않았다. 지신사는 그 직분이 왕명의 출납을 맡았으니 그 임무가 지극히 무겁거늘, 이제 그 죄가 강상을 범하였다. 그러나 공신의 아들인지라 형을 가할 수 없거니와, 유씨는 대신의 아내로서 감히 음탕한 짓을 행하였으니, 가히 크게 징계하여 뒷사람을 경계하라."

고 명하고 유씨를 3일 동안 저자에 세웠다가 목을 베었다.

불도를 닦다 간통으로 몰린 남녀

다음은 광해 6년(1614)에 있었던 오언관과 이여순의 간통사건인데, 이 사건은 다른 간통사건과는 좀 다른 면이 있어 소개해보고자 한다.

오언관은 찬성 오겸吳謙의 서자로, 실록에는 그가 어릴 적부터 성격이 뒤

틀린 자로 이름이 났으며, 여색에 미혹하여 재산을 마구 팔고 사람들에게 천시를 받았는데, 뒤에 선禪을 배운다고 핑계대었다고 인물평을 하고 있다. 또한 사람됨이 총명하여 변론을 잘했으며 불교서적을 모두 열람하고 사찰을 두루 유람하는 등, 종적이 이상하고 신비했으므로 나이 적은 경망한 무리들이 많이 따랐다고 전한다. 그러나 오언관이 간통사건으로 체포된 인물인만큼, 그에 대한 인물평이 좋을 리는 없으므로 이를 액면 그대로 믿기는 어렵다.

당시 오언관과 유생 김자겸은 서로 친분이 돈독하여 깊은 우정을 쌓았던 사이였다. 오언관은 김자겸의 집안에 드나들면서 그 어머니를 뵙고 아내인 이여순과도 만나는 등, 골육의 친척보다 더 사이가 좋은 친구였다.

오언관과 함께 간통사건으로 연루된 이여순은 김자겸의 아내로, 그녀는 천성이 총명하여 글을 알았는데, 오언관과 남편과 함께 한 방에서 얘기를 나누어도 아무도 이를 이상하게 보지 않았다고 한다.

그런데 문제는 남편인 김자겸이 죽은 이후였다. 오언관은 김자겸이 죽은 뒤에도 계속 그 집을 왕래하면서 김자겸이 살아 있을 때와 다름없이 이여순과 친근히 지냈다. 이때부터 두 사람간의 사이를 의심하는 사람들이 많아지게 되고, 급기야 오언관의 친구들마저 그를 피할 정도였다.

남녀간의 내외법이 엄격히 다스려지던 조선사회에서 천민도 아닌 사족의 남녀가 서로 가깝게 지낸다는 것은 있을 수 없는 일이었다. 때문에 오언관과 이여순의 관계는 매우 불안정하고 위태로울 수밖에 없었을 것이다.

마침내 오언관은 이여순과 나정언의 첩 정이와 더불어 밤을 틈타 도망쳐, 안음이란 곳의 산속으로 들어가 머리를 깎고 중이 되었다. 그러나 이들의 생활도 오래 가지 못했다. 얼마 후 이들은 그 지역 사람들로부터 수상쩍은 사람으로 의심받게 되었는데, 당시 역모로 수배령이 떨어진 박치의로 오인받아 체포되었다.

안음지역 수령이 이들을 잡아다가 신문했는데, 조사과정에서 오언관과 이여순은 자신들이 부부관계라고 밝혔다. 그리고 이름도 자신들의 이름이 아닌 다른 이름으로 꾸며댔다. 부부간이 아니었다면 간통죄로 벌을 받을 게 틀림없기 때문이었다.

오언관과 이여순 및 정이를 신문한 수령은 이들의 관계를 계속 의심했다. 이들이 결혼할 때의 사정과 집안 노비들의 성명에 대해 매우 자세히 말했으나, 간간이 사실과 맞지 않는 경우가 많았기 때문이다.

마침내 이들에게 혐의를 가지고 있던 수령이 중앙 조정에 보고함으로써 이들의 문제는 더욱 확대되었다. 세상사람들의 눈을 피해 조용히 살고자 했던 이들은 불행히도 조선사회의 굴레에서 벗어날 수 없었다. 형조에서 이들에 대한 신문은 고문과 함께 병행되었다. 오언관은 공초에 쓰기를,

"저는 어려서부터 문무의 기예는 좋아하지 않고 불법을 깊이 믿어 불경의 가르침을 탐구하느라 산가에 소장된 불서를 열람한 지 15, 16년에 이르자 대략 이룬 바가 있었습니다. 서로 아는 사람 가운데 오직 김자겸이 일찍부터 불도를 터득하여 조예가 매우 높았으며, 자겸의 아내 역시 불도에 터득한 바가 있었기 때문에 또한 자겸처럼 도의로써 서로 절친하게 지냈습니다.

자겸이 죽을 때 저에게 이르기를 '내 아내가 나보다 나으니 내가 있는 것과 다름이 없다. 자네는 꺼려하지 말고 내가 있을 때처럼 서로 만나 불도를 논하라' 하기에 신이 허락하였습니다. 금년 4월에 영남의 산수가 뛰어나게 좋다는 말을 듣고 고요한 곳에 가서 파묻혀 살려고 계획을 가졌는데, 자겸의 아내가 이 말을 듣고 함께 가려고 하였습니다.

성이 다른 남녀가 함께 가기 어렵다는 점을 들어 만류하였더니, '광대한 불법 가운데 어찌 이런 구별이 있겠는가? 불도를 위해 나가는데 비록 몸이 부서진들 무슨 지장이 있겠는가?' 하였습니다.

그리고 함께 살던 여인은 목사 나정언의 첩인데, 선禪을 배우느라 자겸의 아내를 따라다닌 지 3년이 되었습니다. 곧장 그들과 같이 성 밖으로 나가 안음의 덕유산에 이르러 머리를 깎고 중이 되었습니다."

했다. 오언관은 이어서 이여순과의 간통혐의를 부인했다.

"처사의 망령됨은 만 번 죽어도 마음에 달게 여기겠습니다만, 사사로이 정을 나누었다는 것에 있어서는 전혀 근거하지도 않은 말입니다. 안음에서 막 체포당했을 때 현감의 낯빛을 살펴보니, 만일 사족이라고 말하였다가는 까닭도 묻지 않고 반드시 엄중한 신문을 가하겠기에 부득이 임시응변으로 부부간이라고 말하였습니다.

이는 그저 잠시나마 죽음을 늦추어 오늘날처럼 숨김없이 밝힐 기회를 기다리려고 한 것이었으므로 지금부터는 걱정할 게 없습니다. 신은 진실로 육체가 마치 꿈과 환상이 덧없이 이루어졌다가 허물어지는 것과 다름이 없다는 것을 알고 있으므로 애석하게 여기지 않습니다. 그리고 정이는 본디 저의 일가붙이가 아니나 고의로 말을 꾸며댄 것은 죽음을 늦추기 위한 것이니, 공초에 '한 방에서 같이 살았다'는 것은 사실과 틀린 말입니다."

한편, 간통혐의를 받고 있었던 이여순도 오언관과 마찬가지로 간통사실을 극구 부인했다. 이여순은 공초에서 다음과 같이 주장했다.

"소녀의 이름은 여순인데, 전 부사 이귀의 딸이고 유학 김자겸의 아내입니다. 6, 7세 때부터 조금 문자를 알았으나 세상에는 마음이 없었고, 열다섯 살에 시집을 갔으나, 역시 부부생활과 아이 낳은 일은 염두에 두지 않았습니다.

오직 지극한 불도에만 마음을 두어 8, 9년간 공력을 쌓았더니 터득한 바가 있는 것 같았습니다. 남편 자겸도 뜻과 기상이 범상하지 않아 일찍이 선학禪學에 종사하였기 때문에 아내의 도로써 대하지 않았고, 또 오언관과 도우道友로 지냈습니다.

자겸이 일찍이 말하기를, ‘나는 그대와 같은 아내가 있고 오언관과 같은 벗이 있으니 일생의 행복이다’ 하였습니다. 세 사람이 마치 솥발처럼 대하고 앉아서 종일 불도를 이야기하였는데, 어떤 때는 밤이 으슥하도록 이야기하기도 하였습니다.

남편 자겸은 무신년에 죽었습니다. 그가 죽기 전날 곁에 있는 사람들에게 말하기를, ‘나는 내일 죽을 것이다’고 하였는데 정말 다음날 죽었습니다. 임종하면서 입으로 게송偈頌 몇 구절을 불러주고, 이어 오언관에게 말하기를 ‘내 아내가 있으니 나는 죽지 않았다. 그대는 속세의 말을 혐의 삼지 말고 모쪼록 불도를 위하여 오늘날처럼 서로 방문하게’ 하니, 오언관이 허락하였습니다.

그 뒤 때때로 와서 만나 불도를 이야기하며 학문을 강론하였는데, 오래도록 쇠하지 않았습니다. 일찍이 오대산에 비구니가 많다는 이야기를 듣고 따라가려고 하였으나 뜻을 이루지 못하였었는데, 지난 4월에 오언관이 산을 유람하기 위하여 떠난다는 말을 듣고 드디어 따라가기로 결심하였습니다. 이에 시어머니와 부모에게 편지를 남겨 작별을 고하고, 노비를 거느리고 길을 떠나 덕유산에 이르러 머리를 깎고 중이 되었는데, 끝내 그 마을 사람에게 사로잡혔습니다.

처음부터 끝까지의 연유를 고하자면 이와 같을 뿐입니다. 만일 처사를 잘못한 것으로 말한다면 죽음도 가볍지만 간통한 사실은 저 청천 백일처럼 아무것도 없으니, 비록 만 번 죽더라도 부끄러울 것이 없습니다.

안음에서 처음 공초할 때에 거짓말을 둘러대고 거짓 이름을 댄 일은 차마 하지 못할 짓임을 모르는 바는 아니었으나, 만일 사족의 여자로서 다른 남자를 따라서 나왔다고 말을 하면 현감이 필시 곡절을 묻지도 않고 먼저 엄중한 신문을 가할 것으로 여겨졌기 때문에 부득이 이와 같이 했던 것입니다.

또한 한 방에서 같이 잤다는 말에 있어서는 지극히 애매합니다. 노비들이 모두 이야기를 하지만, 나정언의 첩이 서울에서부터 산에 이를 때까지 언제나 같이 있어서 비록 대소변을 볼 때에도 잠시도 떨어져 있지 않았으니 어찌 암암리에 벌어진 일이 있겠습니까."

그런데 이여순의 공초 내용에 보면, 그녀는 조선시대 여성으로는 매우 특이한 삶을 살았다고 볼 수 있다. 문자를 익혀 불교서적에 탐닉하면서, 보통의 여성들이 누렸던 삶에는 그다지 관심을 기울이지 않고 불도로서의 인생을 보내고자 했다. 이와 같은 그녀의 삶의 목표는 남편과도 어긋나지 않아 부부의 예가 아닌 불도로서의 평등한 관계가 유지되었던 것 같다. 게다가 남편이 죽은 이후에도 친구인 오언관과 여전히 남편 못지않은 지우 관계를 유지하면서 불도를 닦는다는 이유로 그를 따라 집을 나간 것은 당시로는 매우 파격적인 결정이라고 하지 않을 수 없다.

한편, 오언관은 이여순뿐만 아니라 같이 동행한 정이라는 여자와도 간통혐의를 받고 있었다. 정이의 공초 내용을 한번 살펴보자.

"소녀는 나이 열네 살에 무인武人 나정언의 첩이 되었는데, 지아비가 죽은 뒤에 천한 절개를 온전히 하려고 그의 큰집에 가 의탁하였습니다. 그런데 김자겸의 아내 이씨를 많은 사람들이 귀하게 여긴다는 소문을 듣고 정성을 다하여 만나보았는데, 제가 사람을 많이 보았으나 이와 같은 사람은 보지 못하였습니다.

이씨는 언제나 말하기를, '속세에서는 수도를 전일하게 하지 못하므로 고인들이 집을 나가 산으로 들어간 것이다. 오대산에는 비구니가 많다고 들었기에 그곳에 가려고 한 지 오래 되었다' 하였습니다.

올 봄에 오언관이 이씨와 동행하기에 소녀도 따라갔는데, 이씨는 제때에 밥을 먹지 않았고 더러는 20일 동안이나 물도 마시지 않았지만 조금도 주리고 피곤한 모습이 없었으며, 혹 한 달이 되도록 잠을 자지 않기도 하였습니다. 온몸에 향기가 풍겼으며, 깜깜한 밤에도 대낮처럼 광채가 발산되었는데, 3년간 함께 살았으나 처음부터 끝까지 한결같아 더러운 일은 전혀 가까이하지 않았습니다.

천한 이 몸은 청춘에 과부가 되어 요구하는 사람들이 많았으니, 개가하더라도 누가 탓한다고 굳이 산간에 가서 남자와 간통하겠습니까. 오언관은 땅굴 속에 거처하였지만 온몸에 향기가 났으므로 사람들이 모두 음식을 가지고 와서 먹였습니다."

이와 같이 이들 세 사람은 한결같이 자신들은 불도를 닦기 위한 목적에서 덕유산에 있었던 것이지, 음란한 관계를 위해서 그런 것이 아니라고 주장했다. 그러나 이들의 결백 주장에도 불구하고 왕은 이여순과 정이는 가두고 오언관은 계속 국문하게 했다. 오언관은 간음했다는 간통 의혹뿐만 아니라 당시 역모죄인 박치의로 오인받는 의심까지 받았기 때문이다.

박치의는 광해군 때 서자들을 등용하지 않은 사실에 분개하고 항의하다 대역죄인으로 몰린 인물인데, 조정에서 붙잡지 못한 상태였다. 마침내 오언관은 박치의의 사건과도 연루되어 신문을 받다가 끝내 고문을 이기지 못하고 죽고 말았다. 속세를 떠나 불도가 되고자 한 이들의 삶은 이렇듯 비극으로 끝났다.

과부와 중의 간통

■불교와 여성에 대한 규제

조선왕조는 유교국가를 지향했기 때문에 성리학으로 무장한 지배층들은 불교를 매우 불온시하고 규제했다. 불교는 고려시대 지배 귀족과 여성들의 지지를 등에 없고 매우 번창했는데, 조선 건국자들은 성리학적 이데올로기를 바탕으로 불교를 억누르고, 불교의 지지기반이기도 했던 여성에 대한 규제를 강화했다.

여성과 불교에 대한 규제의 대표적인 것이 이른바 내외법에 입각한 여자들의 사찰 출입 금지였다. '부녀상사금지婦女上寺禁止' 조치로 일컬어지는

승려와 여인 신윤복 그림. 움이 파릇파릇 돋는 수양버들 아래 춘정에 겨운 여인네와 불승의 만남은 에로티시즘을 짙게 풍긴다. 조선시대의 성풍속을 반영하고 있다.

국가적 차원의 불교배척과 여성규제였다.

부녀자들의 사찰 출입이 제한받기 시작한 것은 고려말부터였으나, 본격적인 금지는 태종 4년(1404)부터였다. 이때 부녀자들의 사찰 출입이 금지된 것은 단순한 억불정책의 일환만은 아니었고, 부녀자들의 행실을 규제하기 위한 목적이 더욱 강했다. 말하자면 부녀자들의 실절失節 방지를 명분으로 여자들이 자유로이 집을 나와 외출하는 것을 이제부터는 엄금하겠다는 강력한 의지의 표현이었다.

그러나 종교적 신앙심은 규제만으로 사라지고 단속되는 것은 아니었다. 여전히 민간뿐 아니라 왕실에서조차 공공연히 부녀자들을 절에 모아놓고 불사를 개최하는 일은 사라지지 않고 있었다.

세종조에 들어와 배불정책은 더욱 강화되는데, 새로운 사찰의 신축이 금지되고, 불상에 도금하는 일도 금지되었다. 보다 강력한 억불정책의 시행에 발맞추어 이때부터 여자들의 사찰 출입은 금지라는 자율의 성격을 떠나 어길 때에는 처벌을 받게 하는 강력한 제재조치가 강구되기 시작했다.

여자들의 자유분방한 문밖 출입이 내외법이라는 이름으로 규제되면서 여성들의 사찰 출입이 금지되었지만, 이와 함께 승려들의 여성 접촉 또한 금지되었다. 말하자면 승려와 여성 쌍방간의 규제조처인 셈이다.

이 시기 중들은 도성 내의 출입도 규제되었으며, 도성 내 출입 중에서도 과부의 집에 머무는 것은 더욱 엄격히 금지되었다. 그런데 이러한 규제조치는 불교와 여성규제라는 유교적 명분도 있었지만, 사실상 중과 과부 사이에 간통이 빈번하게 발생했기 때문이기도 했다.

■정인사 주지 설준과 과부 정씨의 간통

대개 과부들은 죽은 남편의 명복을 기원한다는 명분하에 불사를 열고 중과 접촉하게 되는 경우가 많았는데, 간혹 그러한 접촉이 간통으로 발전하곤 했다. 중과 과부는 피차 독신의 처지이므로 간통이 이루어질 가능성이 가장 높은 관계라고 할 수 있다. 위정자들은 이들간의 접촉을 최대한 막고자 승려의 과부집 출입을 일절 금지시켰다.

그런데 폐쇄적인 생활을 하는 부녀자들에게 있어서 절에 가는 것은 당시로는 유일한 불만 해소의 창구이기도 했다. 여성들의 스트레스 해소를 위해 절은 꼭 필요했기 때문에 이것을 억지로 막는 것도 사실상 어려운 문제였다. 그러나 조선시대 여성들이 친족 외에 접촉할 수 있었던 거의 유일한 대상이 바로 승려였고, 따라서 실절의 위험성이 가장 큰 관계로 인식되었다. 실제로도 과부와 승려간의 간통이 심심찮게 발생하기도 했다.

특히 세조 14년(1468)의 오성정 이치의 아내 정씨와 설륜이라는 승려간의 간통사건은 조선시대 과부와 승려간의 접촉을 강력히 막아야 한다는 여론을 일으키기에 충분했다.

오성정 이치의 아내 정씨는 판사 정지담의 딸로, 이치가 일찍 죽어 과부가 되었는데, 죽은 남편의 명복을 빌기 위해 치성드린다고 핑계대고는 크게 불사를 베풀어 출입이 절도가 없었다고 한다. 당시 중이었던 설준·심명·해초와 번갈아 서로 사통하여 정씨가 임신을 했는데, 사실이 누설될까 두려워하여 몰래 시골에 가서 애를 낳은 것이 두 번이나 되었다.

정씨는 이들 중에서 특히 홍덕사의 중 설준을 사랑하여 사랑의 증표로 노비 30구를 설준에게 선물로 주기도 했다. 정씨가 양반사족의 부인인만큼 재산도 넉넉했던 모양이다.

설준은 정인사의 주지도 지냈는데,《세조실록》에 따르면, 설준의 인물됨은 본래 음탕하고 방종하여 승려로서 계행戒行이 없었다고 한다. 또한 여승과 부녀자를 맞아들여 밤낮으로 섞여서 거처하고, 중으로 하여금 문을 지키게 하고서 비록 노복이라도 감히 그 하는 행동을 엿보지 못하게 하여 종적이 괴상했다고도 한다.

설준은 과부 정씨 외에도 여러 부녀자들과 스캔들을 일으켰다. 그는 사족 출신으로, 일찍이 출가하여 나름대로 학식을 인정받아 교종판사에까지 이르렀는데, 계속 부녀자 및 여승과 문란한 접촉을 하여 탄핵을 받았다. 실록에는 그가 여러 여자들과 여러 날을 함께 하며 계율을 어겼다고 전하는데, 과연 그가 여성들과 문란한 행위를 했는지, 아니면 법회를 여는 행동을 당시인들이 오해를 했는지 확인하기가 어렵다.

과부 정씨와 설준이 간통하는 일이 벌어지자 당시 사람들이 시를 지어 다음과 같이 희롱하기도 했다.

오성정의 아내 정부인은

몰래 탁발한 이와 간통하여 작은 중을 낳았으니

장안의 화류객들에게 말을 붙이노니

어찌 왕래하며 인연을 맺지 않는가?

그런데 과부뿐만 아니라 조선초기에는 여승들의 사찰 출입도 금지해야 한다는 의견이 있었다. 성종조에 사간원에서는,

"여승은 부녀자의 예로 다스릴 게 아니라 하여 금지하지 아니하면 여승만이 홀로 부녀자가 아닌 줄을 알지 못하겠으며, 부녀자가 절에 올라가는 것을 금지하는 것은 그 음란하고 실절하여 풍속을 더럽히기 때문인데, 그 여승이 음란하고 실절하는 것도 또한 부녀자와 무슨 차이가 있겠습니까?

알지 못하였다면 그만이겠지만 알고서야 다스리지 아니할 수 없으니, 알지 못하는 것이 가장 좋은 것만 같지 못합니다. 비단 이러한 무리들이 법망을 빠져나가면, 후래의 여승들이 뒤섞여서 거처하면서 마음대로 음란한 행동을 하여 거리낌이 없이 하는 조짐이 열려지기에 족할 것입니다."

라며 여승의 절 출입도 부녀자와 마찬가지로 금지할 것을 강력히 주장하기도 했다. 따라서 한때 중과 여승이 서로 왕래하는 것이 금지되기도 했다.

그러나 현실적으로 여승을 속세의 부녀자와 동등하게 대우하여 승려와의 접촉을 무조건 금지할 수만은 없었다. 게다가 여승이 절에 올라가는 것이 《경국대전》에 금지된 것도 아니었으니, 법적으로도 전혀 문제될 게 없었다.

조선시대에도 성병이 있었을까?

성생활과 성병

서양에서 르네상스 시대는 매춘에 있어서도 르네상스였다. 매춘에 대해 비교적 관대했기 때문이다. 그러나 16세기 후반부터 사람들의 성생활은 르네상스 시절의 자유로운 분위기에서 벗어나 비교적 방정해지기 시작했다.

이 시기에 사람들의 품행이 방정해지기 시작한 것은 종교개혁이라든지 하는 도덕적 영향이 아니라, 역사의 변증법적 발전에 의해서, 그리고 자본주의를 가로막은 당시의 불경기 영향이었다고 에두아르트 푹스는 지적했다. 경제 불안으로 향락생활을 위한 모든 사회적 구조가 제한될 수밖에 없었다는 것이다. 엄습해오는 불안과 빈곤이 관능적 향락을 퇴치하는 데 가장 효과적이었을까 하는 문제를 접어두더라도, 이 당시 사람들의 관능적인 옷차림이 급격히 쇠퇴하기는 했다.

푹스는 16세기 후반에 문란한 성생활이 가라앉은 데에는 이뿐 아니라

기방 풍속 신윤복 그림. 창병으로 알려진 매독 등 성병의 성행은 조선시대에도 역시 예외는 아니었다. 주로 성병은 성이 개방된 사회영역에서 전염되었다.

매독이 큰 기여를 했다고 지적한다. 경제적 불안을 겪지 않아도 되는 상류층에서조차 매독은 인생의 즐거움을 날려버리고 만 것이다. 서양에서 매독이라는 성병이 알려진 것은 15세기 말경이었는데, 매독의 등장과 함께 향락적인 바쿠스 적 생활은 이제 가장 추잡하고 더러운 것으로 돌변했다.

서양에서 매독은 신세계의 발견과 함께 시작되었다. 새로 발견된 신세계의 무력한 원주민들은 황금을 빼앗기 위하여 자기들을 유린한 유럽 인들의 핏속에 하나의 불을 선사했는데, 그것이 매독이었다고 한다. 그리고 유럽 인들은 이에 대한 죄값으로서 오늘날까지 매독에서 허우적대고 있다.

어디에서부터 왔건 간에 서양에서 매독의 온상은 유곽이었다. 따라서 당시 유럽 인들은 유곽으로부터 퍼뜨려지는 이 질병이 전 도시를 뒤덮을지도 모른다는 공포감에 휩싸였다. 인간의 쾌락을 담당했던 유곽은 매독이라는 성병 앞에서 그만 굴복하여 폐쇄당하고 말았다. 더욱이 당국의 강력한 조처가 없더라도 유곽과 매춘부는 자연 도태될 수밖에 없었는데, 이는 감염에 대한 공포가 유곽을 찾았던 많은 손님들의 발길을 묶어놓았기 때문이다.

동서고금을 막론하고 성병은 쾌락의 죄값이다. 대체로 성병은 일 대 일의 부부관계가 아닌 유곽과 같은 매춘지역을 중심으로 전염되는 경향이 있다.

그런데 조선시대에는 매춘지역인 유곽이 존재하지 않았으므로, 성병이 서양에서와 같이 전염병처럼 파급되지는 않았던 것으로 보인다. 그렇다고 해서 성병이 전혀 없었던 것은 아니다. 조선시대 남성들 역시 오로지 본부인만 상대로 성행위를 한 것은 아니기 때문이다.

현재 전통시대 성병에 대한 기록을 발견하기란 무척 어렵다. 조선시대 왕들은 창병癢病을 비롯한 여러 가지 피부병으로 고생한 경우가 많은데, 혹시 이러한 증상 중에는 성병에 의한 것도 있지 않을까 추측해볼 수도 있다.

또한 야담에는 중종반정으로 공을 세운 박원종이 등창으로 요절했다고 전하는데, 당시 박원종은 술을 몹시 마시고 여색을 가까이하여 몸에 등창이 날 정도였다고 한다. 그는 여종을 시켜 등창을 긁게 하면서도 주색을 가까이했는데, 종기는 날로 심해져 결국 죽고 말았다.

이때 박원종을 죽음으로까지 몰고간 등창이 혹시 성병이 아닌가 추측해보지만, 그러나 이것은 가정일 뿐이고, 대체로 성병으로 죽었다는 확실한 기록이 있지 않으므로 실상을 밝혀줄 자료는 없다.

한편, 조선시대 저작인 《증보 산림경제》에는 성병에 대한 처치방법이 적혀 있는데, 이를 통해 당시 사람들의 성병에 대한 증상과 처방을 짐작할 수 있다. 여기에 수록되어 있는 전문을 그대로 소개해보도록 하겠다.

조선시대의 성병, 천포창天疱瘡

남녀가 성행위로 인하여 전염되는 것으로, 코와 눈에 상처가 생기며, 음경이 썩어 문드러진다. 근육과 뼈가 아프고 사지가 뒤틀려서 나병과 다를 게 없다. 혹은 살가죽이 터지고, 뼈가 문드러지고, 코와 입이 지탱하기 어려워서 죽음에 이르게 된다.

치료법으로는 향유香油 2근을 물 1잔에 넣어 달여 흰 연기가 일어나면 거두어 저장해두고 매번 황주黃酒 1종, 향유 1잔을 넣어 하루에 세 차례씩 따뜻하게 먹인다. 다 나으면 온전히 낫는다.

또 오리 한 마리를 굶겨, 다만 맹물을 주어 먹게 하고, 경분輕粉 1냥을 갱미반粳米飯 4냥에 고루 섞어 먹이되, 오리가 다 먹기를 기다려서 갈대뿌리로 쳐서 포수泡水를 부어서 오리에게 먹게 하여 경분의 독기를 풀리게 한다. 그리고 오리털이 다 빠지기를 기다렸다가 잡아서 삶아 먹이면 신묘하다.

목통木通(으름덩굴)과 비해萆薢(만초)를 함께 달여 먹이면 매우 효력이 있다. 그리고 밖으로는 야국野菊(들국화)·조목근棗木根(대추나무 뿌리)을 달인 물로 씻은 다음에 지렁이 똥을 꿀에 개어 발라준다.

수은·조육棗肉을 침에 개어 함께 갈아서 질게 만들어 볕에 말리거나, 혹은 따뜻한 방에 말렸다가 담뱃대에 담아서 연기를 삼키고 빨리 입을 씻어 내게 하면 신효하다.

7장
야담집에 전하는
남녀상열지사

지금까지 성풍속에 관한 이야기는 주로 《조선왕조실록》과 같은 관찬 사료를 통해 살펴보았다. 따라서 사실에 근거한 조선시대 성풍속도를 살펴보기는 했지만, 그 이면의 사회상을 그려내는 데 일정의 한계도 있었다고 생각한다.

따라서 이 장에서는 이러한 관찬 사료에서 다루지 못한 이면의 사회상을 다룬 야담집의 내용을 소개해보고자 한다. 그런데 야담집에 실려 있는 내용들은 아무래도 항간에 전승되는 이야기들이므로 관찬 사료에 비해 사실성이 떨어지는 한계도 지닐은 어쩔 수 없는 일이다. 그러나 정사에서 살펴볼 수 없는 다채롭고도 풍자적인 이야기들이 수록되어 있어, 조선시대 사회상을 살펴보는 데는 오히려 현실감이 있는 면도 있다.

여기서 소개할 이야기들은 조선시대에 저작된 7가지 야담집에서 뽑은 것인데, 필자가 임의대로 주제별로 모은 후 약간의 첨삭을 했다. 내용을 소개하기 이전에 본 자료들이 실려 있는 야담집을 잠시 소개하면 다음과 같다.

《어우야담於于野談》

이 책은 임진왜란 및 병자호란이 지난 후, 유몽인柳夢寅 (1559~1623)이 저술한 문헌 설화집이다. 유몽인은 인조반정 후 변을 당하여 아들과 함께 주살당한 것으로 알려져 있다. 이로 인하여《어우야담》은 전승과정에서 여러 가지 필사본이 생겨나게 되었다.

이 책은 유몽인이 살았던 당대에 해당하는 선조—광해군

《어우야담》유몽인 지음. 국립중앙도서관 소장.

무렵의 인물과 사건에 관한 이야기가 다수 수록되어 있어, 유몽인 자신이 직접 보고 들은 이야기들임을 알 수 있다. 이 책은 실려 있는 자료가 다양하며, 그 성격이 다채롭다는 것이 중요한 특징이다. 동물, 괴물, 여러 사물, 예능인, 당시 정치 및 시사에 관한 이야기들이 다른 문헌 설화집보다 많이 수록되어 있다는 점에서 다른 문헌과의 변별적인 성격을 지니고 있다.

《계서야담溪西野談》

이 책은 정조—헌종 때의 인물인 이희평李羲平(1772~1839)이 편찬한 문헌설화집으로,《청구야담》《동야휘집》과 더불어 3대 설화집의 하나로 일컬어지고 있다.

《계서야담》은《어우야담》에서 흔히 드러나는 저자 자신의 경험담이 별로 드러나지 않으며, 정치 시사에 관한 논평이나 잡식류의 기록 또한 거의

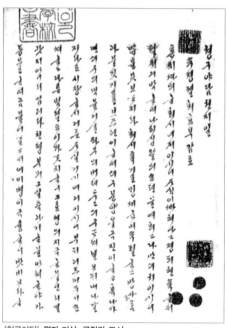
《청구야담》 편자 미상. 규장각 도서.

나타나고 있지 않다. 즉, 이 이야기로서 다듬어진 자료들이 대폭 수록되어 있다고 할 수 있는데, 그만큼 《어우야담》에 비해 사실성이 떨어지는 면도 있다. 짤막한 일화들이 상당수 포함되어 있다는 것이 이 책의 특징이다.

《청구야담靑丘野談》

이 책은 조선후기를 대표하는 문헌 설화집으로 인정받고 있으나, 편찬자와 편찬연대는 아직 밝혀지지 않았다. 내용상으로 《계서야담》과 《동야휘집》의 중간 시기인 19세기 중엽에 나온 것으로 추정하고 있다.

여러 야담집에 비해 내용이 풍부하고 세태 묘사를 자세히 한 것이 특징이다. 사대부를 중심으로 한 이야기도 행동양상과 사건설정이 하층민의 생활과 다르지 않게 묘사되어 있으며, 하층민이 겪는 사회적 갈등에 깊은 관심을 보이고 있어, 세태 묘사에 주목할 만한 성과를 이룬 것으로 평가받고 있다.

《동야휘집東野彙輯》

이 책은 철종 20년(1869) 이원명李源命이 편찬한 것으로, 문헌 설화집으로서는 드물게 편찬연대와 편찬자가 밝혀져 있다. 전대의 야담집에 비해 수록한 야담 편수는 적지만, 각 편의 분량이나 소재 선택은 편자의 의도하에 조정된 듯한 일정한 통일성을 보이고 있다.

이 책은 주로 한 인물이 중심이 되어 그 인물에 관한 이야기가 수록되어 있는데, 등장인물은 세종조부터 이 책의 편찬시기보다 약 100여 년 전인 병자호란 이후 영정조 시대까지 조선시대에 생존했던 인물로 한정된다.

《기문총화記聞叢話》

이 책은 편자미상의 책으로, 조선후기 야담집 중 가장 방대한 양의 문헌이다. 이 책은 다른 야담집에서와 같은 자료적 일관성은 떨어지나, 새로운 이야기를 포함한 많은 양의 자료를 포괄하고 있다는 점이 특징이다. 주로 역대 명사들의 일화로 이루어져 있는데, 《계서야담》과 부합되는 내용이 많아 동일계통의 문헌 설화집으로 평가되고 있다.

《계서필담溪西筆談》

19세기 문인 서유영徐有英이 지은 야담집으로, 일화를 중심으로 한 책이다. 이 책의 서문에 의하면 서유영이 73세 되던 해인 1873년에 자신이 칠십 평생을 통하여 보고 듣고 느끼고 생각한 것들을 회고하면서, 이런 이야기만은 후세 자손에게 꼭 알려주어야겠다고 뜻을 정하고, 항간에 전승되는 미담과, 역사에 실리지 않고 전해지는 이런저런 이야기를 가려 뽑아서 사람들이 한가로움을 달래는 데 도움이 되도록 만들었다고 했다. 이 책은 전대 문헌의 재록, 민간의 전승담, 저자의 경험담 등을 토대로 만들어졌다.

여기에 실려 있는 야담 중에는 간혹 문헌의 출처가 분명히 밝혀진 것도 있고, 그렇지 않은 내용에 대해서는 누군가에게서 전해 들었거나 미담으로 전해지고 있다는 말을 덧붙임으로써, 보다 객관적인 내용을 전달하려고 노력했음을 엿볼 수 있다.

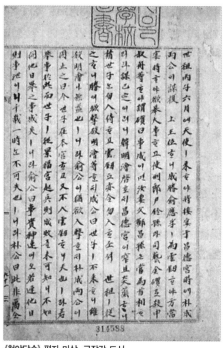

《청야담수青野談藪》

편자 미상의 책으로, 원문에 한글 토가 달려 있는 필사본으로 전해진다. 수록된 이야기는 대체로 이전 시대의 야담집에 실려 있는 내용들을 두루 뽑아 재기술한 것으로 나타나, 상당히 후기의 자료집인 것으로 보인다. 등장인물은 조선시대 명인에서 일반인에 이르기까지 대단히 풍부하며, 이야기 구조가 복잡한 사건담 형태의 자료들이 집중적으로 실려 있다.

1. 간통에 관한 이야기

꿈이 바로잡아준 바람끼

조선시대 청주에 사는 백모라는 선비가 있었는데, 여색을 너무 좋아하여 처가 아무리 말려도 도무지 듣지를 않았다. 어느 날 백선달이 과거에 낙방하고 돌아오는 길에 남문 밖 도제동의 한 집에서 옷을 말리고 있는 미녀를 발견하였다. 백선달은 미녀에게 다가가 수작을 걸었는데, 여자가 쳐다보지도 않았다.

실망한 백선달은 밤이 되자 여관에 들어가 겨우 잠이 들었는데, 때마침 청포를 입은 객이 들어왔다. 서로 이런저런 얘기를 나누다가 백이 낮에 본 여자에 관해 말했는데, 그 말을 들은 객이 그 여자는 양갓집 며느리로, 지금 나가서 데려오겠다며 나갔다. 과연 객이 그 여인을 데려왔는데, 백선달에게 여자를 건네주고서는 자기도 여자를 데려왔다며 옆방으로 갔다.

백선달이 여자와 즐긴 후 옆방 문틈을 엿보니, 객과 함께 자는 여자가 매우 안면이 있었다. 자세히 보니 바로 자신의 아내였다. 백이 노하여 미친 듯이 들어가서 칼로 찌르려 하자,

"당하고 싶지 않은 일은 남에게도 하지 말아야 하는 것을 모르느냐?"

며 객이 오히려 따졌다.

그때 갑자기 선비 하나가 백선달과 잔 여자를 끌고와서 백을 찌르려 하였다. 백이 놀라 소리지르다 깨어보니 꿈이었다. 백이 귀가한 후 개과천선하여 처에게 잘 대하였으며, 다시는 기생집에 출입하지 않았다. 《동야휘집》

남편을 살해한 부인을 밝혀낸 박영

송당 박영은 밀양 사람으로, 참판 박수종의 아들인데, 어려서부터 기상이 호매하였다. 어릴 적부터 장난기가 심하여 부모의 속을 많이 썩였는데, 8, 9세 때 이웃사람들에게 말썽을 피우자 그 부친이 발가벗겨 내쫓고 죽이겠다고 하였다.

마침 이때, 감사의 행차가 지나가던 중이었는데, 아이가 벌거벗은 채 길을 막고 살려달라고 외치자, 감사가 그 기상을 칭찬하며 상을 내리기도 했다.

박영은 일찍이 부모를 잃고 무예를 연습하였다. 하루는 남소문을 지나

가는데, 예쁜 여자가 그를 유혹하였다. 박영이 따라가니 여자가 울며,

"저는 도적에게 잡혀와 행인을 유혹하는 데 이용되고 있습니다."

며 살려달라고 하였다. 박영은 여자를 데리고 도적의 소굴에서 나오다 옷자락이 잘렸는데, 훗날 자손에게 보이며 경계를 삼도록 했다.

또 박영이 금해부사로 있을 때의 이야기인데, 이웃집에서 여자의 울음소리가 들리므로 데려오라 하였다. 여자는 자기 남편이 갑자기 죽어서 울고 있었다고 진술하였는데, 공이 여자의 울음소리에 두려움이 스며 있는 것을 눈치채고 시체를 검사하게 하였다. 그런데 과연 시체 뱃속에 죽침이 들어 있었다. 여자를 추궁하니 사통한 남자와 함께 남편을 살해했다고 자백했다.

박영은 연산군 때 궁중에 있다가 임금이 사슴을 쏘아 죽이는 것을 보고 직간한 후 벼슬을 그만두고 돌아와 낙동강 가에서 글을 읽으면서 여생을 보냈다. 신당 정붕에게 글을 배웠는데, 천문·지리·성명·산수에 통달하지 않은 것이 없었다고 전한다. 《동야휘집》

여색을 밝힌 반정공신 박원종

중종 때 반정공신 박원종은 상으로 표현할 수 없는 공로가 있어 그 공로의 위세가 임금을 누를 정도였다. 중종을 알현하고 나갈 때마다 왕은 으레 용상에서 일어서서 그가 나가는 것을 지켜보아야 할 정도였다.

박원종은 이 이야기를 전해 듣고 조회 후 물러갈 때면 오히려 빠른 걸음으로 나가곤 했다. 이로부터 그는 술을 몹시 마시고 여색을 가까이 하였는데, 이 때문에 몸에 등창이 날 정도였다. 그는 여종을 시켜 등창을 긁게 하면서도 주색을 가까이 하였다. 종기는 날로 심해져 마침내 구하지 못하였다. 나이 36세에 영상에 올라 43세에 죽었다. 《어우야담》

봉을 베고 누우면 죽으리라

상국 박순의 호는 사암으로, 선왕이 그를 칭송하였다. 천성이 여자를 좋아해서 객실의 좁은 방에 늘 몸종을 머무르게 했다. 어느 날 홍천민과 더불어 이야기할 때 좁은 방의 창 밖으로 바느질하는 여인의 손이 올라와 천민이 웃음을 금치 못하기도 했다.

박순이 벼슬에서 물러났을 때 어느 날 몸종의 무릎을 베고 누워 자다가 홀연히 놀라 일어났는데, 봉鳳을 베고 누우면 죽으리라는 점쟁이의 말이 갑자기 생각난 것이었다. 마침 그가 베고 누운 몸종의 이름이 봉이었다.

과연 점쟁이의 말대로 박순은 자리에 눕고 말았는데, 하루는 방 앞에서 호랑이 한 마리가 개를 물어간 일이 생겼다. 박순은 이를 보고 자기가 인일寅日에 죽을 것이라 예언했는데, 과연 그날에 죽었다. (《어우야담》)

남녀 사이의 욕망

남녀 사이에는 큰 욕망이 있다. 근래 어떤 권세가에게 새로 시집 온 부인이 있었다. 비단 파는 장사치 하나가 장사를 하다 그 여인을 보고 그만 반하여서는 비단으로 그 집 유모를 꾀어 계략을 짰다.

부인의 남편이 절에 공부하러 간 사이 유모와 부인은 잠을 같이 자게 되었는데, 유모가 커다란 두건을 쓰고 들어와 남녀가 사랑하는 모습을 흉내 내며 놀았다.

잠시 후 소변을 보러 나간 유모는 밖에서 몰래 기다리던 비단장수를 대신 들여보냈다. 비단장수는 유모인 것처럼 하고 부인과 희롱하다가 마침내 부인과 간통하게 되었다.

이로부터 밤마다 부인과 비단장수는 서로 정을 통했는데, 그 집 하인이 알아채고 집주인인 노인에게 일러바쳤다. 노인은 하인들을 시켜 담 근처를 지키게 했다가 비단장수를 붙잡아 죽였다. (《어우야담》)

김생의 욕심

김생이란 자가 있었는데, 젊어서 성질이 호탕하였다. 하루는 길을 가다가 얼굴이 고운 양갓집 여자를 보고 음욕을 품었다. 어느 날 김생은 그 여인 혼자 집을 지키고 있는 것을 알고 계략을 꾸몄다.

김생은 의관인 친구를 따라 그 집 문 안으로 들어섰다.

"이자는 죄인인데 하룻동안만 맡아주기 바랍니다."

친구는 여인에게 김생을 맡아달라고 부탁하고는, 만약 놓치면 대신 벌을 받을 것이라고 협박까지 하였다. 김생이 거짓으로 도망치려 하니 여인이 애걸하다시피 김생을 붙잡아 뒷방에 두고 지켰다. 김생은 이때를 놓치지 않고 마침내 그 욕심을 채웠다. (《어우야담》)

간통 모략

의주부윤 박엽이 젊었을 때 난리를 당하여 이리저리 전전하다가 어느 집에 머무르게 되었다. 주인집의 며느리가 자태가 아름다웠는데, 서로 기꺼워하며 눈짓을 주고받았다.

밤이 되어 그 남편이 돌아왔는데, 젊고 용모가 빼어나 계략을 이루기가 어렵다는 걸 알았다. 새벽 무렵에 박엽은 마구간에 들어가 쇠고삐를 풀고 송곳으로 소의 볼기를 찔렀다.

놀란 소가 달아나고 남편이 소를 쫓아 달려나간 틈을 타 주인집 며느리와 정을 통하였다. 남편은 날이 밝아서야 소를 끌고 돌아왔다.

또한 이생이라는 자가 있었는데, 용모가 아름답고 재주가 있었던 인물이었다. 그가 하루는 신문 밖에서 젊은 부인을 만났는데, 알아보니 양갓집의 부인이었다. 이생은 술과 음식을 준비하고는 친구 김생을 찾아가 이 여인을 차지할 계략을 세웠다.

마침내 부인을 유혹하여 데리고 왔는데, 불 밑에서 보니 자태가 더욱 아름다웠다. 그런데 갑자기 외침소리가 나더니 창을 든 수십 명이 살인범을 찾으려고 들이닥쳤다. 젊은 부인은 달아났고, 이생도 황망히 피했다. 남녀의 욕망이란 심히 두려운 것이다. (《어우야담》)

어느 중의 간통

어떤 선비가 산사에 들어가 글을 읽고 있었다. 그 절의 한 중이 죽은 이의 명복을 비는데, 어떤 승지의 부인을 위한 것이었다. 이상히 여겨 물었더니, 중은 나중에서야 사연을 이야기했다.

중이 승지와 안면이 있어 만나러 갔다가 날이 저물어 머물게 되었는데, 욕정을 못 이겨 내실로 들어가 승지의 부인을 범하였고, 부인이 그 일로 인하여 자결했다는 것이었다. 이 사연을 들은 선비는 분을 참지 못해 중을 절벽 위로 꾀어서 떨어뜨렸다. (《어우야담》)

제라립으로 모면한 간통

나라가 기반이 잡혀 태평하게 되자 시골 아전들까지 양반들이 쓰는 사치스런 제라립濟羅笠을 쓰고 다녔다.

양반인 유순이란 자가 자기 집에서 부리는 계집종을 사랑하였는데, 일찍이 유순이 계집종의 방에 몰래 들어가 간통을 할 때 그 처가 몽둥이를 들고 쫓아들어왔다.

급한 김에 유순이 벽에 걸린 제라립을 쓰고 마당에 엎드리니 유순의 처는 시골 아전을 잘못 보고 쫓아온 것으로 알고 급히 달아났다.

또한 박충간이란 자가 사랑하던 기생이 있었는데, 자주 관아의 녹사와 사통했다. 당시 녹사는 평정관을 썼는데, 녹사가 그 기생과 사통하러 가서 평정관을 벽에 걸어놓고 사통하였다.

그날 박충간이 밤을 타서 그 기생집에 묵고는, 아침 일찍 서둘러 대궐에 참예하러 갈 때 무심코 벽에 걸린 평정관을 쓰고 갔다. 대궐 앞에 이르자 말 끌던 종놈이 이상한 눈으로 보니 박충간이 자신의 실수를 깨닫고 민가로 뛰어갔다.

당시 실없는 자들이 시를 지어 풍자하기를,

"유순의 처는 제라립을 무서워하고 박충간의 종놈은 평정관에 놀랐다."

고 하였는데, 당시 사람들이 절창이라 하였다. (《어우야담》)

간통한 여인에게 채워준 정려문

서울에 사는 한 무사의 별장이 밀성에 있었는데, 이 무사는 성주와 상주 사이를 다니면서 훌륭한 유생과 더불어 지냈다.

만력 10년(선조 15, 1582)에 상주의 친구를 방문했으나, 그 친구가 죽고 없었다. 날이 저물어 그 집에서 묵어가게 되었는데, 친구 생각에 잠을 이루지 못하였다.

그러던 중 한 중이 규방으로 들어가는 것을 보고 따라가 보니 친구의 아내가 그 중에게 고기와 술을 대접하고 있었다. 무사가 화살을 쏘아 중을 죽이고 모르는 체 제자리로 와서 누웠다.

잠시 후 부인의 비명소리가 나기에 하인에게 물어보니, 안주인이 침입

한 중을 죽이고 자결하려고 하기에 급히 막았다고 했다. 무사는 쓴웃음을 짓고 길을 떠났다.

다음해에 그 집을 지나게 되었는데, 정려문이 세워져 있었다. (《어우야담》)

젊은 날의 객기

일재 이항은 성주 사람으로 품성이 호매하였으며, 협기가 있어 불의를 보면 참지 못하였다. 인물 됨됨이가 이러하다 보니 그에 대한 여러 가지 일화들이 전해오고 있다.

한번은 이항이 일찍이 객과 더불어 바둑을 두던 중 객이 물 속에 있는 돌 위로 걸어갈 수 있냐고 묻자, 공이 먼 거리인데도 불구하고 가서 올라앉기도 했다. 또한 못가의 누각에 박힌 화살을 날랜 동작으로 뽑아낸 적도 있었다.

이런 기이한 행동에도 불구하고 넘치는 기운을 억제치 못한 이항은 여자들을 유혹하러 한양으로 갔다. 공이 한강에 이르러 배를 타지 않고 갈대잎을 물에 던지고서는 그 위로 걸어 건넜다. 게다가 환관의 처를 범하기로 결심하고 환관들이 사는 곳에 찾아가 그들이 보는 앞에서 처를 범하기도 했다.

그러다가 문득 자신의 행동을 반성하고 돌아와 태인泰仁에 살면서 학업에 몰두하였다. 송인수가 호남 안찰사로 왔다가 공을 보고 임천 군수에 제수하였다. 공이 여러 벼슬을 하였는데, 지금도 호남 사람들이 제사를 지낸다. (《동야휘집》)

환관의 아내와 사통하면 등과한다?

풍원 추현명은 기개가 호방한 인물이었다. 친구들과 함께 과거공부를 하였는데, 한 친구로부터 환관의 아내와 사통하면 등과한다는 말을 듣고 자신이 해보겠다고 나섰다.

환관의 처 한 명을 유혹하는 데 성공하여 사통하려는 순간 환관이 집에 들렀다. 다급한 환관의 처가 추현명을 이종사촌이라고 둘러대자, 환관이 과거날 강전에 앉아 있으면 음식을 주겠다고 하고 다시 입궐하였다. 환관이 떠난 후 공은 환관의 처와 사통하고 돌아왔다.

과거 보는 날 공이 피했음에도 불구하고 환관이 찾아와 음식을 대접하였다. 추현명은 과연 등과하였고, 이 때문에 "환관의 처와 사통하여 급제했다"며 매번 친지들의 놀림을 받았다. (《동야휘집》)

세 남자의 기구한 인연

최생 모는 선천 사람으로 나이 20여 세에 결혼하였는데, 처가 아름다워 금실이 좋았다. 최가 호남으로 장사하러 간 지 오래 되어 그 처가 창 앞에 앉았다가 남편과 비슷한 사람을 보고 눈짓했다가 잘못 본 것을 알고 피하였다.

그 남자는 호남 사람이었는데, 장사하러 선천에 왔다가 미녀가 눈짓하는 것을 보고 마음이 동하여, 구슬 파는 노파를 찾아가 뇌물을 주고 주선을 부탁하였다.

노파가 여자의 집에 가서 구슬로 마음을 산 후, 하루는 술을 먹여 취하게 하여 남자와 동침하게 하였다. 그후 두 사람은 반년간이나 밤마다 만나서 정을 나누었다. 어느 날 호남 상인이 부모가 병들었다는 소식을 듣고 작별을 고하니 여자가 호백구(여우 겨드랑이의 흰 털이 붙은 부분의 가죽으로 만든

갖옷)를 주고 추울 때 입으라고 하였다.

호남 상인이 인근 읍에 장사하러 갔다가 어떤 남자에게 자신이 만났던 여자 이야기를 하면서 호백구를 보여주었는데, 그 남자는 공교롭게도 여자의 남편이었다. 최가 집으로 돌아와 아내를 친정으로 쫓아버렸다.

쫓겨난 최의 아내는 얼마 후 오씨 성의 음관이 첩을 구하자 그 재산을 보고 오의 첩이 되었다.

호남 상인이 집으로 돌아와서는 여자를 못 잊어 매일 호백구를 꺼내놓고 한숨을 쉬니 그의 처 유씨가 옷을 숨겨버렸다. 상인이 화가 나 처와 싸우고 관서로 나왔다가 객사에서 절명하였다.

그런데 최가 호남으로 장사하러 나가서 한 여자를 얻었는데, 바로 호남 상인의 처 유씨였다. 유씨가 꺼낸 호백구를 보고 그 곡절을 알았다.

한번은 최가 시장에서 시비 끝에 늙은이를 죽게 하여 고소당하였는데, 사건을 맡은 관리가 바로 오음관이었다. 음관이 사건을 무마하여주고 최의 전처를 보내주니, 최는 두 여자와 함께 원만하게 살았다.

오음관은 다시 장가가서 다섯 아들을 낳아 모두 등과하였는데, 모두 그의 음덕 덕택이었다. (《동야휘집》)

음녀를 죽인 거마꾼

용산의 거마꾼 하나가 저녁 귀가길에 수각교 가의 인가 벽에다 방뇨를 하고 있었는데, 한 아리따운 여인이 위에서 보고는 그를 불러들였다. 그 여자는 별감의 부인이었는데, 거마꾼에게 묵고 가도록 간청하고는 그와 함께 음란하게 놀았다.

그런데 대궐로 들어갔던 별감이 한밤중에 돌아와 꿈자리가 사나워서 왔다며 온 김에 부인과 잠자리를 하려 하였다. 당황한 여자가 꾸짖어 남편을 돌려보냈다.

남편이 다시 돌아가자 여인은 숨겨두었던 거마꾼과 다시 놀았는데, 음란함이 극심하였다. 여인이 잠든 후 거마꾼이 생각하니, 그 여인의 음욕이 더러운지라 그녀를 찔러 죽인 후 도망쳤다.

다음날 시체가 발견되자 집에 들렀던 남편이 범인으로 몰렸는데, 매에 못 이겨 거짓 자백을 하고 말았다.

우연히도 살인을 저질렀던 거마꾼이 죄인의 호송을 맡았다가 그 사람을 알아보고 옥관에게 자신이 여자를 죽였다고 자백하였다. 옥관은 거마꾼이 음녀를 죽이고 또한 무고한 사람을 살린 것을 가상히 여겨 거마꾼의 죄를 탕감해주고 후한 상을 내렸다.

풀려난 남편이 거마꾼에게 재산의 반을 나누어주자 그는 수레 모는 일을 그만두고 부유하게 살았다. 그 자손이 번성하니 사람들이 거달車達이라 불렀다. (《동야휘집》)

명재상의 명판결

오천 이종성은 영조조의 명재상으로, 형조판서 시절 어려운 옥사를 잘 해결하기로 유명하였다.

약현에 사는 한 가난한 사내가 미녀인 아내에게 수절할 것을 당부하고 10년 기한으로 장사를 떠났다. 그 이웃에 병판 김욱이 살았는데, 그가 우연히 그 여인의 미색을 보고서 유혹하여 서로 내통하였다.

사내가 강계에서 심마니를 따라다닌 지 7, 8년에 산삼을 서너 뿌리 캐와서 영은문 근처 돌기둥에 감춰두었다. 사내가 집으로 가서 이 이야기를 하니 김욱이 찾아왔다가 엿듣고서는 산삼을 찾아 가져갔다. 다음날 사내가 산삼이 없어졌음을 알고 울며 관가에 하소연하였으나 알아주는 사람이 없었다.

그 딱한 사정을 들은 오천이 종을 시켜 사내의 집을 염탐케 하자 김욱이 그 집에 출입한다는 사실을 알아냈다. 오천이 김욱을 불러 꾸짖고서 은밀히 산삼을 사내의 집에 돌려주라고 명하였다.

산삼을 되찾은 사내는 넉넉한 살림을 이룩하였다. 공이 다시 김욱을 불러 엄하게 꾸짖으며 다시는 그 집에 가지 못하도록 하였다. (《금계필담》)

미색 밝히다 낭패 본 송언신

판서 송언신은 여색을 좋아하여, 스스로 평생 천 명의 여자를 상대하겠다고 말하고는 닥치는 대로 여자를 상대하였다.

일찍이 그가 관동 안찰사로 가서 원주 흥원창을 둘러보던 중, 공관이 불에 타 호장의 집에 유숙하게 되었다. 공이 그 집에 있는 젊은 여자를 주시하자, 그녀가 눈치를 채고서 자기 자리에 모친을 눕게 하였다. 공이 호장의 아내를 젊은 여자로 오인하여 동침하였다.

뒤에 그 이웃사람들이 호장을 놀리자, 호장이 자기 처가 미색이니 가까이했지 다른 사람의 처였으면 가까이하지 않았을 것이라 하였다. 사람들이 박장대소하였다. (《동야휘집》)

2. 혼인에 관한 이야기

미녀를 부인으로 얻은 추남

연풍운의 자는 태공으로 매우 부유하였는데, 딸이 미녀라서 매우 예뻐

하였다. 화공에게 미남을 그리게 하여 문 밖에 걸어두고 그 미남과 같은 사람을 사위로 맞겠다고 하였다.

연풍운의 집 사위에 아무도 응하는 사람이 없었는데, 어느 날 수염이 긴 노인이 그림을 자세히 보고 자기 집 낭군과 같다면서 돌아갔다. 계집종이 이를 듣고 연풍운에게 말하자 노인을 쫓아가 데려오게 하여 택일을 하였다.

그런데 노인집 낭군은 애꾸에 앉은뱅이며 매우 추하게 생겨 혼인을 수차 거절당했던 인물이었다. 그런데도 점치는 사람들이 아름다운 여자를 신부로 맞이할 것이라 하였다. 그 낭군의 나이가 이때 38세였으니 엄청난 노총각이었다.

연풍운의 집과 정혼한 날, 그 낭군은 해가 저문 뒤 얼굴에 분칠하고 목발과 의수를 하여 변장을 하고 신방으로 들어갔다. 밤이 깊자 낭군의 늙은 종이 새끼를 온몸에 감고 붉은 흙을 발라 변장한 후, 신부의 집 지붕에 올라가 연풍운을 불러내, 자신은 동지의 화룡인데 모씨의 아들을 벌주겠다며 다시 신랑을 불러내 호통을 치니 신랑이 아파하면서 병신이 되는 체하였다.

다음날 연풍운은 사위를 불러냈는데, 병신이 된 모습을 보고 슬퍼하며 동지 화룡이 미남 신랑을 병들게 했다며 통곡하였다. 《어우야담》

네 번 장가든 해풍군

해풍군 정효준은 나이 43세로 빈궁했다. 세 번 장가들어 다 상처했는데 아들이 없었다. 매일 이웃에 사는 병사 이진경의 집에 가서 도박으로 소요했는데, 이진경은 판서 준민의 손자였다.

어느 날 해풍군이 이모씨의 딸과의 결혼을 요청했는데, 이가 나이차를 이유로 거절하자 해풍이 찾아오지 않았다. 10여 일 후 이씨가 꿈을 꾸었는데, 소년왕이 행차하여 딸을 해풍군에게 시집보내라고 호통치는 것이었다.

이씨의 처도 같은 꿈을 꾸었으나 해풍군과 혼례시키는 것을 반대하였다. 두 번 더 같은 일이 일어난 후, 꿈에 처에게 형벌을 내렸는데 깨어보니 실제로 매맞은 자국이 있었다. 다음날로 해풍군을 찾아가 사위를 삼기로 하였다.

이씨의 딸이 꿈에 해풍군으로부터 용 다섯 마리를 받았는데, 한 마리가 치마에서 떨어졌다. 그후 5명의 아들을 낳아 모두 등과하였으나 막내가 연경에 다녀오는 길에 죽었다.

해풍군이 가난했을 때 친구 집에 갔다가 어느 술사에게 점을 봤는데, 술사가 오복을 고루 갖출 상이라 하였다. 해풍군은 세 번 결혼할 때마다 첫날밤 꿈을 꾸었는데, 4번째 배필이 될 여자를 예고한 것이었다. 그런데 이모씨의 꿈에 나타난 어린 임금은 단종이라고 전한다. (《어우야담》)

윤판서의 계실

효종조 판서 윤강은 상처한 뒤 다시 장가들지 않았는데, 두 아들이 모두 현달했다. 만년에 호서湖西 순행길에 한 읍을 지나던 중 사람들이 울타리 너머로 한 처녀를 엿보다가 울타리가 넘어져 흩어지는 것을 보았다.

윤판서는 그 처녀가 그 읍 수향首鄉의 딸로서, 나이 스무 살이 되도록 혼인을 못한 것을 알게 되었다. 윤판서는 수향에게 혼례 준비를 시킨 뒤 다음날 그 집에 가서 처녀를 계실로 삼았다. 그러나 윤판서는 이 일을 부끄러이 여겨 집으로 돌아갈 때 그녀를 데려가지 않았으며, 그후에도 아무에게도 알리지 않았다.

어느 날 그녀가 윤판서 집에 찾아와 대청에 좌정하고는 윤의 두 아들을 부른 뒤 혼서지를 보여주며 자신이 계모라 하였다. 부인은 아들과 며느리에게 명하여 안방을 수리하게 한 뒤 한 달 동안 거처하다가, 맏며느리를 불러 집안 일을 맡겼다.

이후 이 여인은 두 아들을 낳았으며, 80세에 병이 들었는데, 자식들이 올리는 약을 먹지 않고 죽었다. (《계서야담》)

백두산 유람길에서 얻은 부인

승지 양모가 백두산을 유람하고 돌아오다가 안변에 이르렀다. 주막이 문을 닫았으므로 근처 인가를 찾아갔더니, 아름다운 낭자가 집 앞에 있다가 점심을 정성껏 차려주었다.

양공이 떠나면서 돈을 주었으나 받지 않으므로, 부채에 달았던 향을 그 낭자에게 주었다. 몇 년 후 그 낭자의 아비가 찾아와 그 낭자가 양공에게 시집오겠다고 한다고 하였다.

양공이 자신의 나이를 들어 거절하였으나, 그후 또 와서 간곡히 청하므로 할 수 없이 허락하였다. 그 낭자가 들어와 길쌈일을 부지런히 하여 가세가 일어났으니, 공은 그녀를 사랑하여 두 아들을 낳았다.

두 아들이 나이 8, 9세가 되자 그녀는 따로 살겠다고 하고는 자하동 길 곁의 문을 높게 단 집으로 이사하였다. 성종이 꽃구경을 나왔다가 소나기를 만나 그 집에서 비를 피하였는데, 그 두 아들을 시험해보고는 신동이라고 여겨 동궁을 보필하게 하였다.

그녀의 첫째 아들은 봉래 양사언으로, 벼슬이 안변부사에 이르렀으며, 둘째아들은 양사준이었다. (《청구야담》)

액을 피한 여인과의 가연

염시도는 서리 출신인데, 신실하고 청렴하여 허적의 겸종이 되어 사랑을 받았다. 어느 날 길에서 은 213냥이 든 봇짐을 발견하고 수소문하여본 결과 병조판서 김청성 댁의 종이 광성부원군 댁에다 말을 팔고 받았다가 잃어버린 것임을 알고 돌려주었다. 돈을 찾은 병조판서가 크게 기뻐하며 그 종을 용서하고 염시도에게 돈의 반을 내리려 하였으나 끝내 사양하였다.

경신년 옥사에 허적이 사약을 받은 후 염시도는 집을 버리고 방랑하다가 풍악산 표훈사에 들어가게 되었다. 묘길사 뒤의 암자에 생불이 있다는 말을 듣고 찾아갔으나, 그 중은 시도의 머리를 깎아주지 않았다.

시도가 암자 뒤를 구경하던 중 액을 피하여 골짜기 초가집에 숨어 살고 있는 미녀를 만났다. 그 여자가 그곳에서 가연을 맺으리라는 예언을 들었다며 인연을 맺기를 청하니, 시도가 약속을 하였다.

시도가 암자로 돌아오니 중이 훗날 그 여자와 인연이 있고 복록이 있을 것이라 하며 빨리 떠나라고 하였다. 마침내 시도가 허적의 겸종이라 해서 붙들려 압송되었는데, 청성부원군이 심문을 하면서도 그를 알아보지 못하였다. 은을 잃었던 종의 누이가 시도를 알아보고 그를 풀어주게 하였다.

그후 시도가 허적의 생질 중후재를 찾아 상주로 가던 중 한 촌가에 들르게 되었는데, 전날 골짜기에서 만났던 여인의 집이었다. 알아보니 암자의 신승이 바로 시도의 족형으로서 이 일을 미리 알고 그곳에서 기다리게 한 것이었다. 시도가 이 여인과 어머니를 모시고 서울로 와서 80세까지 살았으며, 자손이 번성하였다. 《청구야담》

도망 생활 중에 만난 후처

연산군 때에 교리인 이모가 사화를 피하여 도망하다가 보성에 이르렀다. 목이 말라 물 긷는 여자에게 물을 청하니, 그 여자가 천천히 들라는 뜻으로 바가지에 버들잎을 띄워서 주었다. 이 일로 인연하여 이교리는 고리쟁이의 딸인 그 여자와 결혼하여 데릴사위로 살게 되었다. 이교리가 매일 낮잠만 자 처가 사람들의 구박이 심하였으나, 오직 아내만은 정성껏 남편을 섬겼다.

몇년 후 중종이 즉위하여 과거의 관리가 복직되었는데, 이교리도 왕이 자신을 찾고 있음을 알게 되었다. 이교리가 장인 대신 고리를 가지고 관가에 가서 전날 친구였던 고을 원을 만났다.

다음날 고을 원이 고리쟁이의 집으로 행차하여 이교리의 신분이 드러나게 되었다. 이교리가 고리쟁이의 딸을 서울로 데려오니, 이교리의 행적을 들은 왕이 고리쟁이의 딸을 후처로 삼으라고 하였다. 이교리가 그녀와 더불어 해로하였으니, 이교리는 바로 판서 이장곤李長坤이라고 한다. (《청야담수》)

계략으로 얻은 과부

옛날 한 시골양반이 아내를 잃었으나, 집이 가난하여 후실을 얻지 못하고 있었다. 마침 자기 집의 맞은편에 자녀도 없고 집안이 부유한 과부 하나가 있어, 청혼하였으나 거절당하였다.

시골양반은 꾀를 내어 친한 친구 권농을 찾아가 사정과 계책을 말하고 허락을 받아냈다. 권농이 새벽에 과부의 집에 가서 모내기를 위해 소를 빌리겠다고 하고는 과부의 반대를 무릅쓰고 소를 끌어내 몰고갔다.

과부가 황급히 나와 소를 빼앗아 몰고오면서 큰 소리로 권농을 욕하니 이웃사람들이 모두 모여들게 되었다. 그때 그 시골양반이 벌거벗은 몸으로 과부의 방에서 나와 권농을 꾸짖었다. 이 광경을 본 사람들이 과부가 그 양반과 은밀한 관계가 있는 것으로 오해하게 되었다.

과부가 관에 호소하였으나 관에서는 과부와 홀아비이니 괜찮다고 하므로, 과부도 할 수 없이 이에 따르게 되었다. 《청구야담》

원님을 감동시킨 노총각의 사륙문

옛날 홍주읍에 박도령이라는 사람이 있었는데, 조실부모하고 가난하여 머슴살이를 하느라 나이 서른이 되도록 결혼을 못하였다. 마침 한 군데 혼처가 생겼으나 빈손으로 경비를 마련할 수가 없어 고을 원에게 부조를 청하는 사륙문四六文(한문체의 한 가지. 제 글자와 여섯 글자를 기본으로 하여 대구법을 쓴다. 사륙변려문이라고도 한다)을 지어 올렸다.

고을 원이 그 정리가 가긍하고 문장이 아름다운 것을 보고 혼수를 부조하여 결혼하여 살 수 있게 해주었다. 《청구야담》

갇힌 신랑을 찾아낸 최씨녀의 묘책

최씨녀는 횡성 풍헌의 딸로, 예쁘고 똑똑하여 뭇사람들로부터 매우 사랑을 받았다. 이웃에 조생이라는 시골 훈장이 살다 죽었는데, 그 아들이 사람들의 도움을 받으며 학사에서 지냈다. 조가 20세가 되도록 장가를 못 가자 여러 소년들이 그를 최씨녀와 맺어주기 위해 계책을 짰다.

어느 날 밤 조가 몰래 최씨녀의 방에 들어가 신표로 은가락지를 얻어오니 소년들이 최풍헌에게 찾아가 뜻을 말하고 택일하게 하였다. 조의 외삼촌이 결혼준비를 맡았는데, 혼례날에 조를 토실에 가두고 대신 자기 아들을 신랑으로 꾸며 내보냈다. 신부가 신랑이 조가 아닌 것을 보고 거짓 기절하였다가 사람이 없는 틈에 남자옷을 입고 피신하였다.

신부가 외삼촌 댁에 찾아가 행랑에 묵으면서 조가 있는 곳을 알아내어 업고서 서당으로 갔다. 《동야휘집》

문유영의 기담

문유영은 남원사람으로, 일찍 상처하였으나 가난하여 후처를 들이지 못하였다. 짝을 찾아 유람하던 길에 운봉점에서 만난 청노새를 탄 노인의 말을 듣고 한 곳에 가니 사람들이 연극을 보려고 몰려 있었다.

유영이 누각 위에 있는 여자를 넋을 잃고 보고 있는데, 한 사람이 나타나 그 여자는 자기 동생인데 짝을 찾고 있다면서 그를 데리고 갔다. 유영이 여자와 화촉을 밝히고 동침하려는데, 여자가 사라지기를 연 이틀 계속하였다.

하루는 그 여자의 동생이 유영에게,

"저의 오빠는 남의 재물을 약탈한 후 언니를 통해 남자를 꾀어 죽여 제사를 지냅니다. 그런데 이불 밑에 홍색실을 버리면 언니와 인연을 맺을 수 있을 것입니다."

라고 했다.

유영이 그녀의 말대로 하여 동침한 후 도움을 청하니 여자가 수탉 한 마리를 내주면서 북쪽으로 30리쯤 가서 닭이 소리를 내면 그곳에서 자고, 다시 20여 리를 가서 자기를 기다리고 있으라고 하였다.

여자의 오빠가 유영을 쫓아오고 있었는데, 여자가 칼을 쓰자고 하여 칼을 던지니 뜰에 핏자국이 퍼지고 수탉이 죽었다. 뒤따라간 여자가 종이학을 타고 오니 여자를 데리고 고향에 와 글을 읽으며 지냈다. 어느 날 언니

대신 오빠에게 이용당하던 동생이 탈출해오니 언니와 함께 처를 삼았다.

그때 청노새를 탄 노인이 와서, 여자의 오빠가 자기 제자인데 나쁜 짓을 하다가 결국은 포교에게 잡혔다고 하였다. (《동야휘집》)

3. 첩에 관한 이야기

첩도 부인 못지않음을 보여준 유씨부인

상서 윤위는 나이 60세에 홀아비로 지내다가 첩을 맞아들이기로 결심하고는 용인의 유씨 집안과 혼약하였다.

윤위가 용인에 당도했는데, 유씨댁의 여자가 편지를 보내 자신도 양반 집 출신이니 정실의 예로 맞이해달라고 하였다. 윤공이 편지를 받고 수락하는 내용의 답장을 보냈으나, 다음날 다시 생각하니 불쾌하여 서울 본가로 돌아와 소식을 끊어버렸다.

1년 후 유씨녀가 성대하게 신행을 갖추고 윤공의 집으로 가서 외낭 방 하나를 차지하였다. 공의 아들이 한 명은 승지이고, 한 명은 교리였는데, 집에 들어와서는 유씨에게 인사도 하지 않았다.

유씨 집안의 건장한 노복이 두 아들을 잡아가 유씨 앞에 무릎을 꿇리니, 유씨가 1년이나 어미 될 사람을 찾아오지도 않고 인사도 하지 않는 처사를 꾸짖었다.

공이 이 일을 듣고 화를 냈으나, 그 꾸짖은 말이 사리가 엄정한 것을 보고 유씨를 맞아들여 부인으로 삼았다. 유씨가 가정을 화목하게 이끌고 살림을 잘하였으며, 그 두 아들이 벼슬길에 나아갔다. (《동야휘집》)

부인과 첩을 동시에 얻은 안동 권진사

안동의 권진사는 나이 삼십이 못 되어 상처하고, 자식도 없이 가난하게 살고 있었다. 이웃에 부유하고 예쁜 과부가 있어 권진사가 여러 번 매파를 보내었으나 번번이 거절당하였다.

그런데 어느 날 과부가 권진사를 불러 저녁을 대접하고는 서로 옷을 바꿔입고 있자고 하였다. 권진사가 과부의 옷을 입고 자리에 누워 있었더니 장정 여러 명이 들어와 권진사를 보쌈하여 이방의 집으로 데려갔다.

이방이 들어와 미음을 권했으나 권진사가 얼굴을 보이지 않자 오늘밤은 자신의 딸과 함께 자라고 하고는 밖으로 나갔다. 권진사는 이방의 딸과 동침한 후, 다음날 아침에 이방을 불러 호통을 치니 이방이 놀라 사죄하고 딸을 권진사댁으로 보냈다.

권진사가 집으로 돌아오니 그 과부가 기다리고 있다가, 자신이 이방의 계책을 미리 알고 차라리 양반의 후실이 되겠다고 생각하여 권진사를 이 일에 끌어들인 것이라고 하였다.

권진사는 아름다운 두 아내와 그 재산을 함께 얻어 편안하게 잘 살았고, 자손도 번창하였다. (《청구야담》)

과부를 첩으로 맞이하다

안동의 진사 권모는 부자로 성품이 엄하였는데, 며느리의 투기가 심하였다. 어느 날 그 아들이 처가에 다녀오는 길에 비를 피해 어느 객사에 들어갔다가 젊은 청년과 함께 술을 마시고 잤다.

깨어보니 옆에 소복한 미녀가 있기에 연유를 물으니, 낮의 청년은 자기 오빠로서 청춘과부가 된 자기를 개가시키고자 이 일을 꾸민 것이라고 하였다. 권은 아버지가 무서워 여자를 남겨두고 친구를 찾아가 사정을 말하였다.

친구의 계책대로 집에서 술좌석을 열고 아버지 권진사가 참가하도록 하였다. 친구가 권진사의 아들 일을 마치 옛이야기처럼 말하고 권진사 같으면 어떻게 하겠느냐고 하자 첩으로 삼는 것이 마땅하다고 하였다.

그 친구가 그것이 아들 권생의 이야기임을 밝히자, 권진사가 노하여 형구를 갖추고 아들을 죽이려 하였다. 며느리가 살려달라고 애원하니 투기하지 않을 것을 맹세하도록 한 후에 아들을 풀어주었다. 아들은 그 여자를 맞아들여 늙도록 화목하게 살았다. 《계서야담》

장가든 날 다른 여자와 첫날밤을 보내다

상공인 이안눌의 별호는 동악東岳인데, 장가든 날 취하여 종로에 누워 있었다. 노비들에 의하여 업혀가서 신방에 들었는데, 다음날 깨고 보니 자기 처가 아니었다. 노비들이 잘못 알고 다른 집에 데려다준 것이었다.

이안눌과 잠을 잔 여인은 역관 집안의 무남독녀였는데, 연로하신 부모를 섬겨야 하므로 자결할 수는 없으니 공의 소실이 되겠다고 하였다. 공이 과거에 등과하기 전에 소실을 둘 수가 없어, 그녀를 이모의 집에 숨기고는 등과 전에는 만나지 않기로 하였다.

신부의 집에서는 신부가 없어졌으므로 괴질로 죽었다고 소문을 내고는 헛장을 지냈다. 공이 등과한 후 부모님께 고하고 또 신부의 집에도 전말을 고하니 모두들 기뻐하였다.

소실의 부모가 재산을 공에게 물려주었고, 소실 또한 부지런하여 가세가 일어났으며 그 자손들도 번창하였다. 《청구야담》

후실이 된 의리 있는 기생

숙종 때의 재상 김우항은 38세가 되도록 집이 가난하고 벼슬을 못하여 큰딸이 정혼했으나 예를 올리지 못하였다. 먼 친척 중에 서천 태수로 있는 무관이 있었으므로 돈을 좀 꿀까 하여 서천까지 찾아갔다. 고생 끝에 서천 부사를 만났지만, 부사는 우항을 냉대하여 내쫓고 사람들로 하여금 재워주지도 못하게 하였다.

김우항이 어떤 움막에서 묵으려 하는데, 기생 하나가 그를 자기 집으로 데리고 가 후대하고 노자와 딸의 혼수감을 마련해주었다.

그해 가을 우항이 장원급제하였다. 당시 숙종이 강연 도중 민생에 관하여 묻고 탐학한 수령에 대해 아뢰라 하니 공이 서천에서의 일을 이야기하였다.

숙종이 친서 세 통을 써주므로 후에 열어보니, 하나는 공을 서천의 암행어사로 임명하는 것이었고, 하나는 서천 부사를 봉고 파직하는 것, 또 하나는 기생을 데리고 오라는 것이었다. 공이 그 길로 서천으로 향하여 해진 옷을 입고 기생을 찾아가니 기생의 대우가 전과 같았다.

공이 관가에 출두한 후 부사를 봉고 파직하여 내쫓았다. 공이 기생을 데리고 함께 돌아가고자 하니, 기생이 어사의 신분으로 기생을 데리고 돌아가면 구설수에 오를 것이라면서 거절하였다.

숙종이 어느 날 옥당의 선비들로부터 김우항의 이야기를 듣고는 북관에 영을 내려 그 기생을 불러와 우항의 후실로 삼도록 했다. 《청구야담》

두 명의 첩을 얻어 부자가 된 유생

유모씨는 이미 20세 전에 진사를 하였으나, 집안이 매우 가난하여 아내의 바느질로 생계를 이어나갔다.

어느 날 한 여자가 검술에 능하다기에 불러들였더니, 그 아내와 전부터 친숙했던 사이라며 울었다. 며칠 후 두 채의 가마가 집으로 들어오더니 서울로 안내해갔는데, 큰 집에 가장집물이 모두 갖추어져 있었다. 그날 밤과 그 다음날 밤에 차례로 두 명의 미인과 동침하였다.

다음날 권판서라는 재상이 찾아와 사정 이야기를 들려주었다. 본래 유생의 장인과 권판서 그리고 역관 현지사가 이웃에 살다가 같은 날 각기 딸을 낳았는데, 그 딸들이 의기투합하여 장차 한 남자를 섬기기로 약속하였다는 것이다. 그 세 여자가 이제야 만나게 된 것이었다.

권판서가 현지사를 청하여 세 사람이 대면하게 되었는데, 권판서는 곧 권대운權大運이었다. 유생은 두 여자를 첩으로 삼아서 잘 살았다

한번은 유생의 처가 남편에게 말하기를, 권판서가 남인의 우두머리여서 화가 미칠 것이니 미리 낙향하여 피하자고 하므로 유생이 그 말을 좇았다. 갑술년에 권대운을 비롯한 남인들이 모두 화를 입었으나, 유생만 홀로 화를 면하였다. 유생의 처는 여자들 중의 유식한 사람이라 하겠다. (《청야담수》)

현숙한 부인이 후처를 얻게 하다

상주의 이모씨는 좌랑 이경류李慶流의 조상이다. 집이 신문新門 밖에 있었는데 여러 번 과거시험에서 떨어져 서생으로 불렸다. 그 부친이 엄하였으며, 처는 현숙하고 지혜로워 칭찬이 자자하였다.

한번은 이생이 호남으로 일하러 갔다가 그 마을 부잣집에 투숙하였다. 주인이 이생을 환대하더니, 자기 무남독녀가 13세 때 꿈에서 본 남자를 사모하여 17세가 넘도록 결혼을 안했는데, 이생을 보고 바로 그 사람이라며 같이 살고자 한다고 하였다. 그 말을 들은 이생이 하는 수 없이 그 여자와

동침하였다.

이생이 떠나려 하자 다시 오지 않을까봐 걱정한 주인이 그 딸을 데려가게 하였다. 이생이 홀로 집에 가서 그 이야기를 하니 아내가 기뻐하면서 자신이 시아버지를 설득하겠다고 하였다.

아내가 시아버지에게 가서 이생의 일을 옛이야기처럼 꾸며 이야기를 하고 그럴 경우에 어떻게 하겠느냐고 묻자, 시아버지가 그럴 경우 자식을 탓할 수 없을 것이라고 하였다.

며느리가 실제 일임을 아뢰고 용서를 청하니 시아버지가 그 뜻을 받아들여 그 여자를 아들의 소실로 삼게 하였다. 노비와 재물이 많아 부자가 되었으며, 많은 자손을 두고 복을 누렸다. 《동야휘집》

종실의 기생을 얻은 김명원

충익공 김명원(임진왜란 때 도원수를 지냄)은 경주 사람으로, 김천령의 손자이고 김만균의 아들이다. 공은 젊어서 한 기생을 좋아하였는데, 그 기생은 종실의 첩이었으므로 밤에 몰래 담을 넘어 만나곤 하였다.

어느 날 밤 그가 종실에게 잡히자 공의 형 김경원이 달려가서는 동생이 죽을 죄를 졌으나 뛰어난 인재이니 풀어달라고 하였다. 종실이 본래 호협했던지라 그를 풀어준 다음, 과거에 합격하면 그 기생을 주겠다고 하였다. 공이 과연 장원급제하여 그 기생을 첩으로 맞이하였다.

후에 영천위靈川尉가 그 기생을 좋아하게 되어 공을 의주로 귀양보냈다. 《기문총화》

과거길에 만난 여종

동계桐溪 정온鄭蘊(광해군 때 부사직. 영창대군의 처형에 반대하다 제주도에 10년간 유배됨. 인조 때 이조참판 지냄)이 젊어서 동네 선비들과 함께 과거를 보러 떠났다. 그가 도중에 다리를 건너는데, 한 어린 여자종이 그에게 추파를 보내므로 친구들과 헤어져 그 동비를 따라갔다.

그 여종이 동계에게 자기 상전의 아내가 간부와 짜고 상전을 죽였다며 원수를 갚아달라고 하였다. 동계가 활로 간부를 쏘아 죽이자, 여종이 여주인은 상전이니 죽이지 말아달라고 부탁하였다. 동계가 여종을 데리고 길을 떠나 과거에 급제하였다.

그가 여종을 고향집으로 데려가 부실로 삼았는데, 예쁘고 현숙하여 사람들의 칭찬을 받았다. (《기문총화》)

4. 개가에 관한 이야기

수절하지 못하면 개가하는 것이 낫다

진사 임희진은 호남 사람으로, 임진란 때 진주에서 싸우다가 전사하였다. 그 선조인 임모가 글재주가 있었는데, 결혼 전에 향시에 장원급제하고 회시를 보기 위해 떠났다.

장성을 지나다가 사립문에 기대 서 있는 소녀를 발견하고 말을 걸었는데, 그 모친에게 의향을 물으니 시집보내고 싶지 않다고 하였다.

임이 회시를 보고 돌아오다가 그 마을에 들르니 소녀의 모친이 만나주지 않았다. 임이 그 집안이 장씨 성의 사족임을 알아내고 그 숙부에게 부탁하여 여자를 얻어 데려갔는데, 여자가 똑똑하고 재주가 있었다. 얼마 후 임이 요절했는데, 장씨가 유복자를 낳아 수절하고 살았다.

장씨가 80이 넘어 임종하면서 아들·손주·며느리들을 모아놓고는, 수절할 수 있으면 하지만 그러지 못하겠으면 개가하라고 유언하였다.

사람들이 놀라자 자신이 옛날에 욕정을 못 이기어 조카의 방에 찾아가다가, 종들이 내는 소리를 듣고 돌아와 꿈에 남편을 만났다는 이야기를 하였다.

장씨는 이 말을 자식에게 명령해 가법에 남기게 하고 웃으며 운명하였다. (《동야휘집》)

선비의 첩이 된 청춘과부

옛날 동소문 밖에 한 가난한 선비가 살고 있었다. 그는 아침 저녁을 향교에 나가 먹고 남은 밥을 가지고 아내를 먹였다. 어느 날 돌아오는데, 한 미인이 선비의 거절에도 불구하고 첩이 되겠다며 따라와서, 다음날부터 자신이 가지고 온 돈으로 선비와 본처를 봉양하였다.

몇 달 후 첩의 권유로 성내로 옮겨왔는데, 크고 화려한 집이 마련되어 있어 선비와 본처가 안락하게 살게 되었다. 이동지라는 사람이 있어 자주 왕래하였는데, 첩은 자신의 일가라고 하였다. 어느 날 첩이 또 한 미녀를 천거하여 첩으로 삼도록 하였다.

그런데 하루는 선비에게 느닷없이 능참봉의 직첩이 내렸으며, 벼슬이 점점 올라갔다. 만년에 그 선비가 첩에게 내력을 물으니, 자신은 청춘과부였는데 아버지인 이동지의 뜻에 따라 어느 날 저녁 거리에 나가 처음 만난 남자를 따라온 것이며, 둘째 첩은 이동지와 절친한 어느 재상의 딸로서 역시 청상과부였는데, 헛장을 지내고 선비의 집으로 보내진 것이며, 벼슬은 그 재상이 주선한 것이라 하였다.

선비는 모든 것은 하늘이 낸 인연이라 하며 세 처첩과 화목하게 살았으며, 여러 차례 수령도 지냈다. (《청구야담》)

재상가의 과부딸

한 재상의 딸이 출가한 지 얼마 되지 않아 과부가 되었다. 재상이 밖에서 돌아오다가 딸이 혼자 괴로워하는 모습을 목격하고 마음 아파하였다.

재상의 집에 드나드는 한 무변武弁(무관)이 있는데 아직 결혼하지 않았으므로, 재상이 그를 불러 교자를 준비하여 뒷문에서 기다리라 하였다. 재상이 딸을 무변에게 딸려보내며 북관北關으로 가 종적을 감추고 살라고 하였다. 재상은 딸이 자결하였다고 하고는 장례 절차를 밟아 그 시가의 선영에 안장하였다.

10여 년 후 재상의 아들이 암행어사가 되어 북관을 살피다가 어느 집에 묵게 되었는데, 그집은 바로 거짓 장례를 지낸 누이의 집이었다. 누이가 밤중에 나와 동생을 만나고 그간의 일과 아들 둘을 낳아 잘 살고 있음을 전했다.

어사가 서울로 돌아와 부친에게 이번 북관 길에 이상한 일이 있었다고 운을 떼었으나, 그 부친이 눈을 부릅뜨므로 발설하지 못하고 말았다. (《계서야담》)

의병장 아들을 낳은 재가한 과부

김견신은 의주 사람인데, 그의 어머니는 같은 마을 사람과 정혼하였다가 납폐한 후 남편이 죽자, 시집으로 가서 시부모 섬기기를 3년을 하였다.

마을의 부자인 홀아비 김모가 견신 어머니의 정절과 현숙함을 귀하게 여겨 재취하고자 하여 만금을 주겠다고 하였으나 아버지가 거절하였다. 그 이야기를 들은 여자가 그 부자에게 시집가겠다고 하였다.

김씨 집안에 들어간 그 여자는 가세를 흥하게 하였으며 견신을 낳았다. 신미년 겨울에 31세가 된 견신을 부른 어머니가 도적을 치러 가라고 하니, 견신은 가산을 풀어 의병을 일으켜 정주성을 지켰다. 그 공으로 견신은 내금장 선전관이 되었으며, 뒤이어 충청병사·별군직·개천군수를 지냈다.(《청구야담》)

청상과부와의 인연

영조 말에 만리재 근처에 채모라는 사람이 살았는데, 그의 부친은 지조로 몸을 지키고 아들을 엄하게 가르쳤다. 채가 18세에 장가든 후 아버지의 명으로 조상의 무덤에 한식 성묘를 가게 되었다. 그런데 남문 안 네거리를 지나다 영문도 모르는 채 어느 부잣집으로 납치되어갔다.

그 집은 거부인 김령이란 사람의 집이었는데, 무남독녀가 초례도 치르기 전에 남편을 잃고 과부가 되자 딸을 몰래 맡기기 위해서 채생을 데려온 것이었다. 채생은 아름다운 청상과부와 인연을 맺고 성묘도 무사히 마쳤다. 이후 여인에게서 부시 주머니를 받고는 기약없는 이별을 하고 집으로 돌아왔다.

채생이 헤어진 여인 생각에 아내를 거들떠보지 않자 의심한 아내는 부시 주머니를 찾아냈고, 채노인에게도 사실이 알려졌다. 채노인이 거부 김령을 불러 호통치니, 김령은 없던 일로 하자며 돌아갔다. 그런데 일년 후에 김씨녀가 불쑥 나타나 채생 집안을 도와주고 채노인의 환심을 사니, 채노인은 마침내 아들이 김령의 집에 출입하는 것을 허락하였다.

김령이 채노인의 집에 큰 집을 지어 딸을 옮겨 살게 하니, 김령의 딸은 시부모와 본부인을 모시고 잘 살게 되었다. 채생은 열심히 공부하여 과거에 급제하고 공명이 일세에 진동하였다. 채득순의 손자 채광신이 나에게 전해준 이야기이다. (《청구야담》)

참고자료 및 논거

1. 문헌자료

《경국대전經國大典》

《고려사高麗史》

《구당서舊唐書》

《대명률집례大明律集例》

《대전회통大典會通》

《맹자孟子》

《산림경제山林經濟》

《성호새설星湖僿說》

《소학小學》

《예기禮記》

《의례儀禮》

《조선왕조실록朝鮮王朝實錄》

《주자가례朱子家禮》

《증보문헌비고增補文獻備考》

《추관지秋官志》

2. 자료집 및 단행본

김광언, 《韓國의 住居民俗誌》, 민음사, 1988

김기춘, 《朝鮮時代刑典》, 삼영사, 1990

김대성 외, 《한국의 性石》, 푸른숲, 1997

김두헌,《朝鮮家族制度研究》, 을유문화사, 1949

김두헌,《韓國家族制度史研究》, 서울대학교출판부, 1969

김용숙,《韓國女俗史》, 민음사, 1989

김정자,《한국결혼풍속사》, 민속원, 1981

김정자,《韓國結婚風俗史》, 민속원, 1981

김태곤,《한국민간신앙연구》, 집문당, 1987

미셸 푸코,《성의 역사》, 나남출판사, 1994

박병호,《한국법제사고》, 법문사, 1974

박용옥,《이조여성사》, 한국일보사, 1976

박용옥,《韓國女性研究》, 청하, 1988

박 주,《朝鮮時代의 旌表研究》, 일조각, 1990

박 주,《朝鮮時代의 旌表研究》1, 청하, 1988

안휘준,《한국의 미 - 풍속화》, 중앙일보사, 1985

에두아르트 푹스, 이기웅 · 박종만 옮김,《풍속의 역사》, 까치, 1986

女性史總合研究會 編,《日本女性史》2. 3, 東京大學出版會, 1982

女性史總合研究會 編,《日本女性生活史》, 東京大學出版會, 1990

역사학회 편,《한국친족제도사연구》, 일조각, 1992

오갑균,《朝鮮時代司法制度研究》, 삼영사, 1995

유안진,《韓國의 傳統育兒方式》, 서울대학교출판부, 1986

윤가현,《성 심리학》, 성원사, 1990

이경복,《고려시대 기녀연구》, 민족문화문고 간행회, 1986

이능화,《朝鮮女俗考》, 대양서적, 1975

이성무,《조선초기 양반연구》, 일조각, 1980

이순홍,《韓國傳統 婚姻考》, 한연문화사, 1992

이옥주,《韓國近世女性史話》 규문각, 1985

이종철 외, 《서낭당》, 대원사, 1994

이태진, 《조선사회사연구》, 지식산업사, 1989

이태진, 《조선유교사회사론》, 지식산업사, 1989

이태진, 《朝鮮儒敎社會史論》, 지식산업사, 1989

이태호, 《풍속화》, 대원사, 1995

이화여자대학교, 《韓國女性史》 1, 1972

이화여자대학교 한국여성연구소 편, 《韓國女性關係資料集》 近世篇(文集),

이화여자대학교출판부, 1989

이화여자대학교 한국여성연구소 편, 《韓國女性關係資料集》 近世篇(法典),

이화여자대학교출판부, 1989

장병인, 《조선전기 혼인제와 성차별》, 일지사, 1997

정성호 역, 《그리스 성 풍속사》, 산수야, 1995

정용숙, 《고려시대의 后妃》, 민음사, 1992

조풍연, 《사진으로 보는 조선시대》, 서문당, 1987

조효순, 《복식》, 대원사, 1989

주강현, 《우리 문화의 수수께끼》, 한겨레신문사, 1996

최석로, 《민족의 사진첩》, 서문당, 1994

최재석, 《한국가족제도사연구》, 일지사, 1983

프레이저, 제임스 조오지, 《황금가지》, 삼성출판사, 1990

한국정신문화연구원, 《역주 경국대전》, 1986

한우근, 《유교정치와 불교》, 일조각, 1993

허홍식, 《고려사회사연구》, 아세아문화사, 1981

허홍식, 《한국중세불교사연구》, 일조각, 1994

3. 논문

강영경, <한국고대사회의 여성 - 삼국시대 여성의 사회활동과 그 지위를 중심으로>, 《숙대사론》 10 · 11, 1982

고영진, 〈15 · 16세기 주자가례의 시행과 그 의의〉, 《한국사론》 21, 1989

고영진, 〈조선중기 禮設과 禮書〉, 서울대박사학위논문, 1992

고정자, 〈한국여성의 지위변천에 관한 고찰〉, 《동아대학교대학원논문집》 8, 1984

김경진, 〈조선왕조실록에 기재된 효녀 절부에 관한 소고〉, 《아세아여성연구》 16, 1977

김동욱, 〈李朝妓女史序說 : 사대부와 기녀 · 이조사대부와 기녀에 대한 풍속사적 접근〉, 《아세아여성연구》 5, 아세아여성문제연구소, 1966

김두헌, 〈조선의 조혼과 그 기원에 대한 고찰〉, 《진단학보》 2, 1935

김두헌, 〈朝鮮妾制史小考〉, 《진단학보》 11, 1939

김명자, 〈조선초기의 제사상속법리와 婦法〉, 《숭전대학교논문집》 15, 1985

김수진, 〈고려시대 여성관인〉, 《부산여대사학》 12, 1994

김용덕, 〈婦女守節攷〉, 《아세아여성연구》 3, 1964

김용만, 〈조선시대 均分相續制에 관한 연구〉, 《대구사학》 23, 1983

김은파, 〈상속형태를 중심으로 본 고려시대 여자의 지위〉, 《전북사학》 2, 1978

김은파, 〈고려시대 법제 상 및 사회통념상에서의 여자의 지위〉, 《전북사학》 3, 1979

김일미, 〈조선의 婚俗變遷과 그 사회적 성격〉, 《이화사학연구》 4, 1969

김일미, 〈조선전기의 남녀균분상속제에 대하여〉, 《이대사원》 8, 1967

노명호, 〈고려사회의 양측적 친속조직 연구〉, 서울대박사학위논문, 1988

박경휘, 〈조선봉건사회 남귀여가 혼속에 관한 연구〉, 《조선학연구》 2, 연변대출판사, 1990

박남훈, 〈조선전기의 재혼금지법과 실제〉, 《한국의 사회와 문화》, 일지사, 1991

박민자, 〈고려시대 여성의 지위 - 가족제도를 중심으로〉, 《덕성여대논문집》 12, 1984

박병호, 〈率娶婚俗에 유래하는 친족과 금혼범위〉, 《한국법제사고》, 법문사, 1974

박병호, 〈한국가부장권 法制의 사적고찰〉, 《한국여성학》 2, 1986

박영례, 〈성차별의 정당화 장치로서의 宗敎祭儀에 대한 연구〉, 《종교학연구》 5, 1985

박용숙, 〈조선후기의 혼인실태 - 1717년 단성호적을 중심으로〉, 《부대사학》 4, 1980

박용옥, 〈조선태종기 妻妾分辨考〉, 《한국사연구》 14, 1976

박용옥, 〈유교적 여성관의 재조명〉, 《한국여성연구》 1, 1988

박혜인, 〈壻留婦家婚俗의 변천과 그 성격〉, 《민족문화연구》 14, 1979

박혜인, 〈女家에서의 결혼식의 연원 및 그 변천〉, 《여성문제연구》 12, 1983

배경숙, 〈한국혼속변천에 관한 연구〉, 《법사학연구》 6, 1981

손진태, 〈과부 약탈혼속에 취하여〉, 《조선민족문화의 연구》, 을유문화사, 1948

손진태, 〈조선혼인의 주요형태인 솔서혼인고〉, 《조선민족문화의 연구》, 을유문화사, 1948

서양자, 〈조선시대 여성범죄에 관한 연구〉, 중앙대 석사학위논문, 1973

신영숙, 〈한국 가부장제의 사적고찰〉, 《여성 가족 사회》, 1990

유원동, 〈이조전기의 불교와 여성〉, 《아세아여성연구》 6, 1968

이경복, 〈고려 기녀 풍속과 문학의 연구〉, 중앙대박사학위논문, 1986

이광규, 〈조선왕조시대의 재산상속〉, 《한국학보》 3, 1976

이범직, 〈조선초기의 禮學〉, 《역사교육》 41, 1986

이범직, 〈조선초기의 五禮연구〉, 서울대박사학위논문, 1988

이봉재, 〈동성애에 대한 사회사업가들의 태도연구〉, 숭실대학교석사학위논문, 1995

이상백, 〈庶孼差待의 淵源에 대한 일문제〉, 《진단학보》 1, 1934

이상백, 〈再婚禁止婚俗의 由來에 대한 연구〉, 《이상백저작집》 1, 1978

이수건, 〈조선전기의 사회변동과 상속제도〉, 《韓國親族制度硏究》, 1992

이순구, 〈계축일기〉, 《문헌과 해석》, 태학사, 1998 가을

이순구, 〈조선초기 내외법의 성립과 전개〉, 《청계사학》 5, 1988

이순구, 〈조선초기 모상복제의 변화과정〉, 《한국법사학논총》, 1991

이순구, 〈朝鮮初期 宗法의 수용과 女性地位의 변화〉, 한국학대학원박사학위논문, 1995

이순구, 〈조선초기 주자학의 보급과 여성의 사회적 지위〉, 《청계사학》 3, 1986

이영숙, 〈조선전기 내명부에 대하여〉, 국민대석사학위논문, 1982

이영하, 〈고구려 가족제도와 娶嫂婚制〉, 《논문집》 25, 공주사범대, 1987

이옥경, 〈조선시대 貞節이데올로기의 형성기반과 정착방식에 관한 연구〉,

이대석사학위논문, 1985

이현희, 〈려말선초의 여성생활에 관하여 · 처첩문제를 중심으로〉,

《아세아여성연구》 10, 1971

이효재, 〈한국여성노동사서설〉, 《여성학논집》 2, 1985

장병인, 〈고려시대 혼인제에 대한 재검토 · 일부다처제설의 비판〉,

《한국사연구》 71, 1990

장병인, 〈조선초기 혼인제도연구〉, 서울대박사학위논문, 1993

장수근, 〈한국 민간신앙의 조상숭배〉, 《한국문화인류학》 15, 1983

정요섭, 〈이조시대에 있어서 여성의 사회적 지위〉, 《아세아여성연구》 3, 1964

정요섭, 〈조선왕조시대에 있어서 여성의 사회적 위치(속편)〉,

《아세아여성연구》 12, 1973

정용숙, 〈고려초기 혼인정책의 추이와 왕실족내혼의 성립〉, 《한국학보》 37, 1984

지두환, 〈조선전기 종법제도 이해과정〉, 《태동고전연구》 창간호, 1984

채웅석, 〈고려전기 사회구조와 본관제〉, 《고려사의 제문제》, 삼영사, 1986

최숙경, 〈고려시대의 여성〉, 《한국여성사》 1, 이대출판부, 1972

최운식, 〈이조의 女樂〉, 《월간문화재》, 1974

최재석, 〈조선시대 養子制에 관한 연구〉, 《역사학보》 86, 1980

최재석, 〈고려조의 상속제와 친족조직〉, 《동방학지》 31, 1982

최재석, 〈신라시대 여자의 토지소유〉, 《한국학보》 40, 1985

최화성, 〈朝鮮女性讀本〉, 《여성해방운동사》, 백우사, 1949

한명숙, 〈조선시대 유교적 여성관의 원리론적 고찰〉, 이화여대석사학위논문, 1986

한주옥, 〈조선왕조시대의 여성복식의 禁制고찰〉, 《인문학연구》 17, 강릉대, 1983

허흥식, 〈고려시대 夫妻形態와 그 변천〉, 《한국친족제도연구》, 1992

허흥식, 〈고려 여성의 지위와 역할〉, 《한국사 시민강좌》 15, 1994

현문자, 〈이조기녀제도의 생활연구〉, 《아세아학보》 10, 1972

衣田千百子, 〈韓國의 巫女〉, 《한국관계연구소기요》 10. 11, 1981